1996年，碧昂斯14岁的时候，她所在的“天命真女”组合获得了第一份唱片合约。开始时，女孩们总是穿着碧昂斯的母亲蒂娜·诺里斯所设计并巧手缝制的统一演出服到处演出。

随着“天命真女”组合成员的不断重组，她们变得越来越强大。2001年，她们在圣诞节发布了以自己的形象定制的玩偶。

碧昂斯和母亲蒂娜的关系一直都很亲密，而和经纪人父亲马修的关系则渐渐疏远。相当长一段时间，他们之间的关系已经到了很少说话的地步。

碧昂斯和杰斯在2003年合作的《意乱情迷》成为世界闻名的热门单曲，他们因这首歌而产生的化学反应也非常不可思议。他们结识于2001年，但直到多年以后才公开了他们的情侣关系。

2007年，碧昂斯非常自豪地成为了《体育画报》第一个非超模、非运动员的封面人物。不过她说，为了穿上比基尼，她经历了艰苦的减肥之旅。

碧昂斯在2006年的奥斯卡获奖电影《追梦女郎》中扮演了迪娜·琼斯，她在戏中的表现获得了和她演对手戏的女演员詹妮佛·哈德森的高度评价。

2004年，碧昂斯赢得了5座格莱美奖杯，而2010年，她破纪录地得到了6座。

2011年的格拉斯顿伯里音乐节上面对17万粉丝的表演，被碧昂斯称为她“事业的巅峰”。观众们并不知道的是，此时的她已经怀孕，她表演过程中全程用手护住腹部。

2008年4月，碧昂斯与杰斯结婚，并在同年发布了单曲《单身女郎》。这首歌掀起了一场全球范围内的热舞风潮，连美国总统奥巴马也加入其中。

2011年，碧昂斯和好友格温妮丝·帕特洛在格莱美颁奖典礼上愉快合影。格温妮丝评价碧昂斯是“地球上最有才华的人类”。

2011年，这位满怀喜悦的歌者在MTV音乐录影带大奖颁奖礼现场宣布了自己怀孕的消息，这一消息迅速在推特上以每秒钟超过8000条的速度被搜索。当时，她的孕肚已经清晰可见。

2013年，数百万观众见证了碧昂斯在奥巴马总统就职典礼上演唱美国国歌，但她随后陷入了假唱争议。

2013年3月，碧昂斯在“超级碗”中场秀中14分钟的表演令人激动，尤其是“天命真女”前成员凯莉和米歇尔出现在舞台上一起表演的时候。

2014年，碧昂斯的妹妹索朗在加利福尼亚州的音乐节上表演，碧昂斯作为特别嘉宾出席。然而，这只是一场家庭风波前的平静。

有着一头卷发的布鲁·艾薇是父母的掌上明珠。2012年1月，她在纽约出生，她的爸爸杰斯在一首歌中透露，她是在巴黎怀上的。

作为当时最轰动的娱乐事件，碧昂斯的妹妹索朗与杰斯在2014年纽约大都市时装庆典慈善舞会后的“电梯门”事件引发了大量阴谋论。

2014年，伴随着碧昂斯与杰斯的婚姻危机的报道，他们开始了世界巡演。不过在舞台上，他们依然表现得亲密无间。

碧昂斯传

撼–动–世–界

[英] 安娜·波音特◎著　李娟◎译

B E Y O N C É
G I S E L L E
K N O W L E S

中国妇女出版社

图书在版编目（CIP）数据

碧昂斯传：撼动世界 /（英）安娜·波音特（Anna Pointer）著；李娟译. -- 北京：中国妇女出版社, 2016.11

书名原文: BEYONCE:RUNNING THE WORLD

ISBN 978-7-5127-1322-2

Ⅰ.①碧… Ⅱ.①安… ②李… Ⅲ.①碧昂斯—传记 Ⅳ.①K837.125.76

中国版本图书馆CIP数据核字（2016）第164159号

Anna Pointer:Beyoncé:Running The World The Biography
ISBN：978-1-473-60733-0

著作权合同登记号 图字：01-2016-2592

碧昂斯传：撼动世界

作　　者：〔英〕安娜·波音特（Anna Pointer）著　李娟　译
责任编辑：王海峰
文字编辑：李一之
责任印制：王卫东
出版发行：中国妇女出版社
地　　址：北京东城区史家胡同甲24号　　邮政编码：100010
电　　话：（010）65133160（发行部）　65133161（邮购）
网　　址：www.womenbooks.com.cn
经　　销：各地新华书店
印　　刷：北京中科印刷有限公司
开　　本：165×235　1/16
印　　张：18.75
插　　页：8面
字　　数：340千字
版　　次：2016年11月第1版
印　　次：2016年11月第1次
书　　号：ISBN 978-7-5127-1322-2
定　　价：39.80元

目录
CONTENTS

第1章

休斯敦剧院的黄毛丫头

休斯敦剧院座无虚席，雷鸣般的掌声渐渐平息。一个小女孩站在舞台中央，冲着热情的观众微笑。这个年仅7岁的小女孩，必须站在木凳上才能够到话筒，尽管如此，她却能清楚地表达自己的想法。她梳着整齐的长卷发，穿着闪亮的演出服，在刚刚举行的国家级才艺展示比赛中有上佳表现，并一举夺魁。她深吸了一口气，然后开始发言。在向父母和评委表达了感激之情后，她像舞台老手一样，将手举到嘴边，给了全场观众一个飞吻。这一小小动作，充分展示了她适合在演艺圈发展的天分，也展示了她天生的亲和力。全场观众为之起立，随后而来的是更持续、更响亮的欢呼声和掌声。她具有极强的舞台控制力，这种能力为她的成功刻上了鲜明的个人标记。

仅仅一年时间，这个小女孩就迅速成长为一名真正的歌手。在各种大大小小的比赛中，她都能保持优雅和镇定，同时自信满满。一年前，她在休斯敦剧院的才艺比赛中获得冠军；现在，她又以特邀嘉宾的身份回归这个舞台。她又一次回到这个舞台，并且带来了更加精彩绝伦的表演。毫无疑问，她将来必定会大放异彩。碧昂斯·诺里斯正在成为国际著名女歌星的道路上顺利前行。

她天生就是歌手。她在“天命真女”（Destiny's Child）合唱团的自传《灵魂再生》（*Soul Survivors*）中写道：“我爸爸告诉我，我小的时候，只要听见音乐就会很疯狂。我还不会走路的时候，就开始学着跳舞。爸爸手里还有证据——那些当时留下的令人尴尬的视频。”碧昂斯的爸爸马修・诺里斯当然不会认为这些视频令人尴尬，而是将其视为一生的财富。1981年9月4日，碧昂斯・吉赛尔・诺里斯在休斯敦一家医院出生。自那以后，马修一直是大女儿眼中值得骄傲的爸爸。

碧昂斯在《灵魂再生》中写道：“我妈妈说，她生我时很容易、很顺利。这种出场方式不太符合我的一贯风格。我出生之前，爸爸妈妈约定，爸爸给我起中间名，妈妈给我起名。所以，碧昂斯这个名字来自妈妈，这也是她少女时代的名字。”

碧昂斯这个名字衍生于妈妈的姓氏。蒂娜（碧昂斯妈妈）的乳名是塞莱斯・安・碧盈斯。结婚之后，蒂娜为了延续自己的姓，便为女儿取了碧昂斯这个名字。蒂娜的父亲鲁密兹・碧盈斯对此不太接受。“家人们对我取的名字并不满意，”蒂娜向杂志《滚石》（*Rolling Stone*）透露，“我父亲说：‘她（碧昂斯）会生你的气，因为那是一个姓。’”鲁密兹说得对，孩提时代的碧昂斯的确痛恨自己的名字。“经过这些年，我已经在成长中爱上了这个名字。但是我小时候，小朋友们老是取笑我，这是我那时不喜欢自己名字的原因。”她在《灵魂再生》中写道，“每天早晨，老师点名的时候，我都想钻到桌子下面。”

当然，碧昂斯刚开始上学时，并不知道她的名字与众不同。在此之前，这个名字也未对她造成过困扰。碧昂斯在家里的昵称是“小碧”或“碧”，这两个名字一直伴随她长大成人。从早期的照片中，我们可以看到，蹒跚学步时的碧昂斯常常满脸微笑，显得非常幸福，她有一张令人羡慕的圆脸和一头蓬松的黑色卷发。走路时，她会随着收音机或父母唱片里的音乐跳舞，其中不乏迈克尔・杰克逊和路德・范德鲁斯的作品。马修和蒂娜年轻时就喜欢唱歌，也曾参加过才艺展示活动。蒂娜曾在流行乐团“贝尔顿斯”中担任过主唱，这是一个模仿戴安娜·罗斯和至上合唱团的乐团。当年，蒂娜常穿着自己设计的服装表演。那时，碧昂斯家里总是乐声不绝。碧昂斯至今依然记得爸爸担任键盘手，一家人一起唱歌的情景。

在碧昂斯脑海中，有关唱歌的最早记忆是，学校教了数字歌之后，她回家唱给妈妈听。“那时，我上一年级。有一天，妈妈问我在学校学了什么，我回答：‘学了一首歌。’妈妈当时站在洗菜池旁边，听到我的回答后，她在围裙上擦了擦手，然后转过身来看着我。她说：‘嗯，这很好。我来听听你唱歌吧。’我从餐桌前的椅子上下来，像老师教的那样，站在地上唱歌给妈妈听。”她在《灵魂再生》中写道，“我永远不会忘记那种感觉。我喜欢对着妈妈表演，那种感觉令人振奋。尽管爸爸妈妈一直唱歌给我听，我还是更喜欢那种自己表演的感觉。”

虽然音乐一直是马修和蒂娜生命中最重要的一部分，但他们也有做生意的天分，他们还具有在不利条件下取得商业成功的决心。1951年，马修出生在亚拉巴马州的加兹登。那时候，白人和黑人之间的种族冲突和种族分离仍很严重。马修一家非常穷困，住在一个昏暗且摇摇欲坠的小房子里，连浴室都没有。但马修的父母非常勤劳，把一家人的生活维持得还不错。马修的父亲也叫马修，是一名卡车司机。在他的要求下，卡车主人同意他晚上开车回家，他便每天晚上开卡车去卖自己搜集的废金属。马修的妈妈则在一个白人家庭当保姆，闲暇时做被子和罐头食品来卖。马修的爷爷有一半切罗基人血统，拥有300英亩（约1.21平方千米）土地，租给了一家造纸厂。

爷爷和父母的榜样作用使马修立志成为一名商人。学生时代，他就靠卖糖果赚到人生第一桶金，这也是他的第一份事业。他在杂志《赋权》（*Empower*）中透露："我一直想成为一个商人。我1美元买进糖果，然后以3美元卖出。我并不清楚自己在干什么，却干得很好。"

父母不仅培养了马修的创业精神，也鼓励他好好学习自己喜欢的音乐。据马修回忆，家里周日的晚餐结束后，他一般扮演DJ，父母则在大厅里跳舞。"我父亲身高1.93米，体重145公斤，是个能跳舞的大块头。我一直喜爱音乐。"他说。他是教堂唱诗班的成员，也是学校男孩乐队的成员。但是马修透露，碧昂斯小时候会经常求他："别唱了，爸爸，求求你别唱了。"

马修曾获得过田纳西大学的篮球奖学金，但后来转学到纳什维尔的费斯克大学，在那里学习经济和企业管理。在费斯克大学时，他就开始通过当地广播电台开展音乐活动。但1974年毕业后，他的注意力转移到了销售事业上。他长期在保险公司或医疗设备公司工作，音乐事业也就随之搁浅了。后来，他进入施乐公司，成为医学影像部一名成功的销售员。1981年，大女儿碧昂斯出生时，马修的年收入已达6位数。那时，他和蒂娜在得克萨斯州的休斯敦过着幸福的生活。

蒂娜现在已经60多岁了，她同样来自一个贫困家庭。在7个兄弟姐妹中，蒂娜排行老小。他们的祖先是路易斯安那州的克里奥尔人，身上有着非洲人、美国土著人、法国人和爱尔兰人的血统。蒂娜在得克萨斯州的加尔维斯顿长大，小时候在一所付费的天主教学校上学。蒂娜的母亲阿格尼兹靠给别人做衣服挣钱来给蒂娜交学费。蒂娜曾对杂志《乌木》（*Ebony*）说："妈妈给教坛的男孩子做长袍礼服，给牧师做斗篷，还给教堂做祭坛服装，靠这些挣钱给我交学费。妈妈很有才，人们还会来找妈妈做舞会用的服装和华丽的礼服。"

20世纪70年代中期，蒂娜在一家银行工作，并在一个聚会上和马修相识。但一年以后，他们才开始约会。1979年，两人步入婚姻殿堂。凭借马修丰厚的工资，这对年轻有为、郎才女貌的小夫妻过上了令人羡慕的舒适生活。他们拥有不错的房子和车子，此外手头还有充足的现金。结婚之后，他们自然而然地想为人父母。1980年圣诞节时，蒂娜怀上了第一个孩子。

其后一年，碧昂斯出生了。蒂娜辞掉了银行的工作，用自己的积蓄开了一家美发沙龙。休斯敦地区有很多富裕的非裔美国人，他们经常光顾这家美发沙龙。生意最好的时候，经常会有20多位顾客排队。美发沙龙的生意十分火爆，蒂娜因此有了不少积蓄，一家人很快搬进了帕克伍德街的一套6居室公寓。该地区最繁华的非裔美国人社区，名为第三区。帕克伍德街就在第三区。童年的家在碧昂斯脑海中留下了难以磨灭的印象，后来，她曾将自己的管理团队命名为帕克伍德。1986年，蒂娜生下二女儿索朗。碧昂斯和索朗姐妹两人相差5岁，但是感情非常好。作为姐姐，碧昂斯非常照顾妹妹，就像妈妈照顾女儿一样照顾索朗。碧昂斯喜欢像对待婴儿那样对待妹妹，还经常帮妹妹洗澡、换衣服，喂妹妹吃饭。在这方面，碧昂斯是妈妈的得力助手。蒂娜回忆，两个孩子在成长过程中几乎没有过争吵。蒂娜在接受《走进好莱坞》（*Access Hollywood*）采访时说："有一段时间，索朗到处掺和碧昂斯的事，弄得碧昂斯有些烦。但是她们很注意保护对方，关系一直很亲密。她们之间从来没有人们臆测的那些冲突。她们是姐妹。就像其他姐妹一样，她们彼此相爱并支持对方。"

索朗说，她们之间一直和睦友好的主要原因是，她自己从不跟姐姐比较。她在《得州月刊》（*Texas Monthly*）中解释说："家里人总是叫我'造反者'。我从不要求自己要像姐姐那么优秀，相反，我总是穿得与众不同。"

蒂娜总是说自己是顾家型女人，女儿们在成长过程中享受到了童年时代应该享受到的所有美好的东西。对于蒂娜一家而言，圣诞节是尤为欢乐的时光，颂歌、火鸡、闪闪发光的圣诞树以及一切装饰品从不会缺席。另一个盛大节日是休斯敦牛仔秀。每年，碧昂斯和索朗都盼望着这一活动。“这就像最大型的家庭野餐一样，我们可以放肆地吃油炸食品。”碧昂斯后来在杂志《本质》（*Essence*）中回忆道。

现在，30岁的索朗也已经成为妈妈。回忆起童年时，索朗仍充满热情，她坚持认为自己的童年和普通人无异。“我和姐姐都没有很贵的衣服。我们非常渴望拥有其他孩子穿的斐乐运动鞋，妈妈只是带我们去跳蚤市场买了仿制品。”她对英国《卫报》（*The Guardian*）说，“看‘天命真女’合唱团早期的视频，你会看到碧昂斯穿着的其实是仿制鞋。”

虽然没有受过特殊训练，但姐妹俩一直都是很可爱的孩子。碧昂斯有些害羞，索朗爱笑的性格弥补了这点不足。在她们小时候拍的一张照片里，她们穿着相配的格子呢外套，碧昂斯平静地看着镜头，索朗则伸出舌头，还在脸前方挥着手。

为了赚零花钱，碧昂斯常在蒂娜的店里打扫卫生或者唱歌赚小费。她经常把零花钱攒下来去购买六旗游乐园的季票。六旗游乐园是休斯敦有名的主题公园，尽管它已经于2005年10月倒闭。这里曾经拥有世界上最早的激流勇进和过山车，它们都是碧昂斯的最爱。碧昂斯和索朗还常在家中搞售票表演，以增加收入。碧昂斯在美国国家广播公司对她的采访中说：“无论找到什么，我们都会把它布置到舞台上，几乎没有人喜欢到我们家来。我们把各种物品堆起来，还会挪动家具，并且把音箱放置得很高……我们会让每一个来我们家的人买票，票价5美元。但表演时，我们经常会有些紧张。”

蒂娜和马修注意到，姐妹俩非常喜欢表演，于是他们把房子后面的平台改造成姐妹俩的舞台。这个舞台面积很大，姐妹俩几乎每天都会在这里表演。蒂娜说：“这是她们生活中的重头戏，也是她们喜欢做的事情。”索朗也说，姐姐好像永远都在镜子前面练习。索朗曾对《绅士季刊》（*GQ*）说：“在我的记忆里，姐姐总是在自己的房间里彩排。我特别清楚地记得，她会不断地练习某首歌的歌词，或者固定节目中的某些动作，直到完美为止。别人可能会说：‘好了，我累了，我要休息一下。’但她会一直坚持，直到战胜这些困难为止。”

碧昂斯5岁时，父母带她参加了一个迈克尔·杰克逊模仿秀，此举彻底改变了碧昂斯的命运。碧昂斯后来在澳大利亚电视节目《周日之夜》（*Sunday Night*）中说：“我才5岁，那是我的第一个演唱会。那一夜，我明确了自己的目标。迈克尔·杰克逊是我坚持下去的理由。如果不是他，我永远都不会体验到表演的神奇。”

几乎同时拍摄的家庭录像带显示，当时缺了一颗牙的碧昂斯站在舞台上表演了一段简短的说唱。她眉宇间流露出的自信绝不是一般的同龄孩子所能做到的。她一边跟着节拍轻轻打手指，一边唱道：

我想我很坏

碧昂斯是我名

爱是我的游戏

所以慢慢喝口我的饮料

她想她很坏

宝贝，宝贝莫生气

马修和蒂娜是虔诚的基督教徒，每逢周日都要去教堂。从7岁开始，碧昂斯就加入了教堂的唱诗班。起初，碧昂斯一家人去天主教堂，后来又改去圣约翰联合卫理公会教堂。这里慢慢地成为碧昂斯一家人固定做礼拜的地方。年幼的碧昂斯也喜欢唱福音，她曾经在热门录像带电视1台说："福音音乐能触动你，能触及语言所不能表达的一些情感。音乐的力量很强大，它能影响你。福音音乐是世界上最美的音乐。"

每年放暑假时，碧昂斯和索朗都会和表姐安吉·碧盈斯在一起玩，她们彼此很熟悉。安吉对《观察者报》（*The Observer*）说："放假前一天，蒂娜姨妈会来接我。整个暑假，我都会住在蒂娜姨妈家，开学前一天晚上才回家。"她回忆说："碧昂斯和索朗都喜欢珍妮·杰克逊。我们常常整夜畅谈，通宵看《阿波罗才艺秀》（*Showtime at the Apollo*）。我的宠物蛇芬迪，则会盘着身子静静待在一旁。我们看电视的时候，它会盘坐在我头上。"后来，安吉成为碧昂斯400人团队中的重要一员，她一度担任碧昂斯帕克伍德团队的副总裁，并为碧昂斯写了很多歌。

碧昂斯最喜欢的电影之一是《星海浮沉录》（*A Star Is Born*），她后来还应邀演出了翻拍版。"我因此成为芭芭拉·史翠珊的粉丝。那时，我还看了朱迪·加兰版本的《星海浮沉录》。我意识到，每过二三十年，就会有新的明星诞生，就会有某些东西代表那一代人或那个时期。我从没想过，自己会成为明星。"她说。

碧昂斯在家快乐而自在，然而，害羞的性格让她在学校的时光总是很难熬。她在得克萨斯州弗雷德里克斯堡上小学时，同学们常常嘲笑她的名字和长相，使她严重缺乏安全感，一度成为一个孤僻的孩子。上课时，她甚至不敢举手回答问题。她曾在全球音乐电视台说："如果别人不喜欢我，我会生不如死，我就是这种人。我一直在寻找原因，并想解决。"

碧昂斯意识到，一些女孩之所以讨厌她，是因为男孩子们认为她长得很可爱。即使碧昂斯不和男孩子们说话，也没能改变这种状况。碧昂斯太害羞了，她不会主动和同学们说话，总是离他们远远的。上课时，碧昂斯十分安静但也十分紧张，很多学科都学得很吃力。"有些孩子不必用功学习，但是我在学校里却必须很用功。"她在《灵魂再生》中写道。对于她而言，数学尤其难，她补充道："我害怕数字，我也害怕坐在我旁边的男孩。他经常说我又笨又蠢又丑。我很自卑，所以就相信了他的话。我又矮又胖，所以我一直穿男孩子穿的衣服。因为他的话，我一度怀疑自己是不是真的很糟糕。"

碧昂斯并不知道自己其实很出众。她只是觉得自己身体超重，而且耳朵像小飞象一样丑陋。她一直穿肥大的衣服，把自己裹得严严实实。有一次，她穿了一件无袖连衣裙，又套了一件长袖白毛衣——与她现在出现在舞台上的打扮截然不同。"我竭尽全力，避免自己成为话题中心。无论你是谁，你长相如何，人们都可能对你品头论足。"她说，"有人认为我很傲慢……有些人则误解了我的安静和害羞，认为我很自负。他们根本不给我机会解释。"

为了增强女儿的自信心，蒂娜和马修专门请了一个家庭教师，辅导碧昂斯的文化课，并鼓励碧昂斯参加学校的舞蹈课。碧昂斯的老师达莱丝·约翰逊发现了她的潜能，这为她日后成为超级明星打下了基础。碧昂斯在一次电视采访中说："我清楚地记得达莱丝老师第一次听我唱歌的情形，她对我说：'宝贝，唱给我听。我听到你的哼唱了。大声唱给我听吧。'我唱给她听，她听完之后说：'你真会唱。'她鼓励我参加才艺展示节目，我因此爱上了舞台，我十分感激她。"

同时，达莱丝回忆："我一直相信，她会成为明星。那时是在演播室里，她站在最后面。我唱了一首跑调的歌，碧昂斯却和着节拍唱完了这首歌，这引起了我的注意。我又让她唱了一遍。那时，她大约六七岁。她父母来接她时，我对她的父母说：'她能唱歌。她真的会唱歌。'我让她参加了一些唱歌、跳舞比赛，从此改变了一切。我第一次听她唱歌时，就知道她与众不同。"

达莱丝鼓励碧昂斯参加学校的才艺表演，碧昂斯唱了约翰·列侬的《想象》（*Imagine*）。她那时只有7岁，在观众面前甚至紧张到不能说话。但是，音乐一响起，她的紧张就奇迹般消失了。"我当时很害怕，我不想唱了。但达莱丝老师好像在说：'加油，宝贝。'上台时，我一直很紧张。但是音乐响起来的时候，我不知道发生了什么，我居然变了。"

碧昂斯很轻松地开始唱歌，她的歌声像蜂蜜一样甜美。同时参加表演的有十五六岁的孩子，但是碧昂斯击败了所有人，现场所有观众起立为她鼓掌。她说："那以后，我下定决心，要把世界变成我的舞台。我只有在唱歌、跳舞时才感到快乐。我想成为歌手。只有唱歌时，我才不会害羞。"

看到女儿在才艺秀中有力而自信地演唱《想象》，碧昂斯的父母也做出了改变。那时，他们才真正意识到女儿非同凡响的才能。马修在杂志《公告牌》（*Billboard*）中说："我和碧昂斯的妈妈四目相对：'那不是我们的碧昂斯。我们的碧昂斯文静、害羞。'我们不知道她会做得那么好，我们只是到那里支持她。舞台上的碧昂斯完全像换了一个人，她不是我们平时看到的那个碧昂斯。”蒂娜对哥伦比亚广播公司说：“舞台上的碧昂斯活力十足、信心爆棚，我惊讶地问：‘那是谁？’这就是开始。此后，我们鼓励她继续唱歌。”

碧昂斯自己在《公告牌》杂志中解释说：“当我发现自己擅长唱歌时，我十分吃惊。在舞台上，我会非常陶醉。我很享受在舞台上的时间，那让我不再害羞。”她找到了生命中值得为之奋斗的事情，这也鼓舞了整个家庭。之后，马修和蒂娜带她参加了至少30次才艺竞赛。其中一些节目是选秀比赛，还有一些节目是选美比赛。碧昂斯一直把自己当成假小子，因此不太喜欢选美比赛。但是，碧昂斯慢慢接受了自己的形象，并因赢得每场比赛而开心。大大小小的奖杯很快摆满了她卧室里的书架。马修自豪地说：“她总是冠军，从来没有得过第二名。”正如碧昂斯多年后在《今日美国》（*USA Today*）中说的那样，她甚至没费吹灰之力。“对我而言，我做的一切都是自然而然的事情。5岁时，我第一次参加才艺竞赛。9岁时，我开始写歌。这就是我。如果你生来就拥有某些才华，这些才华又一直陪伴着你，为什么不做你擅长的事情呢？为什么不全力以赴呢？”她说。

第2章

梦想的边缘

1988年，碧昂斯在休斯敦剧院获得才艺展示竞赛第一名，这成为她歌唱事业的开端。这次比赛由人物家庭工作坊举办，该组织一直着力于推进休斯敦地区的文化艺术发展。赢得“7岁及以下孩子”组别的才艺竞赛第一名，是碧昂斯所获得的第一项巨大的成就。碧昂斯没有因此停滞不前，而是继续大步前进。在发表获奖感言的视频中，她的小脸蛋出现在领奖台上。她带着浓重的得克萨斯州口音说：“我要感谢评委，感谢我深爱的父母。我爱你，休斯敦！”说到最后，她举起手来，就像歌坛老手那样给了观众一个飞吻。

一年以后，她以特邀嘉宾的身份再次回归。主持人介绍她时，台下掌声不断。主持人说：“每次我提到她的名字，场下总会爆发阵阵掌声。”碧昂斯再次登上这个舞台时，与一年前已经大不相同。登场时，她唱着音乐剧《绿野仙踪》（*The Wiz*）里的歌曲《家》（*Home*）。虽然这是一首很难唱的歌曲，但她却唱得很精彩。她妆容精致，戴着闪闪发光的耳环，卷发油光闪亮。她身着白色泡泡袖衬衫，外面套着无袖罩衣，衣服上全是蓝色亮片。她看起来就像专业歌手一样，尤其是当她踮起脚尖在舞台中卡着节拍旋转时，更是光彩照人。

尽管她天赋出众，蒂娜和马修还是认为，应该给碧昂斯找一位专业的声乐教师，以确保她能正确发音并避免不良习惯。1989年，他们找到了大卫·李·布鲁尔。大卫是休斯敦乌木歌剧团的男高音，刚刚开始接家教工作。大卫对碧昂斯赞不绝口。碧昂斯的嗓音是典型的女中音，也是最为常见的女声。大卫在他的个人网站中写道：“初次见面时，碧昂斯只是个8岁的孩子。”蒂娜问大卫想不想听女儿唱歌，大卫欣然同意。几天以后，碧昂斯试音时，大卫被碧昂斯的歌声震惊了。“这个小女孩穿着带褶的裙子，配着短袜，慢慢做了个深呼吸，然后一展歌喉。我听到了一个令人难忘的声音，我不敢相信这竟然是一个孩子发出的声音。”他回忆道。

“我被她身上某种东西深深吸引。她的音色十分特别，就像熔化的金子。此外，碧昂斯生来就与音乐有着某种关联。我想，这不仅仅是一种声音，更是一种精神。因为热爱唱歌的共同点，我和她之间迅速熟悉起来。”大卫说。

有段时间，大卫甚至搬进了碧昂斯家车库上面的公寓，便于随时为碧昂斯提供专业指导。在老师的精心辅导下，碧昂斯的歌声变得更加优美。她的父母为她买了一台卡拉OK机，碧昂斯用这台机器更加努力地练习节奏蓝调歌曲。她在《卫报》中透露：“卡拉OK是我的最爱。我从早到晚都在练习。我翻唱别人的歌曲并录音，有时还会重新填词。”

但是当她越来越多地参加才艺展示竞赛时，她需要找到一种方法，以缓解她在上台前的紧张。她自己虚拟了一个密友莎夏·菲尔斯来帮她解决这一问题。莎夏是一个勇敢而严肃的人，她的嗓音宽厚有力，能抵挡所有尖锐的批评。无论什么时候，只要是在公众面前唱歌，碧昂斯都会把自己想象成莎夏这个虚构人物。碧昂斯在美国广播公司的电视采访节目中坦露，莎夏这个名字是表姐安吉想出来的，她也讲述了莎夏是如何帮她承受童年时期的巨大压力的。她后来解释说：“莎夏充满自信、无所畏惧，她能做许多我做不到的事情。她一直在保护我。我总在心中默念：‘好的，收到，收到，收到，我是莎夏，我是莎夏。’当我害怕时，我就会寻找替身。”严格来说，莎夏一直是碧昂斯生命中重要的存在。直到2010年，碧昂斯才彻底摆脱了这一虚构角色。

碧昂斯继续在学校艰难度日。在学校里，她最重要的任务是照顾低她几个年级的妹妹。索朗在《绅士季刊》中说：“我数不清碧昂斯警告过多少初中男生、女生，让他们不许找我麻烦。”

这种团结或许很少见，但碧昂斯确实很会为妹妹着想。她在杂志《时尚芭莎》（*Harper's Bazaar*）中说：“我一直是大姐姐。我比索朗大5岁，我一直觉得自己必须爱她、保护她。我从来没和妹妹争吵过。在个人喜好和为人处世方面，我们之间存在很大的差异，但是这种差异却增进了我们之间的情谊。我对她的爱无法言说。”

“我出生以后，姐姐就一直爱护我、保护我。”索朗说。

碧昂斯完全同意索朗的话，并补充说：“如果谁不尊重我妹妹，我会对他发飙。”

1990年，9岁的碧昂斯进入休斯敦的帕克小学学习。这所学校因注重培养学生的音乐才能而出名。碧昂斯的同龄人都在忙于写作业、交作业时，她却有着不同的兴趣点。她已经开始规划自己的音乐事业，并下定决心要成为一名流行歌手。在当地的才艺展示及选美比赛中获奖已不能满足碧昂斯，她与同班同学拉塔维亚·罗伯逊建立了深厚友谊，她的雄心也在那时迅速扩张。拉塔维亚说：“我们在小学认识，几乎是一起长大。”

这一对好朋友都喜欢唱歌。有一次，她们要去市里的一个女童乐团试音，马修和蒂娜就带她们一起去。她们的配合十分默契，最终征服了评委。她们两人被选中，与其他三个女孩一起组成“女孩时光”（Girls Tyme）乐团。多年以后，拉塔维亚在全球音乐电视台中说：“当时有65个女孩试音，我和碧昂斯都被选中了。”其他入选的女孩是尼基·泰勒、妮娜·泰勒和阿什利·塔玛·戴维斯。前两位与拉塔维亚是表姐妹。接下来的几个月里，“女孩时光”的成员一直在变，不同的女孩加入进来又离开，但碧昂斯始终担任主唱。

乐队初具规模时，一位名为安德雷特·蒂尔曼的事业型女性成为乐队的投资人，并获得了管理乐队的权力。不久之后，拉塔维亚介绍另一个女孩加入“女孩时光”。这个女孩就是凯莉·罗兰。凯莉不仅成为乐队的重要成员，也成为碧昂斯生命中最重要的人物之一。开始时，拉塔维亚和碧昂斯经常与凯莉见面，三个女孩会一起去当地的游泳池，一起玩芭比娃娃，或者在碧昂斯家的后院搭帐篷。凯莉是惠特尼·休斯顿的粉丝，女孩们一起玩儿的时候，凯莉经常唱惠特尼的歌。听了凯莉动听的歌声，拉塔维亚建议她到碧昂斯父母那里试音。凯莉果真去了，因此成了“女孩时光”的成员。

凯莉的乳名叫凯兰德瑞，那时刚和母亲从亚特兰大搬到休斯敦不久。凯莉比碧昂斯大7个月。和碧昂斯一样，凯莉4岁时就加入教堂唱诗班，并表现出超强的音乐天赋。她也有一个明星梦，想成为偶像惠特尼·休斯顿一样的知名人物。但是，凯莉的家境并不好：父亲克里斯多夫是个酒鬼，脾气极其暴躁；母亲桃瑞思因此离开了他，从事住家保姆的工作，勉强维持生计。搬到休斯敦以后，凯莉很少见到父亲。后来，凯莉每每说起自己的父亲都很伤心。“我经常看见很多父亲接送自己的孩子上下学，而我却没有那样的机会，”她在《每日邮报》（*The Daily Mail*）中说，“每个小女孩都想成为爸爸的乖女儿，音乐可以使我逃避这一切。现在，我的情况依然如此。我觉得音乐能让自己从缺少父爱的情绪中解脱。”

诺里斯一家热烈欢迎凯莉的到来。不久之后，凯莉每周都会在诺里斯家住上几天。凯莉和碧昂斯晚上经常聊到很晚才睡，她们沉浸在笑声中轮流讲故事，她们还喜欢跟着马修和蒂娜唱歌。多年以后，凯莉在“天命真女”的自传中写道：“和碧昂斯睡在一间屋子里，就像每天都在开睡衣派对一样，我们通常都很吵闹。”

凯莉加入之后，“女孩时光”在安德雷特的鼓励下开始一起排练。她们彩排的强度很大，而且都是在学校课表以外的时间进行。她们练习说唱流行音乐和节奏蓝调音乐。她们有几次踢腿、跳步时，打碎了马修和蒂娜的几件珍贵的工艺品，有一次还打碎了玻璃橱柜门。女孩们有时还在蒂娜的美发沙龙里为顾客表演，以赚取小费。蒂娜给顾客理发时，马修会指导女孩们表演，并让顾客给予反馈。“顾客有时候并不想听她们唱歌，”蒂娜在《得州月刊》中坦言，“女孩们会喊：‘一起伸出你们的手！’有些顾客会翻白眼，表现得非常不屑。”

女孩们渴望学习新的舞步，因此经常花费大量课外时间观看以前的音乐录影带，例如，她们会从杰克逊五人组和至上合唱团那里寻求灵感。蒂娜意识到，要抓住音乐制作人的眼球，她们的形象很重要。因此，蒂娜常在自己的美发沙龙里给她们做造型，并为她们设计色彩斑斓的演出服，把她们包装得像小明星一样。

尽管很辛苦，但碧昂斯却声称，那时的注意力集中在享受美好时光上。她坚持说，自己并没有被父母控制，父母也不像外界所说的那样严厉。她在《灵魂再生》中写道：“我认为彩排很有趣。彩排是创造舞步和歌曲最好的方式。那段时间，我就像在玩儿一样。”

1991年，凯莉搬进诺里斯家，并长期住在这里。她改口叫蒂娜“阿姨”，叫马修“老爹”。这一安排为所有人提供了方便。凯莉后来对杂志《访谈》（*Interview*）说：“我们每天都要排练。我妈妈是保姆，一直住在别人家，没有时间接送我。为了不耽误我彩排，妈妈问蒂娜阿姨：‘凯莉夏天能和你们住在一起吗？’后来，‘夏天’的期限无限延长。从此，我就生活在这个欢乐的大家庭。每天晚上，妈妈会亲吻我，和我道晚安。我有三个至亲——蒂娜、马修和我妈妈，他们一直在帮我。”

显然，碧昂斯的父母对凯莉视如己出，蒂娜后来承认：“凯莉给我带来很多欢乐。她搬出去那天，我伤心极了。”一直有传言说，蒂娜和马修领养了凯莉，并成为她的法定监护人。蒂娜一直否认。她在《乌木》杂志中痛斥道：“所有谣言都极其疯狂。凯莉妈妈有我们房子的钥匙和车钥匙。大多数周末，她都会和我们待在一起。她是凯莉日常生活中的一部分。”

碧昂斯和最好的朋友亲密无间。她对杂志《混合》（*Blender*）说：“我们睡在一张床上，早晨一起醒来，整天唱歌。我们都很享受这样的时光。”她们也无休无止地调皮、搞恶作剧。多年以后，碧昂斯参加格拉汉姆·诺顿的脱口秀时，笑着对主持人说：“我们是坏小孩，但是我们很欢乐。我们把所有床垫子搬到屋外做成斜坡，然后从上面滑下来，还用窗帘荡秋千。我们拼尽全力在屋子里追逐小猫——妈妈回来时，屋子里就像有20只猫在跑！”

生活中，这对搭档相互鼓励、相互扶持。也是在这时的一次家庭录影中，碧昂斯对自己的将来做出了一个详细规划。她不是简单地说自己想成为流行歌手，而是具体列出了每个年龄段的具体目标。她的目标是出金唱片，然后发行白金唱片，随后自己创作第三张专辑。没有人预料到，她能在21岁前实现这些目标。连蒂娜和马修也未曾预料到。

当然，碧昂斯的同学们并不知道她隐藏在心底的秘密，因为碧昂斯从来不在他们面前展示自己的才华。作为韦尔奇中学的学生，碧昂斯还和以前一样害羞，默默地扮演着一个普通中学生的角色。即使她对所学内容并不感兴趣，她也一直坚持勤奋学习。碧昂斯的表姐安吉警告她，如果其他人发现她唱歌的副业，别的女孩会有危机感，甚至会剪掉她的长发。这对碧昂斯影响很深，她在入学后的前6个月一直挽着头发。只有放学之后，她才会和“女孩时光”的成员们一起彩排。只有那个时候，她才能找到真正的自我。

在学校外，虔诚的碧昂斯每周都会去圣约翰联合卫理公会教堂。1993年，凯莉在那里介绍碧昂斯认识了一个名叫林德尔·洛克的帅男孩。这个13岁的男孩只比碧昂斯大1岁，但是他们马上开始了交往。碧昂斯放学之后，只要有时间就会和林德尔约会。几乎每天睡觉之前，他们都要通很长时间的电话。很多时候，他们昏昏欲睡时，手里还握着电话听筒。周末，他们会去看最新的电影，或者下四子棋。维持了一年友情之后，林德尔正式提出要碧昂斯做他的女朋友。碧昂斯欣然接受。此后他们仍然纯洁地“约会”。他们的恋情持续了7年，碧昂斯后来回忆：“在那个年纪，这段恋情确实很长久。我对那份感情很忠诚，也渐渐变得成熟。”

同时，林德尔在《太阳报》（*The Sun*）中表示，碧昂斯就像天使，是他见过的最美的女孩。林德尔也因为后来的分手受到很大打击。

在两人交往初期，碧昂斯怕林德尔认为她自负、可笑，因此没有说出自己的歌手身份。林德尔说：“她很害羞，在学校有些孤僻，在唱诗班也不唱歌。两年来，我一直不知道她唱歌很棒。”得知碧昂斯和索朗一直在家里排练舞步之后，林德尔才知道碧昂斯舞跳得很好。

虽然他们体验了青涩的爱情，但是碧昂斯在其后几年对这段恋情的评价并不高，她表示自己的初吻“糟糕极了”。她在《世界时装之苑》（*Elle*）中说：“我觉得我的初吻很糟糕。我紧紧闭着牙齿，防止他的舌头伸进我的嘴里。我告诉凯莉，那是我一生中最糟糕的事情。”林德尔对这段经历的回忆却不同。他后来在《太阳报》中说，他带碧昂斯去看演唱会，把一桶爆米花撒在了地上。“我们都弯下腰去捡的时候，正好四目相对，彼此之间燃起了不可思议的火花，我们重演了电视剧中常见的接吻镜头。我第一次感觉到我和碧昂斯之间的真爱。一直到今天，我再也没经历过那样的吻。”

林德尔的回忆很美好，但是碧昂斯在接受《都市女孩》（*COSMO girl*）杂志采访时，对林德尔的评价并不高。“我的第一任男朋友很差劲，他不是我的真命天子。我们一直煲电话粥，我们常说的话题很无聊。他是一个胸无大志的人，也是一个无聊的人。”

尽管那时碧昂斯喜欢林德尔，但她却没有因为他而停止追梦的脚步。碧昂斯的父母对碧昂斯交男朋友一事一直持不支持也不反对的态度，但密切关注着每一处风吹草动。自从两个女孩出生以后，诺里斯家族就很注重对孩子言行举止的教育，这为碧昂斯和索朗的音乐事业发展奠定了基础。碧昂斯刚出道时，蒂娜一直禁止她们在唱歌时有调情行为和性感动作。

经过数月的紧张训练和一定程度的年龄掩饰，“女孩时光”登上了一系列现场演出的舞台，其中包括休斯敦大都会黑人小姐选美大赛。也就是在这时，她们才开始得到关注。节奏蓝调音乐制作人阿恩·法格看了她们的表演，对女孩们的表演热情、嗓音及灵活的舞姿印象深刻。当然，最吸引他的是碧昂斯的声音和个人特质。阿恩·法格迅速将女孩们带到他在加利福尼亚的训练基地。他认为，只有提高“女孩时光”的公众影响力，增加曝光率，才有可能获得唱片合约。所以，阿恩·法格让她们签约参加了《寻星》（*Star Search*）节目。《寻星》是全美最知名的电视才艺秀节目，是《美国偶像》（*American Idol*）和《英国偶像》（*The X Factor*）等节目的先驱，在20世纪八九十年代非常火。该节目的四位评委也是星探，依据竞争者的表演挖掘人才。碧昂斯及其团队，还有其他一些参赛者，后来都取得了令人瞩目的巨大成就，那些参赛者包括：艾拉妮丝·莫莉塞特、布兰妮·斯皮尔斯、贾斯汀·汀布莱克和杰西卡·辛普森。

舞台上的“女孩时光”穿着颜色亮丽的橡皮布上衣，配着小短裤，脚蹬亮闪闪的定制靴子。她们一边说唱，一边在舞台上互动。决赛时，她们的默契度稍有不足。金属乐队“骷髅团”以微弱优势战胜她们，获得了更好的成绩，女孩们很失望。据碧昂斯回忆，她们当时十分沮丧：“我们面带着最假的笑容，心里在流泪。”比赛结束后，女孩们在后台号啕大哭。但是回过头看自己的表演时，她们都说：“我们的表演确实很差劲。”拉塔维亚后来说，她们的嗓音并不适合唱当时选的歌曲，她说：“我们很想唱歌，但是他们却让我们说饶舌，他们甚至将我们归入新型嘻哈乐范畴。回想当初，对我们而言，这的确是一次难忘的经历。”

2013年，碧昂斯发表专辑《碧昂斯》（*Beyoncé*）时，在采访中谈及这次经历：“当时我只是个孩子。对我而言，那一天意义重大。我一直觉得，我们参加《寻星》节目肯定会赢，一定能得到出唱片的机会——这是我那时候的梦想。那时候，我从来没想过自己会输。那年我只有9岁，当时的我根本不会想到自己付出所有之后还会失败。那次失败经历让我受益匪浅。”

她补充说：“每个人都会经历失败。你永远不可能好到从来不失败；你不能强大到从来不失败；你也不能优秀到从来不失败。失败该来时就会来。你要学会拥抱这一切。”

那次失败之后，女孩们有些气馁，这无可厚非。但是，乐观的马修却有不同的想法。他已经看到女儿有成功的希望，他不想放弃，只想奋力一搏。2011年，他在南加利福尼亚大学桑顿音乐学院的一次演讲中说：“由于某些原因，在《寻星》节目中失败的‘女孩时光’组合进行了一些调整。最终，她们获得了成功。”

为了帮助女儿，马修决定更多地参与到女儿的音乐事业中。在他的请求下，安德雷特同意让他一起管理乐队。起初，安德雷特对马修的提议有些犹豫，但是马修以让碧昂斯退出组合来威胁安德雷特。安德雷特患狼疮多年，几年后便因病去世了。她的弟弟洛南达·布朗说：“姐姐当时没有选择的余地，只能同意和马修一起管理乐队。她只能这样做，马修的女儿是她的制胜王牌。”

掌舵“女孩时光”组合之后，马修知道自己必须从头开始打理乐队。乐队刚刚有新成员利托雅·露奇特加入，更需要新的管理制度。这个女孩是碧昂斯的小学同学，也有极强的音乐天赋。在接受《独立报》（*The Independent*）采访时，利托雅说：“我们试唱《匹诺曹》（*Pinocchio*）时，小碧发现了我的唱歌天赋。在学校的舞台剧表演中，我们都是主角，我们经常在一起学习唱歌、跳舞。”

新成员为乐队注入了新鲜血液，马修和安德雷特决定大刀阔斧地调整主力阵容。乐队最终由7名成员缩减到4名，新乐队成员包括碧昂斯、利托雅、凯莉和拉塔维亚。每个女孩都有不同的特点，她们的声音涵盖了所有的音域。凯莉音域宽广，尤其擅长唱弱拍；拉塔维亚音调丰富，能很好地处理低音；利托雅擅长高音；碧昂斯的音色有力而充满情感，她的声音最能打动人。

四人组合成立后，她们开始了真正辛苦的工作。马修开始负责这个新乐队。对于女孩们而言，乐队的事越来越重要。接下来的一年多，女孩们过得十分辛苦。女孩们上学前，马修会把她们送到休斯敦公园，她们在那里一边唱歌一边慢跑，锻炼肺活量，以避免高强度唱跳时常出现的气息跟不上的问题。她们从那时开始吃低脂肪食物。晚饭时，碧昂斯通常只吃冷冻的瘦身特餐，而不是吃她喜欢的高热量油炸食品。女孩们还要练习穿高跟鞋跳劲爆的舞蹈，她们每个人因此都崴过几次脚。碧昂斯后来评论马修的训练方法时说："每次他给我施加压力后，我都会变得更强壮。"她说，为了音乐，她们牺牲了很多，比如不能当拉拉队队长，也没有机会和同学们一起参加社交活动。"我的整个生命就是工作，我甚至没有参加过真正的毕业舞会，"她在《每日电讯报》（*The Daily Telegraph*）中说，"我曾经以约会对象的身份参加过男朋友的毕业舞会，但是我不认识别人，只能早早回家。"

马修还和女孩们一起创作歌曲，设计专辑封面，这也是他宏伟计划的一部分。对于碧昂斯而言，写歌词的灵感全部来自蒂娜的美发沙龙。她经常在那里听顾客谈论她们任性的老公。"美发沙龙里的女性比理发店里的男性更开放，"她对《世界时装之苑》说，"顾客们会看时尚杂志，听安妮塔·贝克的歌，谈论男人们如何欺骗自己……这绝对比理发店里有趣。"马修也很注重让她们在学校、教堂、时装秀等场合表演，这种表演每周至少一次。学校放假时，她们的表演频率会更高。马修在《福布斯》杂志中说："没有什么事是小事，也没有什么事是大事，每天就是重复再重复。碧昂斯对音乐极具热情，她从来没有抱怨过。"

六旗游乐园是碧昂斯最喜欢的主题公园，尽管她在这里演唱时有过不愉快的经历，她们还是在那里的舞台上表演过很多次。在向脱口秀主持人格拉汉姆·诺顿讲述这段痛苦经历时，她说："我的伙伴们坐在观众席上，我冻得浑身发抖，脸失去了知觉。我的鼻子红彤彤的，时不时冒着鼻涕泡。表演过程中，我跑下舞台去擤鼻涕，所有人都看见了我的举动。这真令人尴尬！"

许多人一直说马修对女孩们要求过于严格，但碧昂斯却坚持说那是她们自己的选择。她对杂志《学者行动》（*Scholastic Action*）说："小时候，周围许多人去参加聚会，我的注意力却集中在录音棚里。其他孩子在外面玩儿的时候，我只想在家写歌、练舞。"

特蕾莎·拉巴贝拉·怀特是哥伦比亚唱片公司艺人与制作部极具影响力的制作人之一。随着马修接触的人越来越多，他成功说服特蕾莎乘飞机从纽约到休斯敦的一个犹太社区听女孩们演唱。但是，一切似乎并不顺利。表演前一天，女孩们一起去游泳受了凉，因此当天表演时鼻音很重。在她们为特蕾莎表演的视频中，马修满脸不悦并中途叫停，然后开始责备她们："不管特蕾莎在不在场我都要说，看到你们为游泳付出的代价了吗？"

后来，利托雅透露，她在团队里过得很辛苦。她在《独立报》中说："这样的要求对年轻的我们来说太严苛了。早上6点，我们要去上声乐课，我们牺牲了一部分童年。六年级时，我们总是离开学校去表演，我们都没有参加过毕业舞会及其他校园活动。尽管这些活动令人兴奋，我们依然无法参加。我们只能把注意力集中在唱歌上。”

女孩们都是虔诚的教徒，她们天天向上帝祷告，祈求获得发行唱片的机会。乐队的发展与著名的杰克逊五人组有些类似。拉塔维亚曾经透露：“马修很严厉，我们曾称他是‘乔·杰克逊’。碧昂斯是唯一敢跟马修理论的成员。”或许，这是女孩们受过的最苛刻的训练。她说道：“我们一直排练、排练、排练。排练是我们四个人的事，他就像军官一样。夏天来临时，他会在休斯敦的房子里搭起帐篷。他会早早叫醒我们，然后带我们去赫尔曼公园。那里有长长的跑道，我们一边唱歌一边慢跑。然后，我们再回到房子里彩排。这就是我们每天的日子，一周七天都是如此。现在想想，我们的整个童年的确都在卖力工作，但是那时，我们只想实现自己的梦想。”

第3章

天命真女

休斯敦演艺学校的名气很大。13岁时，碧昂斯进入这里学习表演和视觉艺术专业。从她纪念册的照片可以看出，那时的碧昂斯已经是个年轻漂亮的姑娘。她皮肤光亮、干净，头发编成辫子，脸上永远带着灿烂的笑容，像极了模特。

对她而言，音乐远比相貌重要。她和其他几个女孩一边学习文化课，一边接受训练。马修则想方设法包装她们，让她们参加更知名的节奏蓝调音乐现场演出。最终，马修的努力付出没有白费：艾丽卡等几个唱片公司都邀请她们试音。到艾丽卡试音时，女孩们遇见了制作人达瑞尔·西蒙斯。从模糊的试音视频中，我们可以看到，四个女孩穿着米色牛仔裤和黑背心，她们一边唱着《敞开胸怀》（*Wide Open*），一边跳着精心设计的舞步。与之前不同的是，她们的嗓音听起来更精致、更成熟，现场效果也更好。西尔维娅·罗纳是艾丽卡唱片公司的重要成员，她曾经成功签下风尚合唱团。达瑞尔向西尔维娅汇报试音的情况时，女孩们和马修都感到极度兴奋。西尔维娅发现碧昂斯的声音果然与众不同，她让达瑞尔签下了这个组合，并让碧昂斯担任主唱。

不久之后，组合乘飞机来到亚特兰大达瑞尔的工作所在地。达瑞尔带着她们，在一个录音室开始了专辑录制。四个女孩和达瑞尔的助理住在一个小房子里。这次行程就像夏令营一样，但女孩们也因此落下了不少课程。女孩们的家长都担心孩子的学习而请了家庭教师。然而，几个月后，灾难来临了。专辑发行的日期迟迟没有敲定，艾丽卡公司不断拖延。最终，艾丽卡公司高级管理层写信给她们，告知她们专辑发行暂时搁浅。据《本质》杂志报道，管理层的态度发生了戏剧性变化，他们认为这些女孩过于年轻，与他们的预期有出入。

这让碧昂斯感到沮丧。多年以后，碧昂斯说："当时我们有了世界末日般的感觉。"2002年，当她们叱咤歌坛时，凯莉幽默地回忆起这段往事："我希望，艾丽卡公司那些放弃我们的人，能看一看2000年的格莱美奖。"

这一消息同样让马修非常失望。女孩们回到休斯敦以后，马修辞掉了医药公司销售员的工作，开始全职管理乐队。他说："艾丽卡放弃了女孩们，对我而言，这是做出决定的时刻。"曾有一段时间，马修对这份工作的态度极其矛盾。"我辞去了薪水丰厚的工作，所有人都觉得我疯了！"他对《赋权》杂志说，"我在公司工作了20年，其中18年都很出色。但在最后两年，我对工作失去了热情，我知道我到了倦怠期。"合作伙伴安德雷特受狼疮折磨而日渐虚弱，这也是马修辞职的一个主要原因。

马修还做了一个影响乐队未来的重大决定。马修认为，"女孩时光"这个名字听起来不够成熟，应该给乐队起一个新名字。呼声最高的名字是"清新"和"边线"，但是这些名字不能给人耳目一新的感觉，因而没被采纳。也有人建议用"天命"一词，但是这个词已经被其他组合用过。最终，他们选择了"天命真女"。碧昂斯向《访谈》杂志讲述了乐队名字的意义："每当我困惑不已时，我总是去问上帝，上帝总是能帮我解答。这就是我们乐队名字的来历。我们翻阅《圣经》时，正好翻到'天命'（destiny）一词。"

拉塔维亚的讲述更加详细："一天，碧昂斯的妈妈想要读《圣经》，她翻开书的时候，我们的照片掉了出来。我们的照片下面，是黑体字'天命'。我们认为，上帝要把这个名字送给我们。我们发现，很多组合都用了这个词，于是我们在这个词后面加了'真女'（child）这个词，使'天命'一词得以重生。"

尽管每个人都为乐队找到新方向而感到高兴，但是马修的辞职却让一家人有些不知所措。马修的工资是一家老小主要的经济来源，他辞职会对一家人的经济状况产生重大影响。当然，他的辞职也体现出了他对女儿的爱是多么无私。商量之后，马修和蒂娜同意卖掉房子以减轻家里的经济负担。碧昂斯说："我们从大房子搬到小房子里，我们把三辆车缩减到两辆，最后只剩一辆。"

但是，蒂娜还是觉察到，家里的经济负担越来越重，她在哥伦比亚广播公司的一次采访中坦言："我们的经济收入从两份变成一份，我们面临着很大压力。我们不得不换小房子，不得不卖掉车子。那段时间，我们过得很艰难。"很多朋友不理解他们的决定，甚至提出质疑。蒂娜承认："很多人认为，我们的举动太疯狂了。"

祸不单行，诺里斯一家紧接着又要面临税务问题。蒂娜对《滚石》杂志说："每一次打击，都有可能把我们击垮。我们没有时间等，因此把房子低价卖了。孩子们在这房子里长大，这里曾处处是欢笑声。卖房子时，我百感交集，孩子们也不高兴。"搬到新公寓以后，马修才知道前一任房客是在浴室中自杀身亡的，这又引发一阵不小的风波。

拉塔维亚后来回忆诺里斯一家的新陈设时说："马修和蒂娜睡一个房间，碧昂斯、索朗和凯莉睡另一个房间。那时，家里有两张单人床，每张床下面都有拉伸床。现在想想，当时这个家庭承受着多大的压力啊！”

为了增加收入，蒂娜延长了美发沙龙的营业时间。与此同时，马修离开家，一连几个月在外学习艺人经纪课程。后来，他运用所学开办了音乐世界娱乐公司，盈利额高达上百万，这是后话。一次，马修听说了摩城唱片公司贝里·戈迪的故事，受到极大鼓舞，决定亲自打造女孩们。贝里在底特律有自己的工作室，专门管理艺人、录制和发行唱片、宣传艺人。他包揽了所有的工作，且取得了巨大成功。除了上述工作，他也非常注重教艺人化妆，监督艺人的日常行为。换言之，他在着力于一点点地把艺人培养成明星。

培养碧昂斯是一项艰巨的任务，经济状况及各种压力引发了夫妻二人的战争，马修和蒂娜做出临时分居的决定。蒂娜告诉哥伦比亚广播公司：“我们之所以分开，是因为我觉得他在那个问题上太咄咄逼人。我从来没有质疑他做出的决定，但是我认为，一个人不能停止生活，也不能不照顾家庭。”她在《滚石》杂志中更加详细地分析了他们当时的处境，她补充说：“在那个问题上，我们意见不一致。我觉得马修像是着魔了一般，他应该找份工作……我们都很痛苦。”

就像其他孩子一样，父母的分居对碧昂斯而言犹如一场灾难，她后来承认：“那是相当痛苦的一段时间，我刻意删掉了很多关于那段时间的记忆。”她回到圣约翰教堂寻求安慰，经常有人看见她在祷告时泪流满面。由于经常去祷告，她渐渐学会了唱颂歌。她反复唱，以帮助自己走出低谷：“上帝自有安排，上帝掌管一切。”这首颂歌慢慢融入她的心里，使她平静，也成为她一生的座右铭。

在乐队的起起伏伏中，她的信仰帮助她挺了过来。她曾经在《都市女孩》中讲述了第一次感到上帝存在的经历。“我就像是乐队里的妈妈，如果乐队气氛紧张，或者某人撒谎，又或是某人伤害了另一个人，我都会受到影响，”她说，“如果乐队乌烟瘴气，我会面临很大压力。我会失眠，脸上出疹子。有一天，我在教堂里哭，突然之间我好像释怀了。上帝仿佛在说：‘把它给我吧。’所有的压力都离我而去……然后，我平静了20分钟，我觉得自己好像飘在空中一样。”

马修和蒂娜的分居让碧昂斯十分伤心，但她没有一蹶不振。她坚定了自己的目标，要让乐队得到认可，要让乐队成员的努力得到回报。1996年，她们前往圣弗朗西斯科录制唱片小样，这一次乐队取得了突破。她们把录音样带寄给十多位音乐界知名人士，得到了意想不到的回复。德维恩·维金斯来自加利福尼亚州的奥克兰，是知名音乐家，在听完录音带后立即决定和她们签约。在后来灵魂列车网站的采访中，德维恩说自己这一生做的最重大的决定之一就是给了“天命真女”合唱团一次机会。对女孩们的专注投入，德维恩一直赞不绝口。

德维恩付出了很多，他腾出自己在奥克兰录音棚附近的一套6居室公寓，让女孩们住进去。这样女孩们写歌、录音就更加方便了。德维恩还给她们请了专门的老师，教授她们文化知识，这也解决了她们不能正常上学的难题。

很快，碧昂斯就在这种环境中如鱼得水，这令德维恩印象深刻。他在灵魂列车网站中分享了这样一个小插曲：在录音棚练习时，碧昂斯非常积极。碧昂斯想唱和声，德维恩提出了自己的建议，碧昂斯立即回应了一小段旋律。除此之外，碧昂斯还在唱歌时跳舞、甩发，任何时候都像在开演唱会。德维恩说：“我是制作人，也是一名粉丝。遇见碧昂斯一家人（蒂娜、马修和索朗）

是我最开心的经历，我感受到了信任和尊重。我时常感慨，哇，他们信任我，把孩子交给我照顾，他们非常认可我对他们孩子的教育。”

尽管德维恩保证了她们的文化课学习，但是碧昂斯一直没有拿到高中毕业证。乐队活动占据了她大部分时间。而这也是她为此付出的小小代价。德维恩对“天命真女”的栽培增加了她们的筹码。1997年，“天命真女”飞往纽约，再一次与特蕾莎·拉巴贝拉·怀特谈判。特蕾莎那时仍在哥伦比亚唱片公司工作，公司旗下有布鲁斯·斯普林斯汀、迈克尔·杰克逊和玛丽亚·凯莉等大牌明星。正如碧昂斯后来在《灵魂再生》中所言，这是女孩们最后的机会，她们必须抓住这次机会。

事情并不如她们期望的那样顺利。当时，试音的会议室不够宽敞，音乐器材放不下，四个女孩没有足够的活动空间。所以，她们面临着清唱的巨大挑战。幸运的是，她们选了比尔·威瑟斯的《阳光不再有》（*Ain't No Sunshine*）及她们自己的作品《准备好了吗》（*Are You Ready*）。尽管她们的表现很不错，但特蕾莎对她们的表演并未予以评价。她们不知道自己的命运将会怎样，带着疑惑返回了休斯敦。事实上，特蕾莎对她们的表现非常满意，多年后她在作曲家世界网站中说：“碧昂斯是令人惊叹的艺术家、词作家、制作人、表演者——她多才多艺。她还是小孩子时，我就知道她。我一直密切关注她，看着她逐渐成熟，看着她成为音乐界的传奇。在我的生命里，这是最酷的事情。”

接下来是一周的焦急等待，碧昂斯和其他几个女孩整日心神不宁，她们无力思考其他事情。得到哥伦比亚唱片公司愿意与她们合作的消息时，她们恰巧在蒂娜的美发沙龙里。蒂娜恶作剧地把唱片公司的信装进标有卢比餐馆标志的信封里，所以当她把这个信封交给碧昂斯时，碧昂斯认为这只是优惠券。读完信里的内容后，她激动得说不出话来，甚至无法呼吸。“我们在沙龙里尖叫，然后哭了起来，”她在《灵魂再生》中回忆，“做头发的女顾客莫名其妙地看着我们，她们听不懂我们在喊什么，她们一定觉得我们是疯子。我们围着美发沙龙跑，我们上蹿下跳，把合同扔向空中，让所有顾客看。”

之前与艾丽卡的合作并不顺利，这次则不同。从她们与哥伦比亚唱片公司签约开始，一切就注定与众不同。她们在录音棚里工作了很长时间，写了很多歌，只等着发行这些歌曲。“天命真女”一直努力工作，1997年7月她们发行了第一首歌。这首歌名叫《消磨时间》（*Killing Time*），是一首叙事歌谣，在威尔·史密斯的电影《黑衣人》（*Men in Black*）中作为背景音乐出现。她们也签下了第一位公关伊薇特·诺埃尔-舒尔，她后来成为碧昂斯团队的重要一员。伊薇特在杂志《外出》（*Out*）中这样回忆第一次在录音棚见到这些女孩时的场景：“我看到一个认真的14岁女孩，她表现出那个年龄少有的成熟。我当时对自己说：‘这是我的事业，我要和这些女孩一起度过生命里的重要时光。’我对碧昂斯最深刻的印象是：她接纳了我。她和我说话时，眼睛总是直视我……那些日子，她总是对我说‘是的，女士’。虽然她一直盯着我，但是她却不眨眼睛。她真的接纳了我……我看到了她的坦诚。直到今天，她和我说话时还是那样。我总是说：‘哇，你还是老样子。’”

她们从那时开始制作名为《天命真女》的首张专辑，并急切地想确定发行日期。特蕾莎知道女孩们出道后整体的形象至关重要，所以带领团队到处搜索适合乐队的歌曲，这些歌曲要避免“女孩化”和幼稚。马修也希望女孩们摆脱稚气。有好几个月的时间，女孩们要假装自己比实际年龄大两岁。

1998年，在杂志《黑打》（*Black Beat*）的一次采访中，女孩们被问到年龄问题，她们回答：“我们不知道。开玩笑啦！实际上，我们都是青少年。我们之所以不透露真实年龄，是因为年龄大的人发现我们的真实年龄之后就会对我们失去兴趣。我们的音乐多种多样，岁数大的人和年轻人都会喜欢。所以，我们宁愿人们不知道我们的年龄。”

她们最早录的歌曲《不，不，不》（*No，No，No*）是专辑里第一首面世的单曲，但是很多人却认为这首歌调子有些慢。著名的说唱歌手怀克里夫·金加入创作，为歌曲提供了很多前卫的元素。1998年初，她们发行这首歌时将其改名为《不，不，不（第二部）》（*No，No，No Part 2*）。这首歌后来在美国销量排名第三，同时在英国和加拿大分别排名第五和第七。在竞争极为激烈的娱乐圈，一个新生乐队能取得如此成就，的确让人难忘。后来，碧昂斯曾讲述过这样一则趣事：第一次在广播里听到这首单曲时，碧昂斯正好和凯莉、索朗在外面。碧昂斯和凯莉停下车，从车上跳下来，一边唱歌一边绕着车子跑。碧昂斯回忆，索朗当时很吃惊，但不一会儿她就扔了包和书，也开始围着车跑。碧昂斯说，这真是太酷了。

同时，乐队运转情况的好转也意味着碧昂斯一家紧张气氛的缓解。蒂娜和马修终于和解了，马修搬回拥挤的家里居住。蒂娜衷心为乐队所取得的突破感到高兴。女孩们几乎每隔一周就需要时尚的新服装，但家里的衣柜太小、衣服太少，完全不能满足女孩们的需求，于是蒂娜开始为女孩们设计服装。“我一直希望女孩们星光熠熠，”蒂娜告诉《得州月刊》，“但是长期以来，哥伦比亚唱片公司的人在观念上与我们有冲突。他们说：‘蒂娜，这些女孩太得州化了。你能给她们换换大浓妆、大蓬头和高跟鞋吗？’我回答：‘我喜欢浓妆和大蓬头，我们的女孩和其他人不一样。这样打扮才好看。’”

再后来，蒂娜决定把造型的事情暂且放一放，她发现自己有更重要的事情要做，她不能让碧昂斯因为当时的名声而骄傲自满。很多人认为，蒂娜这是多此一举，也有人认为这极有必要。《不，不，不（第二部）》在广播里高频率播放时，诺里斯一家正好在外旅行。他们走进一家唱片店，碧昂斯听到广播里的歌声后开始大声跟着唱，蒂娜想要和她说话都找不到机会，蒂娜很生气。碧昂斯后来在皮尔斯·摩根的脱口秀节目中回忆：“妈妈扇了我一个耳光，并让我回到车上。妈妈责备我：‘我不在乎广播里放的是什么歌，你是我的孩子，你不能对我不尊重。’”蒂娜也回忆了这段经历，她在《世界时装之苑》中说：“我丈夫过来说：‘蒂娜！她的歌在广播里的播放量排名第一！’我说：‘我不在乎！’”蒂娜还说，碧昂斯回应了她的话，她对碧昂斯说：“你要有内在美。”碧昂斯在《每日电讯报》中回忆说：“在妈妈为我做的所有事情中，这是最好的一件。那一次，我从迷失中发现了什么才是最重要的。”

有了这次教训之后，“天命真女”的专辑于1998年2月上架了。为了这一天，她们整整准备了3年。她们付出了很多努力，也取得了极大的成就，那时的碧昂斯只有16岁。她对《黑打》杂志说：“我们花了两年半时间做专辑。我们为这张专辑录了33首歌，最后从中挑选了13首。起初，我们不明白为什么这件事情要做这么久。后来我们意识到，很多事情，上天自有安排。与大多数乐队不同，我们一起慢慢长大，我们爱着彼此，我们亲如姐妹。”

尽管人们对专辑的评论褒贬不一，但是乐评人显然非常欢迎她们成为节奏蓝调音乐新势力，她们的第一张专辑卖了50万张。这一数字在很多人看来并不满意，却足以让哥伦比亚唱片公司紧紧抓牢她们。

接下来的几个月，这个乐队像旋风一样席卷各地。她们和怀克里夫·金一起巡回演出，和小山丘合唱团、埃勒·酷以及黑人说唱乐团一起表演，她们的生活开始被频繁的国际行程、奢华的酒店和疯狂的粉丝占据。很快，粉丝们简称乐队为“DC”。1998年8月，她们获邀去纽约参加惠特尼·休斯顿的35岁生日宴会，这是女孩们得到认可的重要标志。女孩们把各自所有的钱凑起来，买了新礼服。她们出席宴会时，许多客人把她们和至上合唱团相提并论，这对女孩们而言是极大的鼓励。她们在这里遇到了一些前来参加宴会的超级巨星，其中包括著名节奏蓝调女歌手玛丽亚·凯莉。“天命真女”中的凯莉承认，这次相遇让她们极为震惊。玛丽亚是这些女孩的偶像，碧昂斯曾在热门录像带电视1台中说：“我觉得玛丽亚·凯莉的声音是天籁之音。”玛丽亚的成名作《爱的幻影》（*Vision of Love*）深深影响了碧昂斯。1990年，《爱的幻影》发行时，碧昂斯只有8岁。“我一直在听这首歌的副歌部分，我一直自问：‘她是怎样做到的？’她能把那么多音符放在一个小节里，这很吸引我。我也开始尝试那么做，她完完全全启发了我。”

1998年，“天命真女”发行了新单曲《搭公车》（*Get On the Bus*），这首歌后来成了电影《何苦坠入爱河》（*Why Do Fools Fall In Love*）的插曲。这部电影由哈莉·贝瑞主演，个性鲜明的说唱歌手提姆巴兰负责歌曲的饶舌部分。随后，著名的男孩男人合唱团邀请“天命真女”担任嘉宾，在场场爆满的巡演中，“天命真女”出席了第一站。拉塔维亚回忆：“我们参与巡演时很紧张。我们都是小女孩，我们正处在青春期。荷尔蒙让我们变得疯狂。日常安排对我们而言是极大的挑战，我们需要起早贪黑。同时，我们还要习惯长时间离开家的生活。有时，女孩们还要因为情绪或吵架而交换房间。我可能这周和碧昂斯一起睡，而下周是和凯莉，再然后是和利托雅。”女孩们都有各自的脾气，她说：“利托雅喜欢开玩笑，我脸皮比较厚，碧昂斯像老妈子，凯莉则很敏感。看电影的时候，凯莉总是第一个哭。”

事实上，凯莉生性温柔，一开始在压力大时都不知道该怎样处理，达不到马修的要求时会束手无策。早期在亚特兰大的一次现场演出中，凯莉跳舞时忘了舞蹈动作，马修狠狠地训了她：“凯莉，今晚你在想什么？我看你跳错了12个舞蹈动作。”这让凯莉心情极为烦躁。拉塔维亚在《每日镜报》（*The Daily Mirror*）中说：“马修说话很直，从来不拐弯抹角。即使我们是小女孩，他也会严厉批评我们。我们尽量不让他的话伤害我们。但是凯莉很敏感，她有时候会跑到房间里哭。”

但是，马修霸道的管理并没有影响凯莉的忠诚。她对杂志《氛围》（*Vibe*）说：“他是我的英雄。马修为我们牺牲太多了。他接纳了我，为了我们卖掉房子和车子。他本不必为‘天命真女’放弃自己的生活。”

哥伦比亚唱片公司预感到“天命真女”的鼎盛时期即将来临，因此让她们又录制了专辑《写在墙上的话》（*The Writings On the Wall*）。这张专辑的录制仅仅花了两个月时间。为了使专辑在高压之下能如期完成，碧昂斯亲自写词并与其他歌手合作了17首歌曲，其中包括提姆巴兰和梅西·埃丽奥特等。几乎每首歌曲上的制作人员名单中都有碧昂斯的名字，她为乐队的成功做出了巨大贡献，她也逐渐展现出自己更加成熟的一面。专辑中，许多歌曲都以女性权利为主题，这也为碧昂斯以后的发展奠定了基础。碧昂斯在《嗨，女士》（*Hey Ladies*）中唱道：“为什么男人可以伤害我们？”她在采访中说：“这张专辑关注的是，如果人们以合适的方式对待彼此，人们之间的关系会发生怎样的变化。”

她解释了女孩们如何在不同的专辑之间变换角色，她在杂志《得州音乐》（*Texas Music*）中说：“在录制专辑时，我们已经18岁了。我们从小女孩变成了少女，我们长大了很多。从音乐中可以听出来，我们逐渐变得成熟。”有趣的是，《天命真女》专辑封面中，碧昂斯站在较远的位置，看上去对自己很没自信，其他三个女孩在镜头前则笑得很开心。然而，在《写在墙上的话》的封面中，她站在最前面，主宰着镜头，比之前自信了很多。

1999年7月，新专辑发行，这张新的唱片中混合了蓝调节奏和大胆的和声。这是因为她们喜欢风尚合唱团，因此有所借鉴。碧昂斯在《华盛顿邮报》（*The Washington Post*）中说：“她们的歌曲很棒，舞步也很棒。我们会坐在一起看她们表演，然后模仿。”

令“天命真女”高兴的是，《写在墙上的话》在全世界取得了巨大成功，一度在公告牌排行榜中排名第六，发行第一周便卖出了13.2万张。1999年年底，专辑销量达到150万张。女孩们因此获得6项格莱美提名，她们最终赢得了两个奖项——最佳节奏蓝调音乐声乐组合表演奖和最佳节奏蓝调歌曲奖。荣誉还不止这些，在公告牌榜单近10年出名的前200张专辑中，“天命真女”的专辑位列第39名。2000年，该专辑销量达到380万张。专辑里还产生了4首热门单曲，《呼唤我吧》（*Say My Name*）和《账单，账单，账单》（*Bills，Bills，Bills*）赫然在列。《账单，账单，账单》批评了男性花女性钱的社会现象，比如刷爆女性的信用卡，用光女性车里的油。

尽管一切进展顺利，女孩们还是被很多人误认为是一夜成名，因此总为此烦恼。碧昂斯想要澄清事实，她在当时的一次采访中说："大多数人没有意识到，我们已经为我们的成功付出了许多。休斯敦的一些人曾说我们争取唱片合约的举动太疯狂，因为那里没有人这样做过。但是我们用事实证明，只要你心有所想，就能成功。这只是我们的开始，请相信我们！"

碧昂斯和其他女孩看起来如此成功，我们很难预料乐队其实正酝酿着巨大风波。短暂的辉煌过后，《写在墙上的话》竟成了乐队在盛名之下最后的作品。

第4章

决裂与重组

和平相处总是令人愉快，然而“天命真女”的愉快相处却在1999年底到2000年初彻底宣告结束。碧昂斯称这段时间为“动荡期”。那时，女孩们即将拍摄《呼唤我吧》的MTV，这几乎是她们最盛大的一次演出。具有讽刺意味的是，拍摄前两周，她们迎来了“动荡期”。刚满18岁的利托雅和拉塔维亚于当年12月14日给马修写信，声称不再需要马修当她们的经纪人。信中说：“从现在起，请不要再代表我接洽任何工作，无论是个人的还是“天命真女”组合的。你没有权力这样做。”有人说她们认为马修给她们的分红太少，另外，马修对碧昂斯和凯莉过于偏爱。这种传言甚嚣尘上。很明显，住在诺里斯家的两个女孩与住在外面的两个女孩之间产生了嫌隙。

碧昂斯想要友好地解决这一问题，却失败了。她后来在《绅士季刊》中说：“我们尝试了很多办法，我们咨询了教堂里年轻的牧师，我们在屋子里来回踱步。无论怎么努力，结局仍是两两对立。我们的美好愿望破灭了。”

碧昂斯一直坚定地说：“我们四人平分收益。”最后，拉塔维亚也承认情况属实。她在《每日镜报》中说：“我的意思不是说利益分红不一样，而是说很多事情都不公平。碧昂斯和凯莉有车……马修经常说一些难听的话，比如‘我给你们钱，你们应该高兴’。”

鉴于乐队成员感情已经破裂，利托雅和拉塔维亚必须离开乐队。尽管马修坚持说自己没有解雇她们，她们仍必须离开。马修说："她们要求换经纪人就是要求离开'天命真女'。"18岁的碧昂斯为此受到巨大打击，她对《绅士季刊》说："那段时间，我和凯莉压力很大，我们很抑郁，我们受到了伤害。"碧昂斯一直被亲昵地称为乐队的"老妈子"，她实际上是乐队的和平使者。她承认，失去童年的伙伴令她沮丧，让她心碎。事情发生后的一年，她在《氛围》杂志中说："我在屋里一直躺了两个星期，几乎不怎么动弹。我甚至觉得自己不能呼吸。我不相信这件事情真的发生了，我几乎崩溃。我被深深伤害了。"

然而，新单曲的MTV拍摄近在眼前，她没有太多时间浪费。19岁的米歇尔·威廉姆斯和18岁的法拉·富兰克林曾在"天命真女"的《账单，账单，账单》MTV中伴舞，她们两人临时顶上，替换利托雅和拉塔维亚。重组后的乐队继续前行，拍摄了《呼唤我吧》的MTV。但是风波并未就此结束：利托雅和拉塔维亚表示，新MTV拍摄结束后的第五个星期，她们才知道自己被开除了。她们一纸诉讼，将碧昂斯、凯莉和马修告上了法庭，起诉理由是他们违反了合作条约。

离开乐队几个星期后，利托雅在全球音乐电视台中说："如果你从10岁左右起就和某些人在一起，后来却突然被她们抛弃，这种感觉很奇怪。"拉塔维亚则暗示，问题已经存在很长时间了："这种结果是必然。我们很早之前就已经看到了一些苗头……我们也会一起谈论，但我们的交流始终不在一个频道。"看到"天命真女"迅速重组之后，拉塔维亚在音乐频道中表达了自己的失落："听到这个消息时，我正坐在车里，我顿时目瞪口呆……他们原本告诉我们，等事情处理好了我们就能归队。但我们得到的结果是……噢，天哪，乐队里新添了两名成员。”

事情发生以后，碧昂斯和凯莉并未多加评论。接下来的几个月，她们受到了不少诽谤。在其后的2月份，《氛围》杂志偷拍的采访视频中，碧昂斯不留情面地说：“利托雅就是五音不全的聋子。”凯莉则补充说，乐队之前的两名成员不会唱歌，她们只是说唱歌手。

尖锐的评论并未就此停止。碧昂斯透露，乐队成员过去两年内几乎没有眼神交流。尽管四个女孩在乐队成立之初亲如姐妹，她们也知道她们内部越来越不和谐的消息不能让媒体知道，因此当彼此之间关系恶化时，她们选择了沉默直至习以为常。碧昂斯后来承认，在任何采访中，她们都不能透露乐队成员之间不愉快的秘密。她们不希望粉丝们失望，因此有了一个封口的约定。她说：“我们当时的情况就像即将死亡的婚姻，但是为了孩子，我们必须装得很开心。”

碧昂斯对《氛围》杂志说：“在我们吵得最凶的时候，我曾给利托雅和拉塔维亚写过信：‘我和你们两位分享了生命中的许多重要时刻，我也曾与你们分享了我最糟糕的时刻……专辑中的许多歌曲，你们根本没有唱一个音符，但是我从未抱怨。即使我为了每张专辑在录音棚里拼命工作，即使你们每天80%的时间花在玩手机或者睡觉上，我依然没有抱怨。’”碧昂斯的书信这样结尾：“大约每3个星期（或者更短时间），你们中的一个人或者你们俩就会做一场戏！过去两年里，你们一直这样。我真的受不了了。”

利托雅因为被贴上懒惰的标签而愤怒，她回应道：“我们不懒。到了写歌的时候，到了唱歌的时候，我们都会去做。我想让某些人把手放在《圣经》上，凭良心说我们是否偷懒。”

随着过激言语的不断扩散，凯莉在《绅士季刊》中说："她们很消极，嫉妒心很强……她们没有自己的主见。我们常去上声乐课练声，她们却从没这么做。"在同一次采访中，蒂娜·诺里斯也愤怒指责拉塔维亚和利托雅："接受采访或者拍摄照片时，她们总是迟到。这不是'天命真女'的作风。这个团队必须严肃地对待每一件事情。除了上帝，什么事也比不上乐队的事重要。"

面对起诉，这个家庭几个月来一直生活在争吵中。拉塔维亚和利托雅最终同意撤销对碧昂斯和凯莉的起诉，但要继续起诉马修。最终，他们同意庭外和解，两位前任乐队成员分别拿到85万美元的赔偿金，然后撤销了所有起诉。碧昂斯事后一直努力渲染整个事件的积极色彩，她在《新闻周刊》（*Newsweek*）中说："这极大地提高了我们专辑的销量。'天命真女'一直才华横溢，但有时候我们可能需要一些争议。我觉得，一个团队要想成功，必然要经历很多。我们的故事很平淡，所以感谢这次争议。这帮我们卖了很多唱片，我真的很感激。"

2000年春天，谣言渐行渐远，克里斯蒂娜·阿奎莱拉邀请"天命真女"在她的主题巡演中做开场演出，这让女孩们兴奋不已。她们欣然接受这一邀请，然而一切似乎不那么顺利。凯莉在演出中途受伤，几根脚指头骨折。危急之下，索朗暂时加入乐队，填补空缺。碧昂斯在杂志《青少年》（*Teen*）的采访中回忆："我们的更衣室离舞台太远，凯莉跑得很快，天很黑。在我们表演的过程中，她踩到了一个斜坡。我们听到她尖叫、大哭，我心想'天哪，她真的受伤了'。"

风波平息之后不久，替补歌手法拉于2000年8月离开乐队，这再一次给乐队带来巨变。法拉只在乐队待了5个月。这一消息顿时刊登于各种八卦专栏里，多数报道称，法拉难以胜任世界级流行乐队歌手的工作。法拉以肠胃感冒为由，未在萨克拉门托音乐电视台露面，她“另谋他职”的谣言又四处传播。碧昂斯很失望，她在《绅士季刊》中说：“对我们而言，这是一件大事。我们花了9年时间才上了音乐电视台。为此，我们付出了艰辛的努力。”

像利托雅和拉塔维亚一样，法拉也渴望向外界说出自己的故事，她透露自己因为碧昂斯母亲为自己设计的形象而常常感到不快。她在杂志《姐姐妹妹》（*Sister 2 Sister*）中说：“我是金发碧眼类型，头发原本带点儿沙棕色，但是我被要求把头发染成红色，我很讨厌这样。”法拉也声称，有人暗示她改名字，以便更好地配合‘天命真女’这个名字。“我的中间名是‘天命’，这个名字要伴随我一生。我从来没叫过法拉，但是我在‘天命真女’中的名字是法拉。”她还对同一家杂志说，她被迫去晒日光浴，以使自己的肤色变深。蒂娜曾很正式地告诉她：“你黑一些更可爱。”

利托雅和拉塔维亚曾透露：“乐队总是以碧昂斯和凯莉为中心。”法拉回应了她们的说法：“乐队里从来都没有公平。尽管每个人都说自己没有特权，但是你的整个家族都在主宰乐队时，特权便产生了。”

而另一位新成员米歇尔在回应法拉的不满时说：“她没必要在那里废话，这简直是荒谬至极。”她在《氛围》杂志中说：“你每天都有通告，你坐头等舱，住最好的宾馆，居然为了头发的颜色和自己的艺名纠结！”

令碧昂斯备感欣慰和感激的是，米歇尔对“天命真女”一直很忠诚，她迅速和碧昂斯及凯莉建立起了亲密关系。米歇尔之前就有唱歌经验，这对“天命真女”的正常运行至关重要。莫妮卡是少年节奏蓝调歌手，在美国享有一定声誉，米歇尔曾是莫妮卡的助唱。米歇尔小时候，她的家人一直从事卫生保健工作，她受家人影响希望成为一名产科医师。她曾在杂志《韵律》（*Cross Rhythms*）中称自己是书呆子，她说："成长过程中，我经历了很多痛苦。在不知道自己会有所作为之前，我一直努力让别人接受我，这很痛苦。因为是一名好学生，是个好人，我一直遭人嘲笑，受人欺负。小孩子的确很残忍，他们不会顾及别人的感受。我一直很瘦小。"

米歇尔在伊利诺伊大学上学时，音乐占据了她全部的生活，她因此退学了。她在跟随莫妮卡演出时遇到了"天命真女"，并进行了试音。"我们几乎是一个人一个人地面试，米歇尔来的时候，我们觉得她很完美、很漂亮。最重要的是，她唱歌很好听。"碧昂斯在《得州音乐》杂志中说。很快，米歇尔便被邀请到诺里斯家中，甚至和碧昂斯、凯莉睡一张床。在蒂娜的监督之下，她开始塑造自己的流行歌手形象。她在《观察者报》中回忆："我第一次用蜡脱毛。碧昂斯的妈妈握着我的手，我都不知道将来会发生什么。"

米歇尔刚刚加入已经成立多时的乐队时受到了诸多质疑。"我加入乐队时，听到了很多流言蜚语和消极的言论。人们说：'她觉得她是谁？'但是感谢碧昂斯和凯莉的帮忙，我的过渡期很顺利。对于她们而言，这不是问题。我们一起演出，我没有拒绝任何露面的机会。"碧昂斯对行程安排很满意，她对《青少年》杂志说："在演唱方面，这是'天命真女'的最佳时光。除了演唱，我们和平相处，得到了很多人的支持，而且我们都有才华，那段时光的确很美好。"

几个月的创伤之后，这个三人组合明白她们还有很多工作要做。她们清楚，这些工作对于增加团队的稳定性极其重要。尽管碧昂斯在镜头前总是一副勇敢、微笑的样子，但是她却很难从一场沸沸扬扬的口水战中脱身。她很快成为各路媒体无情攻击的对象，她要为乐队的低迷和人员变动负责。显然，这些批评深深影响了她。她在《氛围》杂志中痛苦地说：“有时，我希望爸爸不是我们的经纪人，那样人们就不会攻击我。只要乐队里出点儿事，那就是我的错，人们就会责备我。有些人离开了乐队，那也是我的错。凯莉脚趾骨折，那也是我的错。”

碧昂斯在《卫报》中说：“我曾经恨透了网站。因为网站，我经受了太大压力，人们把一切事情推到我身上。我那时也就十七八岁，也是个孩子。那段时光真的太难熬了。我的爸爸是经纪人，妈妈是造型师，所以我觉得那就是我生命的全部。当人们议论这些事情时，我觉得我的生活都完了。”

碧昂斯后来称这段时间是她事业中最黑暗的时光，她说她那时患抑郁症长达两年时间。碧昂斯的确很不容易。她在杂志《大观》（*Parade*）中说：“我不吃东西，一直待在屋里。我的生活真的糟透了，我经历了那段孤独的时光。我不知道自己是谁，也不知道谁是我的朋友，我的生活彻底改变了。”

碧昂斯第一次感觉到，她的生活已经完全对公众公开，她的知名度再攀新高。“太艰难了。媒体没有注意到我个人时，只会注意我们的音乐。但是后来，人们开始关注我，我感觉自己受到了攻击。人们的反应不一样了，我也没有了隐私。”

更糟糕的是，她与林德尔长达7年的初恋也走到了尽头。尽管碧昂斯从未说明分手原因，但是林德尔多年以后坦言，他欺骗了碧昂斯，觉得自己配不上碧昂斯。“一天晚上，她去外地出差，我和朋友们去了酒吧，并和另一名女性发生了关系……碧昂斯是我一生的挚爱。失去她是我最大的遗憾，”林德尔在

《太阳报》中伤心地说，“谁会欺骗像碧昂斯一样的女子？那个人就是我。我会一直为此懊悔。”

尽管碧昂斯毫无过错，但分手还是让她感到不安。她在《大观》中说，“放开他真的太难了。现在我已经出名了，我怕自己再也找不到真正爱我的人了。我害怕重新交男朋友。”

蒂娜注意到了女儿的情况，渐渐走进她的内心。蒂娜安慰女儿：“凭借你的美貌、才华和脾气，你会再次找到真爱。”尽管蒂娜一直安慰碧昂斯，但蒂娜承认，看着碧昂斯痛苦地分手，她也很难过。她在哥伦比亚广播公司坦诚地说：“这或许是我生命中最糟糕的经历，它如此不真实，碧昂斯因此失去了对待一切事物的热情。”

家人的爱与大力支持让碧昂斯撑过了那段艰难时光，并且再次获得好运。2000年，“天命真女”开始获得一些重量级奖项——包括在拉斯维加斯美国公告牌音乐奖中获得年度最佳艺人奖，并在灵魂列车音乐奖中喜获两枚奖牌。碧昂斯写歌的才华也得到认可，Hitco音乐公司与她签约，旨在保护、开发她的才能。Hitco总部位于亚特兰大，由业界知名的音乐制作人L.A.里德创建。里德后来与西蒙·考威尔一起成为美国《未知因素》节目（美国版《英国偶像》）的评委。里德也是碧昂斯的粉丝，他称碧昂斯为“现世最有才华的演员”。

同年9月，该乐队发行了新单曲《独立女人（第一部）》（*Independent Women Part1*），这首歌被选为电影《查理的天使》（*Charlie's Angels*）的片头曲。《查理的天使》由卡梅隆·迪亚兹、德鲁·巴里摩尔和刘玉玲主演。这首歌一下子风靡全球，在公告牌100强单曲榜中升至第一，并稳坐第一宝座长达11个月，收入打破了吉尼斯世界纪录。这首歌在英国、加拿大、新西兰也爬上最畅销宝座。这首歌的歌词极其大胆，歌词中说女人不必倚仗男人给她们买东西。碧昂斯说，写这首歌是为了直接回应人们对《账单，账单，账单》的误解。她在《青少年》杂志中说："很多人误解了这首歌，他们认为我们是拜金女，'天命真女'绝不是那样的。我们是独立的女性，我们能自己养活自己。"

2001年初，她们取得了另一重大成就——女孩们受邀在华盛顿乔治·沃克·布什的就职典礼上表演。她们精心彩排，完美表演了《独立女人（第一部）》和《跳跃，跳跃》（*Jumpin'，Jumpin'*），碧昂斯还在表演时说："我想听你们喊布什的名字。"这让粉丝们激动不已。当被问到自己的政治信仰时，她保持沉默，但她后来说："我之所以在就职典礼上表演，是因为我可以接触到很多孩子，仅此而已。或许某天我会说出自己的政治信仰，但前提是我深思熟虑后知道了答案。"

在以后的日子里，她似乎因为与布什政府有关联而感到尴尬。她在《访谈》杂志中说："他真心希望我们能在就职典礼上表演，而且他是我们的总统。他告诉我们，长期以来，我们对孩子的影响力在他之上，我们是正面的榜样。"

人们没有将女孩们视为亲共和党人士，这让蒂娜很高兴，她说："这件事并没有政治色彩。经过协商，主办方负责去掉一切有政治意味的互动，女孩们只为孩子们表演。"碧昂斯后来承认，自己是民主党的铁杆粉丝，也是奥巴马最积极的支持者之一。如此看来，这次演出的确很有讽刺意味。

同年2月，她们第一次在格莱美颁奖典礼上演出。碧昂斯在杂志《扰》（*Faze*）中回忆："我们受宠若惊。麦当娜就坐在第一排。我们穿着高跟鞋下楼梯，当时心想：‘哦，天哪，但愿不要摔倒，但愿不会跑调。’我们紧张极了，不得不牵着手、互相看着彼此、深呼吸，然后祷告。音乐开始前大约半分钟，我们一直是这种状态。表演时，我们尽了全力。”她们穿着蓝色短裤和上衣，火辣的身材一览无余。她们表演了《独立女人（第一部）》和《呼唤我吧》，演出极为出色。

此次盛典也见证了她们第一次获得格莱美奖的时刻。凭借《呼唤我吧》，她们获得了最佳节奏蓝调歌曲奖和最佳节奏蓝调音乐声乐组合表演奖。发表获奖感言时，碧昂斯十分激动，她在舞台上紧紧抓住凯莉和米歇尔的手，呼吸急促地说：“谢天谢地。我们太兴奋了……哦，上帝，我简直不敢相信我们赢得了格莱美奖。我们这些女孩获得了格莱美奖！”

同月，她们发行了第三张专辑的主打歌《救赎》（*Survivor*），这首歌再一次取得了轰动性成功。创作这首歌时，乐队正处于动荡期。她们承认，当时，她们的情绪犹如过山车般跌宕起伏。碧昂斯在一个电视采访中说：“录音棚里有超强的能量。我们坚信，一旦我们录制完这首歌，它就会具有超能量。因此我们觉得自己是勇士。”米歇尔在《公告牌》杂志中说：“在那次录制之前，我们做了祷告。那次录制真的满是超能量，整个屋子都快被超能量点燃了。”她补充说：“我们的感觉无法用言语表达。我们中有人哭了，有人则跳上跳下。”

这首歌在全球范围内轰动一时，但是其歌词也引起了不少争议，因为歌词暗示了她们与拉塔维亚和利托雅的矛盾。这首歌的歌词是：

你认为没有你我会很脆弱

但我变得更强大

你认为没有你我会心碎一地

但我变得更富有

你认为没有你我会伤心欲绝

但我笑得更开心

你认为没有你我不会成长

但现在我更加聪明

你认为没有你我会很无助

但我变得更机智

你认为没有你我会很紧张

但我变得更冷静

你认为没有你我卖不出唱片

但我却卖了900万张

尽管大部分歌词都是针对乐队近期的戏剧性变化而写，但是拉塔维亚和利托雅却声称这样的歌词是侮辱她们，并推翻了前段时间达成的和解。2002年2月，她们两人再次起诉“天命真女”，要求赔偿。“天命真女”的代表律师汤姆·富尔克森指出她们的赔偿要求很荒谬，并在《休斯敦纪事报》（*The Houston Chronicle*）中说：“除了重新起诉以获赔偿外，原告已没有更好的事情可做，这真是一大悲哀。我们过去达成了和解协议，现在我们又要做同样的事情。”

这件事又一次揭开了碧昂斯的旧伤，她在杂志《妇女》（*W*）的采访中说：“我很伤心。我不想再遭遇戏剧性事件，我不想有敌人。我只想走进录音棚、写歌、拍电影、表演……我不想伤害别人，更不想攻击任何人。在录音棚里，我很开心。然而所有其他事情一起涌来，这很令人伤心。”

但是，利托雅和拉塔维亚的辩护律师沃伦·菲兹杰拉德却坚持说：“我们想要一个协议，以防她们日后的言论再次侵犯我们。我们需要一个协议，制止那首歌继续公开发表。”最终，该案于2002年7月得以庭外和解，双方发表声明：“天命真女”的前任成员利托雅·露奇特和拉塔维亚·罗伯逊与音乐世界娱乐公司、马修·诺里斯、碧昂斯·诺里斯、凯莉·罗兰和米歇尔·威廉姆斯已经友善地调解了矛盾；利托雅和拉塔维亚对此处理结果很满意。

除了引发诉讼案件外，单曲《救赎》再一次为乐队赢得最佳节奏蓝调音乐声乐组合表演奖。镜头前，蒂娜为她们设计的服装和造型令人印象深刻。女孩们需要飞到墨西哥拍摄MTV，但是有位成员在转机时丢了服装。蒂娜并不惊慌，她去了一家军用品商店，抢购了一些迷彩背心、上衣、短裤和方巾。借助这些材料，蒂娜把女孩们打扮得另类而又性感。这种装扮与MTV中令人眼花缭乱的主题和丛林背景正好吻合。她们的朋友怀克里夫·金后来在广告宣传片拍摄期间问碧昂斯：“你们的造型师是谁？”碧昂斯回答是妈妈，怀克里夫很吃惊，并建议碧昂斯妈妈一直担任她们的造型师。

尽管蒂娜最初为女孩们设计服装只是为了省钱，但她正在用行动证明，她的设计水平绝对在专业人士之上，没有人能替代她担任乐队的造型师。两年后，碧昂斯受邀到南非开普敦参加一个宣传防治艾滋病的公益晚会。临开场时，蒂娜突然意识到碧昂斯的服装不适合当晚的演出，因此飞速赶到当地的布料市场。她“徒手”剪出一套服装，并让碧昂斯配上鲜艳的头巾。蒂娜在《乌木》杂志中说：“事实证明，这套衣服很漂亮。我们把这套服装当成纪念品保存下来，因为碧昂斯穿着这套衣服与曼德拉先生合了影。那一刻，我真为她感到骄傲。”

《救赎》同名专辑在世界范围内引起轰动效应，在美国、英国、荷兰、比利时、德国和加拿大都一度位居销量榜首。仅在美国，其销量就达400万张。“天命真女”成为有史以来专辑第一周销量最多的女子乐队。在英国，“天命真女”成为继黛安娜·罗斯和至上合唱团之后的24年中，第一个专辑销量夺冠的美国女子乐队。黛安娜是碧昂斯小时候的偶像之一，取得了可以与偶像比肩的成绩，碧昂斯感觉有些高兴但又有点儿忐忑。碧昂斯在《都市女孩》中说：“那听起来很酷，因为我的偶像很棒、很有魅力。但是，人们的议论并不友好。人们喊我的名字是因为我是乐队的主唱。他们认为我是主角，总是忽略其他人。”

在一档电视节目中，一位流行音乐节目主持人称“天命真女”成员之间实际上是对手，并声称她们之间的关系已经破裂到了互不说话的程度。该主持人推断“天命真女”是为了拯救自己，才给专辑取名为《救赎》。事实上，完全不是这样。三个女孩第一次在录音棚里排练三重唱时，她们有些焦虑，担心自己会走调。凯莉透露说：“我们进了录音棚，然后开始祷告。我们全力以赴，最后录制出了《救赎》。”碧昂斯又一次展示了自己的创作天赋，她几乎为专辑中每首歌写词、作曲。但是，她却说这不是她的创作初衷。她在全球音乐电视台中说：“我只想创作三首歌，但是唱片公司却说：‘再创作一首，再来一首，再来一首。’这些都不在计划之内，我绝对没说：‘好的，我来负责。’”

总体来看，这张包含15支单曲的专辑比以前更成熟。其主题首次涉及家庭暴力，提升了乐队的整体定位。马修强调，这都在他的大计划之中。他在《得州月刊》中说："我们组建乐队时，就有一个大计划。我们分析了我们的听众、我们的顾客、我们的形象，以此决定我们应该唱什么类型的歌。我们创作《独立女人（第一部）》和《救赎》等女性主题的作品并非出于偶然，我们有充分的市场考虑。"

2001年5月，《救赎》中的另一支单曲《秀色可餐》发行。这首歌的题目醒目而吸引人，由碧昂斯在飞机上创作完成。她在全球音乐电视台谈及这首歌曲的创作时说："我们坐飞机去伦敦。飞行时间很长，我无事可做，觉得很无聊。我开始听史蒂薇·尼克丝的歌，当时觉得她的歌很劲爆。'秀色可餐'这个词一下子进入我的脑海。我不知道凯莉和米歇尔会怎么想，所以没好意思告诉她们。"

然而，凯莉和米歇尔很喜欢她的想法。在录音棚里，她们从史蒂薇的《诱惑17岁》（*Edge of Seventeen*）中得到了灵感，并加入了即兴演奏。在MTV中，碧昂斯的妹妹索朗成为客串演员，其中还出现了摇滚音乐元素。重组后的乐队录制了一个长约3分钟的宣传片，其中的"电臀舞"后来成为碧昂斯的招牌动作。女孩们还没有成熟到与性感挂钩的年龄，这首歌及其隐含的信息引起了不少争议。碧昂斯本人坚持说这首歌没有言外之意，她说："这首歌要传达的信息是自信。《秀色可餐》并没要求你拥有好身材，而是让你关心你对自己的态度。你不必像电视上丰乳肥臀的人一样。你不必感到卑微。"

她还透露，这首歌是对人们说她变胖的回应。在这首歌里，她既想自我庆祝，又想回击那些无聊的说法。无论别人对《秀色可餐》有什么想法，这首歌的文化意义都不可否认，“秀色可餐”（Bootylicious）一词的使用频率越来越高。2008年，该词被收录进《牛津英语词典》中，其解释是：有性吸引力的，性感的；有型的。然而，这个词却让碧昂斯受到了刺激。她说：“一段时间后，我觉得这真的很傻。说实话，我讨厌这个词。”她也承认：“无论我到哪里，人们都在说‘秀色可餐这个’‘秀色可餐那个’，这种说法的确能给人很大的刺激。”

第5章

初尝胜果

碧昂斯的工作强度越来越大，但她还是尽可能抽时间回休斯敦的家，每月都至少在家住几天。在休斯敦期间，她很珍惜做“平常人”的机会。即使是进城买牙膏或糖块，她也觉得很满足。正如她在《世界时装之苑》中说的那样：“我想素颜穿着牛仔裤和T恤衫去沃尔玛，我也想光着脚在我妈妈的店里走来走去。”对她而言，回家就是重温她空缺的童年。“我仍然喜欢坐过山车，喜欢打电话，喜欢自己傻傻的样子。我喜欢周围的人也傻傻的，那样我就可以一直傻傻的。”她对《电影月刊》（*Film Monthly*）说。

她收获了名声和大量财富，却丢失了童年，这让她在以后的人生中总觉得存有遗憾。“我受严厉而无聊的规矩约束而不能当拉拉队队长，不能玩游戏，也不能做其他类似的事情。所以，当我有能力决定一些事情之后，我想做一些有意思的事。15岁时，我就要承担25岁或者30岁的普通人要承担的责任，我的压力很大。很多人为我服务，我得做出许多成人的决定，这迫使我更快地成长。”她说。

在休斯敦休整时，碧昂斯喜欢钻研蒂娜的家常菜。她经常说：“我妈妈是世界上最棒的厨师。她能做出最美味的克里奥尔美食——秋葵汤饭、什锦菜肴、黑人料理……回到家时，我总喜欢像孩子一样，让妈妈给我做饭吃。”碧昂斯回家的另一件必做之事，就是和朋友们一起去最爱的一家名叫“就是这样”的餐厅吃晚饭。在厨房里，她像个无可救药的孩子，有时允许自己狼吞虎咽地吃一些特色小吃，比如：玉米面包、奶酪、炸鸡等。尽管碧昂斯的收入越来越多，但是她对快餐类炸鸡的热情依旧不减，她一直是派派思连锁店的常客。她曾在奥普拉的脱口秀中承认自己压力很大：“压力之一是，我所到之处都有人给我买派派思炸鸡。派派思炸鸡店听说了我的喜好，让我终生享有会员特权……我能拿出会员卡，想拿多少炸鸡就拿多少。但是我从来没有用过这张卡，我觉得很尴尬。”这件事充分体现了她对派派思炸鸡的热爱。在她的婚礼上，她还为来宾定制了这种炸鸡。

碧昂斯对自己的得克萨斯血统极为自豪，她也把休斯敦视为最惬意的休息之所。在休斯敦，她能做回自己。“有机会时，我通常宅在家里。不用拼命打电话，不用大喊大叫，那感觉真好。回家的时候，我和凯莉会顶着巨大压力回归童年，我们会到风雨商业街廊逛街。”这是当地的一个购物中心，有着300多家店铺和众多梅西百货、萨克斯第五大道的分店。凯莉在《得州音乐》中说：“有时候，人们会认出我们，那样我们会有些措手不及。但是通常情况下，人们不会打扰我们。但是我宁愿人们能认出我。”

对于“天命真女”而言，每次回家都有重大意义。因为，回家之后，她们才有机会去她们深爱的圣约翰教堂。据人们所知，“天命真女”有时会在周六深夜飞回休斯敦，参加完周日的礼拜仪式再离开。凯莉曾说：“圣约翰教堂是我的家。我喜欢那里。每当我有自己不能决定的事情，我就把它交给上帝。”碧昂斯同样如此，她在工作间隙总会挤出时间到教堂去。她一直声称，去教堂能让她内心平静。鲁迪·拉斯马斯是女孩们的牧师，他对《观察者报》说：“教堂的确是个神奇的地方。9年前，我们9个人创建了这个教堂，现在已经有4600名教徒。与其说它是一个大型社区，不如说它是一个小城镇。女孩们在这里成长……这里没有镁光灯，人们不会打扰她们。”

2001年，《氛围》杂志的一名记者看到碧昂斯在教堂的一条长凳上静静地啜泣，凯莉也在前面几排流泪。碧昂斯事后说，她们不是因为烦恼而流泪，而是因为感受到了上帝的眷顾。恰恰因为这样，教堂在她生命中的重要作用越发明显。其后几年，碧昂斯为该教堂捐赠了50万美元。

一离家就是好几个星期，带着行李到处工作，这绝不是女孩们想要的生活。即使晚上有机会出去闲逛，她们也极少能见到男性。碧昂斯在《妇女》杂志中自嘲地说：“我们只是一直失望地坐在那里。我们脸上写满了不高兴和烦恼，没有人接近我们。由于安保措施，也没有人能近距离接触我们。”

尽管碧昂斯对此并不十分在意，但她的确没有机会参加社交活动。“我在一个城市只待一天，工作完就去另一个城市，所以我没有机会遇见别人。”她在杂志《电讯》（*Telegraph*）中说。青春期之后，少男少女通常会开始一段稳定而成熟的恋情，但是碧昂斯却没有机会。她说：“我想找男朋友。如果我的男朋友能忍受我的这种生活，那就太棒了。但是现在，我得先找到一位男朋友。”她也表明，通常那些想追求她的男孩子都靠不住，他们的搭讪让人听了就烦。“我很挑剔。很多男孩子的搭讪技巧很差劲。有人对我们说：‘你可以呼唤我的名字，然后我给你付账单。我不是怪胎。’很多人都会说类似的话，这种话让我觉得莫名其妙。”《都市女孩》曾问碧昂斯想交什么样的男朋友，碧昂斯回答：“我在寻找有自己事业的人。他不必有很多钱，但要有自己的事业。如果是大学生，那就更棒了。”

或许是言者无心，听者有意，有人对这番话产生了兴趣。碧昂斯即将在自己的情感史上经历一次突然而又意义重大的改变。这段恋情于2001年夏末开始，始发地是杂志《名利场》（*Vanity Fair*）的一期音乐特刊的拍摄现场。恋情的开始让她始料未及。与她一起参加这次活动的明星有大卫·鲍伊、格温·史蒂芬妮、史提夫·旺达和琼尼·米歇尔。此外还有嘻哈歌手、音乐制作人杰斯（Jay-Z）。这位纽约出生的说唱歌手原名肖恩·科里·卡特，但是极少有人知道这个名字。之前一年的夏天，碧昂斯与说唱歌手阿米尔合作。阿米尔签约了杰斯的洛克菲拉唱片公司，那是碧昂斯与杰斯第一次见面。当时，碧昂斯18岁，在阿米尔的单曲《我明白了》（*I Got That*）中担任副唱。阿米尔与杰斯一起编了这首歌，杰斯还担任了MTV导演。

在《名利场》的拍摄现场再次相遇时，碧昂斯和杰斯相互擦出了火花。碧昂斯没有预料到，他们二人从此以后会紧密联系在一起。碧昂斯很高兴地与杰斯互换了电话号码，但她认为双方的日程安排都很紧，彼此之间没有什么发展的可能。杰斯住在新泽西州李堡市，离她所在的休斯敦根据地约有1500英里（约2414千米）。但在遇到似乎可以“征服”她的男人之后，她还是沉浸在高兴之中。只要有机会，他们就打电话。过了没多久，他们就开始天天通电话。

起初，他们的关系全靠长距离的电话交流得以维系。数年后，碧昂斯对奥普拉·温弗瑞说：“起初我们是朋友，大约一年半以后，我们才开始约会。我们通过电话发展感情的时间持续了一年半。那为我们的感情发展奠定了坚实的基础。”她也对杂志《魅力》（*Glamour*）说：“初次见面时，我只有18岁。开始约会时，我才19岁。我们一点儿也不心急，没有人想到我们会一直走下去，更没人想到我们能结婚。”

随着交往的深入，只要日程安排允许，碧昂斯就会和杰斯见面。他们一起享受静静的晚餐，享受影院的时光，享受在杰斯公寓外的闲逛，享受一起玩音乐的时光。求爱的时光很单纯，杰斯承认自己花了大力气追求碧昂斯。许多年后，他对《名利场》说："嗯，我知道，我得试一试，尝试让自己在她面前变得耀眼……并热情款待她。"

事实表明，碧昂斯和杰斯在一起时，仍然是处女身。碧昂斯在2008年接受《每日电讯报》采访时说，她之前只和林德尔谈过一次恋爱，他们的关系不涉及性。"我那时太年轻，他也不算真正意义上的男朋友，我们没有同居，"她说，"那是我唯一一次恋爱经历。自那以后，我也只谈过一个男朋友，他就是杰斯。"林德尔也做出回应，声称自己和碧昂斯没有一起过过夜。他在《太阳报》中说，碧昂斯有着强烈的宗教信仰，他不想给碧昂斯压力。"我和她之间的化学反应难以抗拒，但是我尊重她，我也知道等待对她而言极其重要。"他说。

幸运的是，杰斯彬彬有礼的表现得到了回报：碧昂斯完完全全地接受了他。但是，他们仍然选择秘密维系这段得之不易的恋情，因此他们从未被拍到出双入对。经历过"天命真女"最黑暗的时期后，碧昂斯很清楚，媒体的猜测会毁了这段感情，也会让她的私生活公之于众。她之前曾说，自己一直单身并希望找到真爱，这一下子成为小报消息，她深受其害。她在《真爱》（*Genuinely In Love*）电视节目秀中说："他们想让我成为世界上最绝望的人。随处可见的报刊封面上都写着：碧昂斯孤独而寂寞，我们需要给她找位男朋友。所以，我决定对我的私生活闭口不谈，这样我的生活才会更容易一点儿。我知道人们会推测、会怀疑，我尊重他们，理解他们，因为我也总是怀疑其他人。我只是喜欢自己有秘密的感觉。"

杰斯同样对媒体报道保持高度警觉，或许是因为自己那艰辛的过往更容易让他成为众矢之的。他出生在布鲁克林区的贫民区，他所在的贫民区名为贝德福德-史蒂文森城。那里缺衣少食，犯罪事件屡见不鲜。杰斯生于1969年12月，比碧昂斯大12岁。杰斯家中有兄妹四人。11岁时，杰斯的父亲阿德尼斯·里夫斯弃家而走，此后杰斯便跟着母亲格洛里亚·卡特生活。他们的生活很艰难，格洛里亚卖力工作以养家糊口。杰斯在《名利场》中说："我妈妈一直精打细算。有时我们得付电费，有时得付电话费，全是妈妈一个人努力挣来的。有时，我们的煤气用完了不能及时续上。我们能勉强填饱肚子，不用挨饿，我们的生活也还算过得去。但是，上学时，我不希望被别人笑话。我也不希望穿着脏球鞋或者一直穿同一件衣服上学。"

父亲的出走在杰斯心中留下了很大的阴影，在2009年《奥普拉》杂志的采访中，他对奥普拉说："成长过程中，父亲是孩子心中的超级英雄。如果你深爱着父亲，并把他放在心中最为崇高的位置，一旦他让你失望，你就再也不想经历那种痛苦。"

由于父亲出走，杰斯有些神经敏感。他有一次认为哥哥艾瑞克偷拿了他的戒指，因此开枪打中了哥哥的肩膀。在创作《你一定很爱我》（*You Must Love Me*）这首歌时，他写下了枪击事件的经过。他在歌中说唱道："看看你眼中的邪恶，积累得比杂草还高。我很困惑，我只是闭上了年轻的眼睛，然后扣动了扳机。"

尽管哥哥没有丧命，但是杰斯在差不多30年后才愿意对媒体提起这段经历。他对奥普拉解释这段经历时说："哥哥贩卖了大量毒品。他从我们家拿走了很多东西。我是家里最小的孩子，但是我却觉得自己得保护所有人。"

但是他知道自己做了错事，他对《卫报》说：“这太恐怖了。我当时只是一个小男孩。我很恐慌。我一直觉得自己得蹲监狱，我觉得自己的生活马上就要结束了。我觉得自己一辈子都要在监狱里度过了。”在同一个采访中，他表明在贫民区的生活冰冷而无望：“那里到处都是枪，我每天都能听到枪声。”他自己遭袭过多次，却没有受伤。杰斯解释说：“仿佛有守护神一直眷顾着我们。”

在母亲的劝解和鼓励下，杰斯在2003年与父亲和解，并给父亲买了一套公寓。公寓装修完毕后，杰斯让父亲住了进去。杰斯在《滚石》杂志中说：“我想把所有想说的话都告诉父亲，但是我只说了我的感受。我没有喊，没有哭，情绪没有激动，也没觉得紧张。这是男人之间的事情，但是这真的很难解决。我的言辞十分尖锐。”杰斯的父亲想和儿子建立心灵上的沟通，但是不久之后死于酗酒。他死的那一天，杰斯在纽约的40/40夜总会刚好开业。他在《绅士季刊》中说：“他走了，他并没有活出自己。”尽管他们的关系不太好，但是父亲的死仍然刺痛了杰斯。“我们之间有了父子关系，然后再硬生生隔断这种关系，这真是一件残忍的事情。”

艰难的少年生活，使杰斯产生了强烈的意愿，他想要摆脱泥潭并回归正轨。嘻哈乐成了他的救命稻草，母亲点燃了他对嘻哈乐的热情。那时，杰斯总喜欢晚上在家里鼓捣音乐并在餐桌上敲敲打打。母亲不胜其烦，于是给杰斯买了一个便携式音箱。杰斯自学了自由式说唱，歌词都是他临时编写的。在那之后，他开始编写完整、成形的歌曲。不久之后，他便在邻里之间出了名。杰斯的导师是知名的说唱歌手杰欧（Jaz-O），邻居们根据杰欧的名字给杰斯起名叫杰兹（Jazzy），后来又改成杰斯。这个名字从此便在人们心中根深蒂固，后来他被奉为“说唱乐神”。

杰斯满腹才华，又具有创业精神，他从卖CD开始，一步一步创建了自己的商业帝国。1995年，他和达蒙·戴西、卡里姆·伯克一起成立了洛克菲拉唱片公司。发行了第一张专辑《合理怀疑》（*Reasonable Doubt*）之后，他便开始和一些说唱明星一起工作，其中包括他以前在布鲁克林上学时的朋友声名狼藉先生（Notorious B.I.G.）。1997年，声名狼藉先生在洛杉矶惨遭枪杀。对于朋友的死，杰斯十分伤心，他在《氛围》杂志中说：“我甚至不能描述失去朋友的那种痛。”

这起未查明真相的枪杀案让杰斯有过退出说唱界的想法，但他觉得这种做法很“自私”。出于对死去朋友的尊重，他决定留在说唱界。他辛辛苦苦打拼了几年之后，专辑《第二卷：艰难生活》（*Vol 2... Hard Knock Life*）大获全胜，把他推上说唱乐神的崇高地位。专辑中的同名单曲《艰难生活》是贫民区主题的作品，被收入百老汇音乐剧《安妮》（*Annie*）中。这首歌发行于1998年，是他第一首走出美国的歌曲，并在英国音乐排行榜中一度排名第二。那一年，他和达蒙·戴西创建的服装品牌“洛卡薇儿”的年销售额高达7亿美元，为他带来了丰厚利润。

杰斯最广为人知的音乐作品是2001年发行的《蓝图》（*The Blueprint*），他的朋友坎耶·维斯特和他一起创作了这部作品。该专辑发行于“9·11”袭击事件当天，在发行后一周仍卖出50万张，居于美国销售榜榜首。然而不久之后，杰斯却迎来了一段艰难的时光：他在等待两个刑事案件的审判结果——其一是非法持枪，其二是袭击他人。在持枪事件上，他坚称自己是清白的，其后该项指控被撤销。10月份，第二项指控的审判结果出来了。他承认在晚宴上袭击音乐制作人兰斯·里韦拉，被判入狱，缓刑3年。他在2010年出版的《秘密往事》（*Decoded*）中描述了当时的情景："在新专辑发行前一个月，盗版唱片已经出现的事情让我很愤怒，我觉得兰斯·里韦拉应该为此负责。在纽约奇巧俱乐部的晚宴上，我与他相遇，我们之间产生了巨大分歧。在俱乐部中央，他很大声地和我说话。我……越想越气……我朝他走去……这一次，我已经气昏了头。"他补充说，同一年见证了朋友吹牛老爹非法持枪的法庭审判后，他决定为自己袭击他人的行为负责。杰斯说："他们逮捕我时，正是圣诞前第三个星期。我在镜头前穿着'洛卡薇儿'外套。当时，这款外套在全国范围内大卖，这的确很滑稽。"

和碧昂斯一样，杰斯之前的爱情并没有结果。他在过去几年里一直和许多女人约会，其中人人皆知的人物有演员罗莎里奥·道森、歌手梅西·埃丽奥特、莉儿·金、小阿莉娅、节奏蓝调音乐歌手布吕·坎特尔。他曾在《滚石》杂志中承认，父亲抛弃母亲对他影响很大，对自己与女性的关系也有影响。"虽然我和女人约会，可我的心并不和她们在一起。我在内心深处总是想，这次关系什么时候结束。所以，我从来没有真正放开自己，我也从来没有因为女人而伤心。"

终于，他的等待得到了回报。不久之后，他遇到了碧昂斯。他知道，碧昂斯就是他梦寐以求的女人。他们开始交往时，只有碧昂斯的家人和亲近的朋友知道这件事。在公众眼中，碧昂斯一直单身，和父母一起生活，而且很宅。当时，有传言说，碧昂斯的父母严禁碧昂斯约会。但是蒂娜对这一说法提出反驳："哪位母亲不希望自己的女儿找一位男朋友？"她在《乌木》杂志中说："我和其他母亲没有什么不同。我希望自己的孩子开心。我不希望她们孤单。”她还补充道：“谁如果认为碧昂斯的父亲反对她交男朋友，那就太愚蠢了。”

与此相类似，还有传言说蒂娜和马修对待“天命真女”就像奴隶主对待奴隶一般，要求她们努力工作又不允许她们参加社交活动。蒂娜和马修因这种言论委屈了数年。蒂娜说：“既然她们已经快20岁了，我们不会阻止她们参加聚会。她们可以去任何想去的地方，她们可以做任何她们想做的事情。我们不能把她们当奴隶对待。那么，她们为什么这么卖力地工作？因为她们清楚，她们想要的是成功。”

这些话发自肺腑又千真万确。2001年9月，迈克尔·杰克逊在纽约举办了一场演唱会，纪念其出道30周年。迈克尔·杰克逊是女孩们最崇拜的偶像，这次演唱会也是迈克尔·杰克逊十余年来首次在美国开的演唱会。此次演唱会邀请了惠特尼·休斯顿、布兰妮·斯皮尔斯、莱莎·明奈利和雷·查尔斯。“天命真女”受邀在此次演唱会上做客串表演。碧昂斯说：“见到偶像的那一刻，我往右看，他刚好站在那里，站在舞台边上。我们放下麦克风开始尖叫，观众们很不解。我们非常激动，在台上和他拥抱。”女孩们欣喜若狂。凯莉补充说：“我们一点儿也不想放开他。”

第6章

第一次世界巡演

几周之后，“天命真女”开启了她们的第一次巡演。她们与全球音乐电视台合作，将在美国和加拿大举行42场演出。演出开始前，碧昂斯接受了音乐频道的采访。她说：“这是我们第一次巡演，我们在装备上投入很大。我们会放烟火。我们会频繁地换装。舞台会从地面上升到很高的地方。我们精心策划了这次巡演。”

对于女孩们而言，每天住在旅行巴士上就像度假一样惬意。三个女孩都神采飞扬地讲述自己“滚烫”的淋浴和住上下铺的经历，“你完全可以在双层床上直立身子坐着”。现场演出结束之后，她们会在晚上吃很多比萨和立体脆，并窝在一起看电影。《阿甘正传》（*Forrest Gump*）是她们的最爱。由于离家远，她们周末通常不能去教堂，但她们经常一起祷告，读《圣经》。

正如其他长时间巡演的乐队一样，女孩们也有自己的个人生活。有一次，媒体得到了一份她们的购物单。购物单上有6瓶斯奈普冰茶、各式各样的苏打水、薯条、洋葱番茄辣酱、新鲜果盘和不含猪肉的熟食拼盘。她们还点了柠檬、蜂蜜、鲜姜（姜能很好地保护嗓子）、矿泉水、鲜花、肥皂、毛巾、果茶、草莓、蜡烛和两个全身镜。此外，她们还要了瓷盘餐具。

她们从来没点过酒，这表明女孩们自控力极强，滴酒不沾。有人说曾见过碧昂斯在一次聚会上大口喝克里斯特香槟，碧昂斯在《观察者报》中回应说："我不喝酒。"凯莉也说："我们是榜样，所以我们一直自我监控。我们不光在聚会时严格自律，而且时时刻刻都会约束自己。"很多人经常忘了女孩们的年龄并不大，米歇尔常以提醒的口吻说："我们仍然未到可以喝酒的年纪。"

享受了旅行中的各种乐趣，见识了眼花缭乱的舞台技术之后，她们在当年10月份迎来了一次十分忧伤的表演经历。这是一个慈善活动，在纽约举行，时间刚好在"9·11"恐怖袭击之后。这次活动由保罗·麦卡特尼爵士组织，地点在麦迪逊广场花园，其目的是颂扬勇敢的消防员和警察。乐队演唱了《救赎》专辑中的歌曲《情感》（*Emotion*），这首歌由比吉斯乐队执笔完成。她们还演唱了悲伤的福音组曲《与我同行》（*Walk with Me*）。

"9·11"恐怖袭击事件震惊全球，"天命真女"觉得她们必须取消当年秋季的欧洲巡演。按行程安排，10月末她们应该在斯德哥尔摩演出，并于11月在伦敦结束巡演。但是，和珍妮·杰克逊等其他美国歌星一样，她们认为此次恐怖袭击使得她们的海外之行不安全因素增加了很多，因此放弃了巡演。碧昂斯在一个声明中说："在欧洲，每次为歌迷们表演时，我们都很兴奋。我们真的很享受和歌迷在一起的机会，推迟甚至取消演出是我们最难做的决定。分析了当前形势之后，我们最终做了这个决定。我们希望重新安排巡演的时间，并增加额外的演出。我们祈祷混乱早日结束，和平早日来临。"

突发状况使得碧昂斯有了不少空闲时间，她也因此有机会尝试新的挑战：演戏。她在全球音乐电视台的电视电影《卡门：嘻哈歌剧》（*Carmen: A Hip Hopera*）中完成了自己的银幕首秀。这部电影是一位美国黑人对歌剧《卡门》的改编，一起参演的还有碧昂斯的朋友怀克里夫·金及说唱歌手茅斯·达夫和杰梅因·杜普里。担任主角的碧昂斯说："我扮演的角色是一个手段高明、性感而争议很大的女性，这个女性在一定程度上毁了男主角的一生。拍电影时，我觉得很快乐。这一角色与我本人完全不同，所以我表演得很尽兴。"她在电影中的角色让她自身有了成长。"我通过那部戏成熟了很多。"她在《本质》杂志中说，"我离家很远，也远离了一切。除了新工作，我在新的城市里也结交了新朋友。我称之为我的大学。"

碧昂斯又展示了新才能，她在接受全国广播公司的采访时自豪地说："我生来就是干这个的。你知道吗？我能唱歌、跳舞、演戏，也能写歌、谱曲，我要成为三面手。多才多艺的艺人并不多见。有人可能会说碧昂斯凭借性感的外表吸引眼球，事实则不然。我的确很有才，我想让人们知道我多才多艺。"

人们对碧昂斯的认同度极高，碧昂斯也因自己的音乐才能和表演才能而慢慢地被更多的人所熟知。这使得碧昂斯越来越红，似乎每个人都希望多了解碧昂斯一点。《本质》杂志中有文章称："人们频繁使用'时尚女孩'一词来形容她。碧昂斯真的当之无愧：她拥有与生俱来的好嗓子、非凡的创作与表演天赋、性感的身材、活泼的性格及谦卑的态度。"自那以后，各种各样的品牌代言活动潮水般向碧昂斯涌来，其中包括美国电话电报公司和欧莱雅。同时，她也接到了一个非比寻常而又无法抗拒的代言活动——成为"天命真女娃娃"的官方代言人。玩具公司孩之宝生产了3款"天命真女"的人偶，每个人偶都穿着配套的蓝色服装，上面点缀着闪烁的小亮片。碧昂斯说："成长过程中，大多数女孩都梦想着拥有自己的娃娃。今天，我们的这个梦想成真了。"

之后，碧昂斯又实现了自己的另一个梦想。她在奥斯汀·鲍尔斯的电影

《王牌大贱谍》（*Goldmember*）中出演主角，并与迈克·梅尔斯合作。她在《妇女》杂志中坦诚地说："首次试镜时，我有一种被叫到了校长室的感觉。我十分紧张，从来没想到自己能拿下那个角色。他们问我是否想演喜剧，我的回答大概是：'嗯，我也不知道自己能不能演好。'说完之后，我对自己说：'笨蛋，你在说什么？'"

在《王牌大贱谍》这部电影中，碧昂斯扮演福克斯·克里奥帕特拉一角，碧昂斯形容这个角色为"开枪打别人的人"。她说，拿着枪很有意思。在电影里，她留着蓬松的爆炸头。在一次演员专访中，她因自己在剧中的发型哈哈大笑："每天早晨的化妆都充满戏剧性。我得做各种造型：大卷爆炸头、小卷爆炸头、戴帽子、围围巾。只有你想不到，没有我做不到。"为了保持电影人物异乎寻常的喜剧特征，她在首映式时便顶着巨大的爆炸头，身着罗伯特·卡沃利设计的露大腿金色礼服，这在当时引起了不小轰动。她表面上看着兴高采烈，但内心并不高兴，因为她要为了电影拍摄而节食。她对《妇女》杂志说："我喜欢吃，因此很难瘦成一道闪电。对于一般人而言，20岁的时候从不用考虑能吃什么、不能吃什么。20岁的人可以吃很多想吃的东西。但是，我要拍电影，所以必须做出牺牲。"

在这部电影中，迈克尔·凯恩与她搭档。合作演员让碧昂斯大开眼界，她对《电讯》杂志说："我的搭档是个重量级人物，完全有资本无视我……但是，他却教给我很多技巧。即使我没有开口，他也会主动帮忙。我真的很吃惊。"后者的彬彬有礼也给碧昂斯留下了深刻印象："他对每个人都很好。大多数明星只对其他明星友好，但对剧组人员很不热情。迈克尔对剧组的所有人都很友善，我也想成为像他那样平易近人的人。"

然而，出演《王牌大贱谍》也充满挑战：碧昂斯担心这有损人们对她的评价。她对《电影月刊》说："我很担心，因为一些歌手跨界做演员时饱受诟病，我不希望自己成为这样的歌手，我也不能像有些跨界歌手那样毫不在乎。他们找到我，我得到了一个角色，这很棒。但我得确保，自己的表演不出问题。"

事实证明，碧昂斯根本无须担心。2002年，电影发行时受到影评家的一致好评。《纽约时报》（*The New York Times*）有文章评论说："诺里斯女士知道该怎样表演。"碧昂斯在银幕上给观众留下了深刻印象，她出演第一部电影就获得了青少年票选奖中突破女明星奖的提名。尽管碧昂斯在颁奖之夜输给了希拉里·达芙，她仍然俘获了很多观众的心。在拍摄片场，她也深受欢迎。合作演员迈克尔后来说："每个人都很喜欢她。她拍摄的最后一天，每个人都不舍得她走，因为她善良、有趣而又单纯……而且'秀色可餐'。"

碧昂斯对演戏产生了浓厚兴趣。不久之后，她又与库巴·库丁合作了《亿万唱诗班》（*The Fighting Temptations*）。在那部电影里，她扮演丽丽。丽丽是一个单亲母亲，在夜总会唱歌。她还受雇于一个教堂唱诗班，并帮助这个唱诗班在竞赛中获奖。这一角色要求碧昂斯改变自己光鲜亮丽的形象，换成自然普通的妆容。她在《今日美国》中说："我告诉经纪人，我要在下一部电影里扮演一个平常角色。为了这部电影，我努力穿着自己最平常的衣服，梳最普通的发型。我没有拉直头发，我只想以不同的方式展示自我。"她寻找着电影剧情与自己生活背景的相似之处，她说："我妈妈有一家美发沙龙，我在那里长大，在那里拖地，在那里听女顾客们讲故事。其中一些顾客是单亲妈妈，有一些顾客来自健全家庭，但她们都很乐观，她们都是女强人。

我喜欢和她们在一起。我想，这里就是《独立女人（第一部）》等歌曲的灵感来源之处。能再次把这些情景带入电影，真是太好了。”

在电影里，碧昂斯把自己的银幕初吻献给了库巴。库巴开玩笑地说：“我们练习了整整一个晚上。当然，在吻我之前，她有点儿紧张，尽管她吻过别的男孩。她还年轻，能克服困难。作为已婚人士，回过头来再想一想这一幕，真心觉得她很棒。”对碧昂斯而言，这一幕并不轻松。“拍吻戏的时候，我觉得很不舒服。”她对美联社说。当被问及是否愿意进行尺度更大的表演时，她有些反感地说：“现在我肯定不会演那样的角色，我觉得拍吻戏已经很尴尬了。”

电影拍摄期间，可以明显地看到，碧昂斯在过去的几个月里一直在超负荷工作。她显得很疲惫，濒临崩溃。她曾说：“我很累。有时候，我带妆睡觉，因为我不想在第二天浪费时间化妆。我下定决心要拍电影，我可以停止工作，但我不想停下来。”后来，她并不承认自己说过这样的话，她对《娱乐周刊》（*Entertainment Weekly*）说：“媒体说话太夸张了。我只是说自己很疲惫，但我应付得来。我遇到了很多优秀的人。”

碧昂斯不太会拒绝经常出现的工作邀约，因此工作量总是很大。她在《电讯》杂志中说：“我不会拒绝，只能接受，因此我总是有很多工作。我想给欧莱雅拍广告，我想演电影，我想再录一张‘天命真女’的唱片，我做出这些决定然后付诸实践。我有太多事情想做，因此总是没有时间休息。”

参加《艾伦秀》时，她承认自己很难停下来休息：“我不知道怎样放松，我不喜欢总是收到工作通知。我真正能放松的时间就是在船上。由于晕船，我坐船时一动也不能动。”

蒂娜看到女儿背负了巨大的压力，开始担心女儿的幸福："我一直担心碧昂斯。每天都有很多人问碧昂斯很多问题，我一直祈祷每天问她的问题不要太多。她喜欢自己做的事情，喜欢娱乐圈，但那也让她筋疲力尽。"

《亿万唱诗班》在亚特兰大拍摄时，碧昂斯在那里庆祝了自己的21岁生日。她的唱片公司一掷千金，为她建了一个"王牌大贱谍"主题公园。这次庆典在喀斯喀特旱冰场举行，现场还有一个旱冰鞋形状的巨型蛋糕。乐队成员凯莉和米歇尔，以及杰斯和碧昂斯的家人都参加了这一庆典。《王牌大贱谍》里的滑冰场景点亮了那个特殊的夜晚。碧昂斯说："我喜欢挑战传统，喜欢不一样的东西。拍电影时，我没有滑旱冰的戏，所以有点儿嫉妒他们能在电影里滑旱冰。我滑冰的水平并不高，但是我很喜欢这项运动。这是一次盛大的聚会，我一晚上都在转圈。"

电影杀青之后，更多的电影邀约纷至沓来。但碧昂斯的身体出现了问题，她更加谨慎地选择工作。她坚持以音乐为工作重心，拍电影只是副业。她说："只要我想演，我就能拿到想要的角色。但是我不想那样做，因为在压力面前，我必须保持清醒的头脑。"

碧昂斯回归音乐这片乐土之后，"天命真女"于当年2月第三次获得格莱美奖，这一次获奖的是单曲《救赎》。尽管这是一个巨大的成就，碧昂斯却因为着装不当引起了争议。碧昂斯当时穿着蒂娜为她设计的服装，上身是透明的紫色上衣，奶油色的内衣清晰可见，下身配着大波浪裙。人们残酷地把她与《阿拉丁》里的人物相比，这并不是她想要的效果。

2001年秋天，"天命真女"推迟了她们的欧洲巡演。2002年春天，她们继续开始世界巡演。为"天命真女"伴舞18个月之后，索朗开始在每次演出时担任暖场主持人。她回忆说："我只是鼓励观众和我们一起唱《秀色可餐》而已。"

经历了各国不同的文化特色之后，碧昂斯被泰国文化的宁静深深吸引。"我爱上了与普吉岛有关的一切事物，那里的人们出行时骑自行车，或者在水里骑着大象，"她在《电影月刊》里赞美说，"那里气候湿润，我光着脚走时，没人知道也没人关心我是谁。"她对澳大利亚也竖起了大拇指："我们去海边，人们不会打扰我们。我爱上了布里斯班，那是个可爱的地方，那里的人们很开放。"

巡演时，她们的团队增加了一个五人组合的伴奏乐队，另外还有十名舞蹈演员。每次演出，他们都要放大量烟花，乐队的所有热门单曲和福音音乐也是必不可少的曲目。当《秀色可餐》切换成迈克尔·杰克逊的《避开》（*Beat It*）时，她们每人都会戴上一只闪闪发亮的手套。《救赎》自然而然成为安可曲目，之后，所有听众都能满意地退场。

巡演的结束也预示着女孩们要经历一场大的变故。表面上看，她们仍然像一个组合那样工作，但她们私下都在准备自己的单曲。碧昂斯首先完成了自己的单曲《妙不可言》（*Work It Out*），这首单曲是《王牌大贱谍》的电影配乐。凯莉和说唱歌手内丽于2002年完成了《进退维谷》（*Dilemma*），并在不久后发行了她的首张专辑《深情挚爱》（*Simply Deep*）。那年夏天，米歇尔的首张专辑《我心到你心》（*Heart To Yours*）也面世了。对于"乐队已经解散，三个人开始单飞"的传闻，米歇尔并不承认。她在《得州音乐》中说："我们不会离开'天命真女'，所有人都在说碧昂斯要单飞，但是碧昂斯没有单飞。没有人要离开。"

不久，她们宣称她们的合作要暂停3年，这让她们的未来更加扑朔迷离。再后来，碧昂斯到迈阿密的录音棚里录制自己的首张专辑《危险爱情》（*Dangerously In Love*），这无形中使她们的未来更加不稳定。碧昂斯全身心投入到唱片制作中时，她的艺术才能得到极大发挥。2002年，美国作曲家、词作者与出版者协会（ASCAP）授予她流行音乐奖"年度最佳创作人"称号。碧昂斯凭借《独立女人（第一部）》《跳跃，跳跃》《救赎》获得了这项荣誉，她也成为第一个获此殊荣的非裔美国女性。她在当时的英国电视采访节目中说："对我而言，这是一项极大的成就。我是获得ASCAP奖励的第二名女性，但事实上我只是众多优秀女性中的一员。作为一名女性，想要获得这一荣誉很难。但是，我很荣幸获得了这样的机会，我也很高兴能为其他女性艺人敞开这扇大门。"

碧昂斯在流行音乐领域越来越闪耀，很多世界著名品牌都想和她签约。2002年，她代替布兰妮·斯皮尔斯，成为百事可乐的新签约明星。她包揽了百事公司的两个电视广告和大规模的电台、网络促销活动广告。她说："过去这些年里，伟大的明星们使百事广告深入人心，现在我也要加入其中，我感到很兴奋。"她与百事的合作是长期的利润丰厚的合作。不过，碧昂斯代言百事之后的几年里，美国的肥胖现象越来越严重，百事公司因此受到批评。

碧昂斯仍然在私底下与杰斯见面。2002年8月，碧昂斯在杰斯的热门单曲《邦妮和克莱德》（*03 Bonnie & Clyde*）的MTV中出任助演，那时就有传言说他们已经开始约会。这首歌的开篇就是杰斯问碧昂斯："准备好了吗，碧？咱们开始吧！"MTV中可以看到，他们在扮演一对情侣。在杰斯的说唱部分，有这样的歌词："此生我所需的就是我自己和我的女朋友。"碧昂斯则回应他："此生我所需的就是我自己和我的男朋友。"娱乐专栏进一步从中挖掘蛛丝马迹，并指称他们是新"鲍比和惠特尼"。惠特尼·休斯顿是鲍比·布朗的妻子，人们以此来暗示他们之间的恋爱关系。

有记者曾鼓足勇气询问他们想要什么样的爱情，但未获回答。当年11月，碧昂斯在《今晚娱乐》（*Entertainment Tonight*）中说："这是个私人问题，我不喜欢在这里谈论这个问题。"在霍华德·斯恩特的电台节目秀中，杰斯被逼问感情问题，他断然否认了自己正在恋爱。杂志《花花公子》（*Playboy*）的提问也让杰斯觉得尴尬，他说："我们关系很好。但我们只是一般朋友，并不了解对方。"采访者问他是否想进一步和碧昂斯约会，他则轻描淡写地说："她很漂亮。谁不希望她是自己的女朋友？或许有一天我们会约会。"

接下来的几个月，有关他们恋爱的猜测铺天盖地而来，然后又出现了他们分手的报道。对于从来没有承认在一起的情侣而言，这的确不可思议。后来，他们作为特邀嘉宾出席了美国的一个嘻哈秀节目。在节目中，我们的确能清楚地看到他们之间微妙的关系。碧昂斯和索朗在一起，杰斯热情地亲吻了索朗，但杰斯和碧昂斯似乎无视对方。据说，2003年4月，碧昂斯与另一位说唱歌手五角开始了恋情，致使杰斯与她分手。而据《太阳报》报道，碧昂斯正在和一名有贩毒前科的人交往，该人名叫柯蒂斯·杰克逊。显然，这一切都是无中生有。

同月，碧昂斯在接受《世界时装之苑》的采访时声称，自己仍然单身。这让他们之间的故事更加扑朔迷离。此外，碧昂斯强调，只有马修那样的男人才能完全打动她。她说："我爸爸很有绅士风度，但是需要时，他也会变成硬汉。找到这样的男人很难，几乎没有哪个男人可以达到我爸爸的标准。因为爸爸，我有了择偶标准。”据该杂志报道，碧昂斯面对关于杰斯的话题时很坚定地回答：“我不会回应这个问题。”碧昂斯承认，他们的确一起出去过。但她补充说：“如果有人看到我们，那就看到了，随你们怎么说，我无所谓。”该杂志又问了她一个老问题：“上一次接吻是什么时候？”碧昂斯拒绝回答。

媒体各种各样的报道应有尽有，碧昂斯的粉丝们因此很疑惑。2003年6月前后，碧昂斯和杰斯订婚的消息在网上大肆传播，碧昂斯的粉丝们更是一头雾水。不出所料，他们既没有正式承认也没有正式否认。谣言似乎让他们两人都受到了困扰。当被直接问到什么时候结婚时，碧昂斯含糊地说：“碧昂斯还没有未婚夫。”然而，类似的八卦谣言还是没有就此打住。

2003年5月，碧昂斯实现了一个夙愿：与童年时期的偶像惠特尼·休斯顿一起登台表演。热门录像带电视1台组织了一场现场演唱会，她们一起在“二重唱”节目中表演，这一演唱会在拉斯维加斯美高梅大酒店举行。演出期间，碧昂斯演唱了《危险爱情2》，惠特尼则与当时的丈夫鲍比·布朗一起演唱。最后，两位女士与其他节奏蓝调音乐歌手一起演唱，向史提夫·汪达致敬。她们演唱了他的经典歌曲《更高之处》（*Higher Ground*），合唱者中包括著名女歌手夏卡·康、玛丽·布莱姬、奎因·莱提法、阿莎提和朱厄尔。毫无疑问，这是碧昂斯职业生涯中的一个小高峰。多年以后，灵魂歌手惠特尼的死让她十分伤心。惠特尼的死并不是毫无征兆，她的健康早就亮起了红灯。惠特尼与鲍比待在拉斯维加斯期间，福克斯新闻就有报道说惠特尼因为流鼻血而去医院就诊。也有人看到惠特尼和鲍比在百乐宫酒店激烈争吵。

碧昂斯的首张专辑《危险爱情》终于在经过几个月的调整之后正式发行。为了庆祝这张专辑正式发行，哥伦比亚唱片公司为她举行了盛大的发布会，地点在西好莱坞蒙德里安酒店的星空酒吧。这次发布会的另一用意是庆祝索朗17岁生日。准备这张专辑时，碧昂斯创作了43首歌曲，最终只有15首入选。哥伦比亚唱片公司的执行总裁一开始并不看好这张唱片，甚至拒绝发行。碧昂斯开玩笑地说："我在唱片公司演唱这些歌曲时，他们认为我的专辑里不会有一首大热歌曲。我认为他们说得对，因为有5首大热。"这张专辑在全球卖出了1100万张，《纽约日报》（*The New York Daily News*）称她为"迷人的独唱者"，并说她"已经从少女乐队中成熟"。发行后仅3周，这张专辑便成为白金唱片，并在英国、加拿大、荷兰、德国、希腊和菲律宾荣登唱片销量榜首。

碧昂斯在制作专辑视频时讲述了这张唱片的意义，她说："有时，坠入爱河会有点儿危险，尽管我现在是年轻的少女，但马上就要变成年轻的女人。谈恋爱和相爱绝非易事，其中有很多插曲，这是不错的话题。爱是这张专辑的主题。"她说的这段话似乎暗指了她和杰斯的关系。她有些调皮地对粉丝说："我为你们所有人做了这张专辑，希望你们听了之后能找到真爱，甚至生下小宝宝。"她也强调，想在这张专辑里展示自己柔弱的一面。"我为'天命真女'写的所有歌曲都很强硬，这很棒，但是有时人们会因此忘了你也是个平常人，"她对美联社说，"我想让人们知道我很强大，但是我也能拥有爱情，我也会受伤。我也需要别人的爱，我也需要其他女人需要的一切。"

正如预料中的那样，马修监制了专辑中的歌曲。但碧昂斯还是秘密地创作了一首歌曲《爸爸》（*Daddy*），她把这首歌藏了起来，没有被马修发现。她对全球音乐电视台说："我并不想把这首歌写进专辑里，我只是为爸爸创作了这首歌曲。这是一首厚重的歌曲，爸爸听了之后可能会觉得手足无措。"

《爸爸》的歌词讲述了她渴望找一个与马修有共同点的男人：

我希望我还未出生的孩子长得像爸爸

我希望我的丈夫像爸爸一样

没有人像我的爸爸

谢谢爸爸一直爱着我

父母的婚姻是这首歌的灵感来源，她说："爸爸和妈妈在一起已经二十三四年了，我目睹了他们共患难的过程。爸爸一直很支持妈妈，他们支撑着我们的家，支持我，支持妹妹和凯莉。爸爸的忠诚，爸爸的力量，都是他独有的魅力。我希望周围的人都能拥有这种魅力。"

碧昂斯的表姐安吉参与了《危险爱情》专辑歌曲的词曲创作。杰斯也参与了其中5首歌的创作。此外，其中的一首歌曲《迹象》（*Signs*）似乎直接点明了碧昂斯对杰斯的感觉：

12月，每种迹象都有自己的模式

我爱上了射手座……

来自处女座的爱

这种迹象与我正好吻合

敏感的粉丝立即指出，杰斯的生日是12月4日，他是射手座，碧昂斯则是处女座。当被问到歌词中的深层含义时，碧昂斯害羞地说："人们可以得到他们想要的结论。这就是音乐的美妙之处。"

杰斯参与到碧昂斯的工作中，这一事件让人觉得很复杂。众所周知，杰斯和马修相处得并不愉快，他们之间紧张的关系让碧昂斯的处境很为难。专辑发行后的第二年，马修说：“我一点儿也不在乎杰斯。我跟他也不亲近。他不是什么大人物，我不想在他身上浪费时间。”美国国家公共电台提问他想要什么样的女婿时，他直接说：“下一个问题。”

据说，马修担心杰斯会把自己的女儿“偷走”，因此开始亲自规划碧昂斯的事业。2003年，杰斯宣布退隐，将工作重点由唱歌转移到公司运营上，这更让马修坚定了自己的想法。杰斯的公司现在市值为3亿美元，在他发行第八张专辑《黑色专辑》（*The Black Album*）时，他做出了退隐的惊人决定。杰斯还在纽约的麦迪逊广场花园开了告别会。然而，这只是一个暂时的举动。把洛克菲拉唱片公司卖给环球音乐集团之后，他于2004年成为街头教父唱片公司的总裁兼首席执行官，他的内心发生了巨大变化。后来，在谈到过早的退隐时，他表示后悔，并说这一举动让他感到尴尬：“我想我已经说了太多次退隐，人们看到我时，好像在说‘请闭嘴’。”他也发誓，要让命运决定他以后的事业。

杰斯在担任街头教父唱片公司总裁期间，完成了最大的一笔签约——将年轻的蕾哈娜收入麾下。当时是杰斯最先邀请年轻的蕾哈娜到纽约试音的，蕾哈娜回忆：“我那时很震惊。我第一次在大厅里看到杰斯的半个脸庞时，我心想，天哪，我从来没见过名人，也没见过担任唱片公司老板的名人。当时，我十分激动。”杰斯和同事里德对蕾哈娜印象深刻，当场与她签了唱片合约。蕾哈娜说：“我们一直坐在那里，直到凌晨4点半，我们才签完协议。每次写下自己的名字，我都会笑。”杰斯被蕾哈娜的天赋深深打动，要知道他很少做这样的决定。杰斯回忆说：“我一天之内就签下了她。只花了两分钟，我就看出她有成为大明星的潜力。”然而，蕾哈娜并没有一夜成名，人们把她视为翻版碧昂斯，因此对她并没有多少关注。努力了两年之后，她最终凭借《雨伞》（*Umbrella*）成名。发行之后，这首歌成为最知名的节奏蓝调代表曲目。

杰斯与蕾哈娜非常重视彼此之间的友谊，蕾哈娜总是把杰斯视为自己的知己和导师。尽管蕾哈娜也有自己的烦恼，但是杰斯的支持却无比珍贵。

第7章

杰斯，杰斯

无论杰斯在唱片公司有着怎样高的地位，无论他在《危险爱情》专辑制作中扮演了怎样重要的角色，他仍然难以走进马修的内心。但是，杰斯在碧昂斯第一张个人专辑中的努力付出，使碧昂斯在个人演唱事业中取得了新的辉煌。这一点，马修不否认。在歌曲《意乱情迷》（*Crazy In Love*）中，杰斯为其加入了说唱元素，这首歌获得了乐评人的一致好评，还被他们描述为“引人注目的夏季圣歌”。《滚石》杂志称之为“能量源”，《新音乐快递》（NME）则称它为“放克灵魂乐”。在《名利场》中回忆说唱部分的创作过程时，碧昂斯说：“杰斯在录音棚里待了几分钟，然后随口说出了说唱歌词：他就坐在那里，嘴唇开始慢慢地移动。仿佛一瞬间，他就完成了说唱部分。当时好像是凌晨3点。他已经筋疲力尽了，我也是。我不知道他是怎样在那么短的时间内做到的。”

在众多猜测中，有一种说法是，碧昂斯对杰斯有感觉，这种感觉给了碧昂斯灵感。她说：“我猜有人会说这是感情的第一步。在完全释放感情之前，我们总在怀疑自己做的事情。你可能会说：‘天哪，我看起来好傻……’但是你却不太在乎，因为你已经爱上了他。他的爱让你兴奋，让你着迷。”她仍然拒绝承认两人的关系，在《滚石》杂志中若有所指地说：“我并没有说我单身。人们可能会说：‘她为什么说他们只是朋友？’我没有那么说。我只是闭口不谈，我只是保持沉默，我只是想保护自己的私生活。”

杰斯也不再解释他们之间的关系：“我没有说是，我也没说不是。听听专辑吧，或许它能让你放松，或许它又不能。”

一时间，碧昂斯双喜临门。《危险爱情》发行第一个星期便摘得公告牌排行榜专辑销量桂冠，《意乱情迷》则在同一周登上100强单曲榜榜首。她也成为第一位同时在美国和英国登上公告牌榜单榜首的女歌手。歌曲为她带来了新的粉丝群。“天命真女”曾在名为“夏季劲歌”的嘻哈乐演唱会上被喝倒彩，但碧昂斯现在已经深深吸引了节奏蓝调音乐群体，他们中的很多人成了碧昂斯的忠实粉丝。碧昂斯意识到这一改变源于杰斯的加入，她在全球音乐电视台中说：“我很感激。他在我发行专辑时帮了很大的忙。他帮我写了一些歌……事实上，在《意乱情迷》加入嘻哈元素之前，一些人根本不接受这种形式。他提供了这首歌真正需要的东西。”

杰斯承认，这一安排起到了双赢的效果。杰斯在《名利场》中预测，碧昂斯的歌曲会进入金榜前40名。而碧昂斯加入《邦尼和克莱德》的创作，也帮助杰斯摘得桂冠。杰斯说，他给碧昂斯的是全新的街头音乐。

更多的荣誉接踵而至，《意乱情迷》在美国单曲排行榜连续8周稳居第一，并于2003年赢得了MTV音乐录影带大奖3个奖项。那一年的颁奖盛典在纽约无线电城音乐厅举行，因麦当娜和布兰妮·斯皮尔斯在舞台上缠绵亲吻而永载史册。然而，盛典上的碧昂斯却因为自己的言行引发了一场风波。她声称自己有“原则”，不会和女孩儿接吻。然后，她又坚称自己的话被媒体曲解，称自己完全尊重那些同性恋者。她在网站上说：“我从不会根据一个人的性取向判断一个人，以后也绝对不会。我有很多同性恋粉丝，我对他们的爱与对异性恋粉丝的爱完全一样。”

然而，她还是受到了指责，并因此而感到心烦。她在一次单独采访中又一次强调：“舆论真的很伤人。‘我有原则’这句话引自我在《世界时装之苑》采访中对感情的说法，我的意思是我对男性‘有原则’。”碧昂斯也透露，她本人也曾经离艾滋病特别近，她的同性恋舅舅死于艾滋病。她后来在杂志《本能》（*Instinct*）中说：“舅舅是妈妈最好的朋友，他每天带我去上学……他和妈妈一起给我做衣服。他就像我的保姆。”

在这次直播的颁奖典礼上，碧昂斯和杰斯一起现场表演《意乱情迷》。碧昂斯穿着金色短裤在舞台上走动时，一直喘着粗气。在视频里，我们可以看到她在舞台上翻滚，身着短裤的她极具诱惑力。很多人甚至认为，她的个人演唱事业的成功与她超级性感的新形象密不可分。显然，大量的超负荷工作和付出已经让她变得苗条。她也披露，她放弃了自己最喜爱的食物，每天跑步以塑造完美身材。她在《太阳报》中说：“我放弃了汉堡包和类似的食物。好在我的口味发生了改变，我很享受不同口味的食物。现在我只吃烤的食物，并努力少食多餐。”

但是，由于她虔诚的宗教信仰，新形象的发展方向注定不能走太远。她完全不认为视频中的表现太具挑逗意味，她说：“《意乱情迷》的舞蹈灵感来自一个传统的非洲舞蹈，我不觉得它有多性感。舞蹈只是娱乐，我觉得上帝可以接受。”为了进一步自证清白，她又说：“我从来不会做冒犯上帝的事情，绝对不会穿着短裤去教堂。”

很显然，碧昂斯不愿无限制地展现性感的一面。据报道，那年夏天，声誉极高的摄影师大卫·拉夏贝尔要求她赤身裸体并抹上蜂蜜时，她愤怒地离开了摄影棚。正如天空新闻台说的那样，每个摄影师都想成为第一个为碧昂斯拍裸照的人。“如果我袒胸露乳，他一定会名声大噪。人们一直在考验我能坚持多久。那种心怀不轨的人会说：‘如果你脱了裤子，你就能上封面。’如果我每次听到这话就能得到1美元，我早就成为富婆了。”碧昂斯说。

2003年7月，人们对《意乱情迷》仍保持极高热情之时，碧昂斯在伦敦参加了公园义演音乐会。碧昂斯演唱《意乱情迷》时，现场约有十几万听众。每年碧昂斯都会在海德公园义演，为王储信托募捐。在VIP包间里，她兴奋地和查尔斯王子交谈。查尔斯王子甚至说，威廉王子和哈里王子都是她的粉丝。据小道消息，查尔斯王子当时是这样说的：“我的两个儿子都有你的专辑——我觉得威廉很迷恋你。”威廉比碧昂斯小1岁，当时已经开始和后来的妻子凯特·米德尔顿约会。但是这一惊人的报道却让一向淡定的碧昂斯局促不安，后来她开玩笑说：“我的脸变红了，几乎不能相信。我敢肯定，威廉一定不能相信他的父亲说了这样的话。我也敢肯定，查尔斯回到家肯定会遇到麻烦。但是，我还是很兴奋，威廉长得很帅。”由于查尔斯的话，媒体大做文章。一段时间后，媒体称碧昂斯个人邀请威廉参加她秋季在伦敦的演唱会。

威廉一度对杰斯构成了极大威胁，而杰斯和碧昂斯于8月在法国里维埃拉的演出，让人们开始热烈讨论“他们是不是在一起了”。一位目击者称在酒店里看见了他们：“他们已经在一起了，这已经不是秘密。”9月，纽约时装周时，他们一起坐在前排，这也引起了不小轰动。和以往一样，双方都没有出来澄清。当时有传言说，杰斯与前女友布吕·坎特尔死灰复燃，因此碧昂斯有了理由看紧她的男人。布吕·坎特尔在宣传第二张专辑《苦乐参半》（*Bittersweet*）时说：“他很贴心。他就是个洋娃娃。我不在乎他和谁约会，我曾经爱过他。”在被问及如果杰斯求欢她是否答应时，布吕承认：“我不会拒绝，就让我们交往吧！”尽管碧昂斯一直保持沉默，但当年布吕主持伦敦的英国黑人音乐奖时，碧昂斯拒绝参加。

布吕后来攻击碧昂斯说，碧昂斯《危险爱情》里的第二支单曲，与尚恩·保罗合作的《宝贝男孩》（*Baby Boy*）涉嫌抄袭，这又加深了两个女人之间的仇恨。布吕对《格拉斯哥每日纪事报》（*Glasgow Daily Record*）说，碧昂斯的这首歌听起来像她的作品《呼吸》（*Breathe*）。她说：“碧昂斯聪明无比、才华横溢，我也是她的粉丝。但是她有一首歌与我的歌很相似。她用了我的歌词。既然她那么有才华，她就不应该抄袭别人的东西。”布吕又说：“她偷我的东西，但我不会起诉，因为我是一个积极的人。然而，我有点儿失望，因为她是名人，她不应该那样做。”碧昂斯再一次选择了隐忍。在这样的批评面前，她没有必要回应：她们唱片销量的差距及成功程度能说明一切问题。

9月，碧昂斯庆祝22岁生日时，杰斯邀请她来到他在纽约的40／40俱乐部参加“美丽佳人”晚宴。参照碧昂斯喜爱的电影明星茱莉亚·罗伯茨所出演的电影场景，杰斯为碧昂斯准备了几件衣服，碧昂斯从中挑选了一款低胸深粉色长裙。他们进来之前，凯莉、米歇尔、索朗、蒂娜等亲朋好友全都藏了起来。碧昂斯进来时，他们全都尖叫着跳了出来。

第二天，他们抹去了所有前一晚一起狂欢的迹象，有人看到他们在一起观看了美国网球公开赛。紧接着，他们就各自回去工作了。碧昂斯乘飞机去了欧洲，在罗马拍摄了价值数百万元的百事广告。广告时长3分钟，里面也有布兰妮·斯皮尔斯、粉红佳人（Pink）和恩里克·伊格莱西亚斯。广告在古罗马竞技场拍摄。在“突破渴望”的战役里，三名女性统一战线，扮演衣着暴露的角斗士。恩里克扮演的恺撒大帝出场之前，三位女性齐唱《将你震撼》（*We Will Rock You*）。碧昂斯说："能亲眼见到如此知名的明星和演员，我真是三生有幸。我去了罗马，那是世界上最美丽的地方。"这支广告是百事公司的一次大手笔投入，它后来在特拉法加广场的伦敦国家美术馆进行全球首映。但是，当碧昂斯在寒冷的冬天穿着皮草外套时，粉红佳人却批评说："我不会穿这样的东西，并非所有人都这样。我什么也没说，但是我觉得所有人都知道我的想法，我从来都不碰皮草。穿皮草是不对的。"此后，粉红佳人在皮草问题上多次攻击碧昂斯。甚至3年之后，粉红佳人仍然在《世界新闻报》（*The News of the World*）中攻击碧昂斯："我只希望她被她身上穿着的动物咬一口……有些行为很残酷，身为名人，你有责任考虑你穿皮草传达的信息。人们可能会认为这无所谓或者很酷，但这是不对的。"

对于忙碌的碧昂斯而言，下一件事就是单飞后的首次巡演。2003年11月，她在英格兰演出了6场，然后又在爱尔兰、北爱尔兰、荷兰继续演出。碧昂斯的开场巡演有些不顺利。在第一晚，她的巡回演出经理从台上摔了下来，后背严重受伤。但到了第三场演出时，整个团队的工作如同上了润滑油的机器一样顺利。在这次巡演的开场秀中，碧昂斯有非常大胆的表演。她在《卫报》中谈及这些危险的动作时说："这超乎我的想象，而且很疯狂。这几乎都是我的想法——我在百老汇演出中看到了这些动作，的确很酷。我每天晚上都练习，但现在我觉得这不好玩了。我害怕表演前吃得太多，一开始还好，但是坚持了30次以后就不觉得了……"

为了让"天命真女"的粉丝高兴，碧昂斯在巡演时加入了一些她们的热门歌曲，如《不，不，不（第二部）》《独立女人（第一部）》《救赎》《秀色可餐》等。巡演中，充满爆发力的舞蹈动作令人印象深刻。在演出之前，碧昂斯每天要花8个小时彩排。她说：“我喜欢跳舞，而且每首歌曲中的舞蹈动作都不一样，所以工作量很大。”从这种意义上说，碧昂斯在这次巡演中显示出巨大潜力，她能成为一流的现场表演大师，人们对她的期望也越来越高。几年之内，她成为娱乐圈公认的优秀表演者，也将成为充满活力的完美主义者。她在美国广播公司新闻节目中解释了表演的重要性：“观众朋友们想看演出，他们希望看到自己的幻想成为现实。在那两个小时里，他们都认为自己可以像我那样跳舞。他们不想看无聊的东西，所以我必须献上不同的演出，我也能在舞台上成为不一样的自己。”

后来的事实证明，巡演过程中，她的头号支持者是杰斯。杰斯秘密安排好了自己的行程，以便能与碧昂斯的行程合拍。据《乌木》杂志报道，这对情侣经常会在碧昂斯的化妆间里待几个小时，甚至在每场演出前玩纸牌。他们似乎习惯了这种相处，也不在乎谁会知道。

场场爆满的巡演之后，碧昂斯有了一个真正的假期。她和杰斯来到加勒比海的圣基茨享受新年的阳光。在天堂岛享受日光浴时，她从3层楼高的快艇上跳到水里，杰斯则用摄像机记录下了一切。她对《滚石》杂志开玩笑说：“我不知道自己哪根筋搭错了。旅行之后，我看着那些照片说：‘那真让人目瞪口呆。’我每年都会那样做，那就是我特有的跳跃。这是一种惯例。我必须从某个高处跳下来，那样我才能释放自己，然后重新开始。整个过程就像接受洗礼一样。”

放松的假期之后，他们回到家里。两人在观看纽约尼克斯队篮球赛时被拍到在一起，两人无疑已经开始热恋。2004年1月底，这个全世界都知道的秘密终于得到证实。在纽约俱乐部的一次音乐聚会上，杰斯公开表达了自己对碧昂斯的感情。他从唱片公司老板莱昂·科恩手里拿过麦克风说："你是我最好的朋友……但比不上我身边这个女人，我爱这个女人，很快就要和她结婚。"

来宾们都因这突然而又不落窠臼的声明大吃一惊，其中一位见证者说："这真的出人意料。他说完之后，每个人都开始欢呼。碧昂斯站在他身边柔声细语，满眼是爱。那真是一个美妙的时刻。"

显然，杰斯公布想要结婚的打算有些操之过急，因为4年之后他们才步入婚姻殿堂。现在，两人的关系已大白于天下，他们开始了自然的交往。杰斯在纽约特里贝克地区有一套价值685万美元的带阁楼公寓，碧昂斯慢慢适应了在这所房子里的生活。相较于杰斯之前在新泽西州的单身公寓，这座7层的公寓堪称奢侈。公寓坐落于1929年建成的砖头仓库区，居住面积为8000平方英尺（约743平方米）。这套房子还带有一个面积为3000平方英尺（约279平方米）的阳台，是举办派对的好地方。几个月后，碧昂斯在纽约曼哈顿的一个新兴街区抢购了两套房。其中一套四居室的公寓留给自己住，另一套则给家人居住。她买的公寓里有全透明的落地窗、大理石地板、高露台，能看到令人赞叹的美景，还能享受24小时的管家服务。尽管有了新家，碧昂斯还是长时间待在杰斯的公寓里。人们经常看到这对情侣一起在特里贝克地区喝咖啡或者在餐厅外的户外活动区喝下午茶。

出名的一大弊端就是，无论走到哪里都能被认出来——即使在厕所里也是。碧昂斯对《魅力》杂志说："我不能再去公共厕所了。我洗手时，所有人都在看我，我觉得自己陷入了困境。我迫不及待地想离开那里。"

碧昂斯和杰斯都竭尽全力生活在自由的环境里，他们更喜欢独自逛街，而不是有保镖陪伴左右。但是碧昂斯单独外出时，一个大块头保镖会陪伴她。这个保镖忠实可靠，体型庞大，外号“大块头”。他已经为碧昂斯工作8年了，碧昂斯也很喜欢他。碧昂斯对《太阳报》说：“人们的热情有时有些吓人，但我有‘大块头’在身边照顾我。”好笑的是，2004年有虚假报道称，他不小心踩了碧昂斯一脚，结果踩断了碧昂斯的一根脚指头。碧昂斯对报道很气愤，她站在“大块头”的立场上说：“他踩断我脚指头的报道纯粹子虚乌有。他们简直是在讲笑话，他们的模仿力太差了……他们有反对‘大块头’的网站，因此编造了‘大块头’踩断我脚指头的故事。我甚至不知道他们从哪里得到的消息。”还有一次，“大块头”因卡在电梯里而成为头版新闻。碧昂斯的乐队伙伴凯莉否认说：“其实，‘大块头’根本没发生这种事。”遗憾的是，“大块头”已经“太老太胖”，不能很好地保护碧昂斯。2007年，马修解雇了他。

第8章

折桂格莱美

对于碧昂斯而言，2004年也是异乎寻常的一年。当年的2月1日晚上，成为她一生中最为重要的夜晚之一。那年的美国橄榄球超级杯大赛“超级碗”在休斯敦立莱特体育馆举行，碧昂斯担任开场嘉宾，演唱国歌。她演唱完《星条旗永不落》之后，大赛拉开了帷幕。此次大赛，对阵双方是新英格兰爱国者队和卡罗来纳黑豹队。有一年的超级杯大赛中，珍妮·杰克逊与贾斯汀·汀布莱克同台表演，珍妮“不小心”走光，人们对此一直津津乐道。据估计，美国有大约1.3亿观众看到了这一幕，全球还有数十亿观众看了电视直播。碧昂斯在哥伦比亚广播公司的《早间秀》（*The Early Show*）节目中说：“唱歌之前，我很紧张。在这里唱歌，是我的一个梦想。当时，我能听到自己的心跳。大约八九岁的时候，我就告诉妈妈：‘我要登上“超级碗”舞台。’每年我看到有人在那个舞台唱歌时，我总是跟妈妈说：‘我要登上那个舞台。’妈妈总是说：‘好的，宝贝。’”

碧昂斯还说，惠特尼·休斯顿在1991年的美国橄榄球超级杯大赛上的表演鼓舞了她。“我觉得那很酷。她完成了那么伟大的工作。你能感受到她强烈的感情。”看了惠特尼的表演之后，碧昂斯甚至决定自己登上这个舞台的时候要穿和她一样的白色套装。她想改变造型，她说：“我希望自己能更加光彩熠熠。妈妈说：‘咱们自己做套装吧！’于是妈妈亲手为我设计。我想要复杂而优雅的衣服，我喜欢妈妈做的这一件，这是一件很棒的衣服。”

在“超级碗”表演，是足以让很多明星荣耀一生的事。碧昂斯没有因此而停止前进，她在第46届格莱美奖中，获得了6项提名。她在哥伦比亚广播公司的采访中说：“这个月太忙了，忙疯了！我从来没有想过，自己的第一张专辑能获得6个格莱美奖提名。我一直努力写词、编曲……我为这张专辑足足准备了8个月，我为自己感到自豪。我希望自己在颁奖礼上的表演能超常发挥。我正在为此做准备。”

她确实需要好好准备。在那个盛大的夜晚，她和摇滚王子一起演绎了令人激动的二重唱并宣布颁奖典礼开始。碧昂斯穿着罗伯特·卡沃利设计的粉红裙装，和搭档一起合唱歌曲《紫色雨》《意乱情迷》《让我们去狂欢》……引来洛杉矶斯台普斯体育中心观众的阵阵尖叫声。她说：“我还是不敢相信，我们仅仅排练了4天，居然就能配合得如此默契。”

随后，她又换上了一款青绿色与银白色混搭的杜嘉班纳裙装，并演唱柔情版的《危险爱情2》。演唱期间，她置身于一个巨型画框中，让自己成为活动的画中人物。与她同台表演的，还有17名助唱和伴舞。歌曲结束时，一只鸽子优雅地落到她伸开的手掌上。最终，她获得了5个奖项：《危险爱情2》赢得最佳节奏蓝调女歌手声乐表演奖，与灵歌歌手路德·范德鲁斯的二重唱《我离你越来越近》（*The Closer I Get To You*）获得最佳当代节奏蓝调专辑和最佳节奏蓝调音乐表演奖两个奖项，《意乱情迷》使她和杰斯赢得最佳节奏蓝调歌曲奖和最佳组合奖。碧昂斯一次性获得5项大奖，追平了1999年劳伦·希尔、2002年艾丽西亚·凯斯和2003年诺拉·琼斯的成绩。这个夜晚，于她而言注定难忘而又不平凡。领奖时，她的高兴溢于言表，她兴奋地说：“这令人难以置信。对我来说，能表演就足够了……我太荣幸了。”在后台庆祝时，她说：“得奖之后，我要去更衣室，我的家人都在那里。我们在那里又喊又叫。你们都听到了吧。”她的“完美之夜”还没有结束。领完奖之后，她换下了演出服，穿上阿玛尼的服装前往比弗利山庄酒店参加索尼音乐庆祝酒会，金色的阿玛尼服装与5个闪闪发光的格莱美奖杯在那个酒会上完美地融为一体。

她现在的状态仍和少年时代一样，获得的奖杯一个接一个。唯一不同的是，现在的奖杯含金量很高。2004年2月，是碧昂斯最成功的一个月。这个月里她还获得了全英音乐奖提名，这是她梦寐以求的大奖，最终她赢得了国际女艺人奖。从埃勒·酷手里接过小雕像时，她感激地对英国粉丝们说：“你们太美了。我喜欢到这里来，我感觉这里是我的第二个故乡。”但是，她好像大脑突然短路，忘了应该感谢哪个团队：“谢谢……很多人，抱歉……我刚才脑子短路了。”在伯爵宫里的表演，她完全控制了舞台，在两辆翻转的凯迪拉克轿车中间充满感情地演唱了《意乱情迷》。

碧昂斯的行程安排让她根本没有喘息的机会。当年3月，碧昂斯又要开始北美地区的第一次巡演。这次，碧昂斯要和灵歌歌手艾丽西亚·凯斯、说唱歌手梅西·埃丽奥特一起表演。为期5周的“女士优先”巡演到了最后的准备阶段，碧昂斯说：“巡演是我最喜欢做的事情。我也喜欢写歌。但如果不能看到我生动地演绎歌曲，你就不能真正理解我的歌。”杜嘉班纳品牌为3位歌手提供服装，她们从中挑选了7套。碧昂斯激动地说：“好莱坞是个非常有魅力的地方。我从好莱坞的老音乐剧、老电影里得到很多灵感。我吸取了一些芭蕾元素、爵士元素，把它们和嘻哈元素结合起来，然后向粉丝们展示了不同的东西。”她还说：“有其他两位在台上，能帮助我减轻现场表演的压力。一个人时，我有点儿紧张。因为无论什么时候出错，我都要在舞台上独自面对。”她们在纽约麦迪逊广场花园表演时，杰斯空降现场演唱了动感版《意乱情迷》，引起了强烈反响。巡演过程中，女歌手们不和的传言遭到否认，艾丽西亚说：“只要两个女人在一起，人们就会说女人之间有矛盾。但是，我们之间没有任何问题，我们从来没有过矛盾。”

4月，巡演结束之后碧昂斯和杰斯来到伦敦，参加王子信托基金的城市音乐节。彩排期间，杰斯与查尔斯王子共度了一段时间，之后，他一直称赞查尔斯王子“酷，非常酷”。相反，查尔斯王子对杰斯却没有多少赞美之词。王子说他喜欢音乐，但是不喜欢在城市里活动。后来，杰斯把他和查尔斯王子的合影挂在了自己豪华办公室的墙上。据报道，查尔斯王子邀请杰斯和碧昂斯到白金汉宫用餐。虽然他们的行程安排里没有时间去白金汉宫用餐，但是各种不实报道依然甚嚣尘上。

杰斯和碧昂斯还未离开伦敦时，一位电台DJ听说杰斯在一年前公开了自己对碧昂斯的爱，因此想知道他们的婚姻计划。他问杰斯是否有某些特殊的事情要宣布。一脸不快的杰斯回答：“没有，没有特殊的事情要宣布。把这一段剪掉。”

对于“天命真女”的粉丝们而言，2004年夏天是一段令人兴奋的时光：乐队3年的停滞期已经结束，凯莉在录音棚里透露她们全部回归，并将一起做第四张专辑《魅行天下》（*Desting Fulfilled*）。7月份，凯莉公布了这一消息，希望以此封住那些认为“天命真女”不会再合体的言论。凯莉模仿怀疑者的口吻，嘲笑地说：“‘你们不会再一起走进录音棚了。’好吧，我只想对我周围的所有人说，我们又回到录音棚了，我们要发行我们的新专辑。请闭嘴！”

一些人怀疑，碧昂斯回归团队不利于她蒸蒸日上的个人事业，但是她却没有丝毫犹豫。她对《纽约时报》说："对我而言，这是个轻松的决定。这意味着我能和最好的朋友继续玩耍，没有什么比我们的三人团队更甜蜜。"更令人兴奋的是，马修之前曾向《洛杉矶时报》（*The Los Angeles Times*）透露，时机成熟时，索朗也会加入其中成为第四位成员。他甚至对全球音乐电视台的新闻栏目说："据我得到的情报判断，这看似是个好主意。"索朗曾在凯莉受伤时临时加入团队，也经常为乐队的演出做开场表演，已经积累了丰富经验。

但是，有一份声明说，马修在乐队中的影响力已经减弱，碧昂斯断然拒绝妹妹的加入。她说："有关索朗加入的传言只是谣言，她不会成为'天命真女'的成员。她在准备自己的专辑。我为她感到自豪。"尽管不如姐姐成功，索朗还是非常努力，在表演和唱歌方面有不错的发展。她的首张专辑《独星》（*Solo Star*）于2002年年末发行。虽然在排行榜的位置并不靠前，但她仍满怀信心地开始准备下一张专辑。

三个女孩离开"天命真女"的这段时间有了各自不同的经历，重组之后必定会面临新的挑战。在哥伦比亚广播公司的一次访谈中，碧昂斯坦诚地说："我们都成熟了很多。我们现在已经二十二三岁，已经是成年人了，我们之间有很多不同之处，有很多不同观点。所以，看看我们将会怎样发展，这很有趣，也很值得期待。有时，你独处时会觉得孤单。所以，我们期待重组。"

凯莉完全赞同碧昂斯的观点："我们去了不同的地方，所以我们有很多话题可以交流，我们的个性里也有了不同的特点。我觉得在新专辑里加入这些内容，并说说我们不同的经历也会很有趣……我迫不及待地等着新专辑，到时候我们可以一起外出，一起巡演，一起体验妙不可言的内心感受。我甚至不能向你描述那种心情。说白了，那就是爱，那就是努力工作，那就是迫切的渴望。”

新专辑即将问世时，又有传言称她们要分道扬镳，她们极力否认。全球音乐电视台主持人问女孩们《魅行天下》之后的计划是什么，碧昂斯诚实地回答：“我们不知道。我们只知道维持我们之间的友谊很重要，每个人开开心心也很重要。”

乐队的前途仍未可知，许多业内人士认为三个女孩的新专辑不会取得像以前那样的辉煌成绩。分析人士并不是无端猜测，贾斯汀·汀布莱克就是先例。单飞成功之后，贾斯汀再也没回到超级男孩团队。罗德尼·杰金斯是女孩们签约的专辑制作人之一，他对女孩们的未来也未抱很大希望。在全球音乐电视台的一次采访中，他沉思片刻之后说：“这如何做到？碧昂斯单飞成功，又怎么能在乐队里发展？”但是碧昂斯、凯莉和米歇尔却不顾这些谣言，坚决要履行当初临时解散时对粉丝们的承诺。

在纽约录制唱片的间隙，碧昂斯还挤时间拍了一部电影。当时，《粉红豹》（*The Pink Panther*）打算重拍，碧昂斯参加演出，与喜剧演员史蒂夫·马丁搭档。碧昂斯对全球音乐电视台的记者说：“我白天在片场，晚上和‘天命真女’成员待在录音棚里。”碧昂斯在《粉红豹》里扮演流行歌星夏妮娅，她是血案嫌疑犯，也是史蒂夫扮演的探长克鲁索的意中人。碧昂斯的加入让探长的扮演者异常兴奋，他开玩笑说：“看碧昂斯是种享受，拥抱碧昂斯更让人兴奋。”他认为碧昂斯缺乏自信，并评论说：“她有点儿害羞。但是，很多才华横溢的人都有些害羞，这也是他们能有满腹才华的原因……她很有表演天赋。

与合作的大多数人不同，她很专业也很贴心。”

在纽约发行预告片时，碧昂斯承认，表演并不像唱歌那样简单，但是她接受了挑战。“我确实紧张。这也是一个学习的过程。这是生命的意义所在。”她也愿意在接下来的几个月里能有新的演戏的机会，她说：“我试着接近伟大的演员，这样我才能不断成长并演更多的电影。我希望自己一年能演一部电影。”

8月份，碧昂斯从工作中挤出时间，回到得克萨斯州的家里，参加索朗的宝宝派对。对于碧昂斯一家而言，这是件大事。索朗年仅17岁，已经与高中时代的男朋友结婚。新郎丹尼尔·史密斯是休斯敦的一名足球运动员，婚礼于3月在巴哈马群岛举行。碧昂斯作为首席伴娘发言时感到很荣幸，说到自己仍然单身时，宾客们都笑了。知情人士向媒体爆料：碧昂斯开玩笑说妹妹捷足先登。包括杰斯在内的所有人都笑了。碧昂斯的妈妈拍了拍杰斯，好像在说：“你很快也能迎来这一时刻。”

在婚礼期间，有人说碧昂斯和杰斯一直住在不同的别墅里，但也有人看见他们牵手在海边度过快乐时光。后来，碧昂斯承认，见证了索朗的婚礼后，她对婚姻的态度也发生了变化。她对杂志《都市》（*Comopolitan*）说：“我妹妹结婚以后，我开始憧憬自己的婚礼。”

300多位亲朋好友参加了索朗的宝宝派对。丹尼尔·朱莱兹·史密斯是碧昂斯的第一个外甥，也是马修和蒂娜的第一个外孙。孩子出生时，索朗的发言人描述这个孩子“胖嘟嘟、很健康”。索朗生育时，碧昂斯一直陪在她身边，这是碧昂斯从未有过的经历。事实上，一开始碧昂斯害怕见到生产的一幕，所以并不想陪产。她对《每日电讯报》说：“索朗让我陪她，我很害怕，但我做了正确的决定。”

一直到现在，“碧阿姨”和“杰叔叔”都很宠爱小朱莱兹，并和他很亲近。朱莱兹能坐之后，他们就经常带他去看尼克斯队打篮球。索朗做了妈妈这件事深深影响了姐姐碧昂斯，碧昂斯对《时尚芭莎》说：“我现在从不同的视角看她……从她和儿子的关系中，我看到了耐心和甜蜜。她为我们家增添了一位帅气的成员。我的外甥是个非凡的小孩。他很聪明，很有创造力，也很强壮。他是我妹妹的一切。”碧昂斯一直很照顾朱莱兹。朱莱兹两岁时，她在《名利场》中说：“有宝宝是很有挑战性的事情。他是个好宝宝，也是我见过的最可爱的孩子。我用全部生命爱他。但是，我昨天早晨4点就起床了……那个点本应该睡觉，但是我却在照顾他。我陪着他玩，我推着婴儿车……我不知道妹妹是怎样做到的。”

不幸的是，索朗的婚姻并没有持续很久。19岁时，她和丹尼尔离婚了。索朗在接受《标准晚报》（*Evening Standard*）采访时，回顾自己这段失败的感情说：“我们太草率了，我们都是冲动的少年。但是，我渴求稳定。17岁时，爸爸妈妈听说我想结婚生子都很惊恐，但是我13岁时就想结婚。”

尽管碧昂斯和杰斯在情感问题上都保持谨慎，表示“不想高调秀恩爱”，但他们在8月的MTV音乐录影带大奖颁奖典礼上都放松了警惕。他们像正常的情侣那样头一次一起走红毯，后来被人们描述为“公开事件”。他们胳膊挽着胳膊，身着相配的金色和白色衣服，在仪式上亲密耳语并时不时笑出声来。看上去，他们很喜欢这种在镜头前自然流露爱慕之情的机会。有趣的是，7年之后，也是在这一场合，碧昂斯透露他们正期待第一个孩子的降临。

和往常一样，杰斯不遗余力地宠爱碧昂斯。碧昂斯9月份生日时，杰斯为她筹划了价值30万美元的白色主题生日宴会。但是，宴会却出现了混乱。据报道，碧昂斯在纽约的苏荷馆庆祝自己23岁生日时，警察接到当地居民举报，前来下令停止了这场喧闹的庆典。警察的到来，吓到了当晚的百余名客人，其中包括凯莉、米歇尔、索朗和超模娜奥米·坎贝尔等。但警察们并没有让客人扫兴，他们转移到俱乐部跳舞，一直跳到半夜。这是碧昂斯成为杰斯的正牌女友后，两个人一起过的第一个生日。对于碧昂斯而言，那个夜晚尤其难忘，每个了解她的人，都能感受到她的高兴之情。

第9章

彻底单飞

2004年9月，碧昂斯和蒂娜宣布成立自己的服装公司——德黑恩之屋。公司根据碧昂斯外祖母阿格尼兹·德黑恩的姓氏命名。该品牌的口号是“时尚、活力、灵魂”，这反映了她们祖孙三代女性的特点。外祖母阿格尼兹代表灵魂，母亲蒂娜代表时尚，碧昂斯则代表活力。很早以前，蒂娜就开始用廉价的原材料为“天命真女”设计演出服装，也在这一过程中，她逐步发掘了自己造型师的潜能。她在《休斯敦纪事报》（*The Houston Chronicle*）中说：“在我整个生命中，我一直在改变别人，经常帮他们补妆、修理发型、修改衣服。现在，我的梦想实现了，我们希望能做得更好。”

碧昂斯也有很好的时尚触觉，她兴奋地对《乌木》杂志说：“我喜欢70年代的衣服，喜欢妈妈的衣服，也喜欢20世纪40年代的衣服。外祖母那个年代的衣服很优雅。那个年代的服装中有串珠花边、鲜亮的颜色和精致的织物。我们想吸取外祖母那个年代的服装设计的精华，也想把妈妈和我这个年代的服装特点融合进去。”

长期以来，碧昂斯一直被询问有关风格、造型的问题，德黑恩之屋做出了很好的应答。碧昂斯在美国有线电视新闻网中说：“多年以来，粉丝们一直想买我们穿的衣服。所以，设计这样的服装是我们理所应当的工作。对我们而言，能在一起做这件事情真的很棒。首先，我们能有更多共同相处的时间。其次，我们欣赏彼此的品位。”

阿格尼兹曾是路易斯安那州的女裁缝师，她创新了剪裁方法，并将刺绣、贴花、蕾丝、镶宝石的扣子等运用到服装中，在当地小有名气。在为“天命真女”设计服装时，蒂娜经常将这种风格发挥得淋漓尽致，这也是德黑恩之屋的核心理念。

品牌创立之初，碧昂斯就是最好的模特，她们的产品在随后一年大规模上市。碧昂斯称这些服装是古典与现代结合的产物，她说：“服装里皮革和牛仔布混搭，经典和街头时尚并存。”第一批服装产品有牛仔裤、T恤衫、宴会服装、毛衣及定制夹克，她补充说：“我去过世界很多地方，因此我们的服装品类很广，感谢上天给我这样的机会。”

有人问她们：“你们的品牌为什么能与众不同？”蒂娜回答：“我们都是贴身剪裁。我们要生产舒适的能展现曲线美的服装。碧昂斯身材很棒，而我们的服装能强化这种曲线。”

该品牌的产品供不应求。后来，碧昂斯与索朗合作，创立了另一个副牌——德黑恩。这个品牌价位稍低，针对更年轻的人群。德黑恩的销量及收益都不及德黑恩之屋，2012年德黑恩品牌悄然消失。显然，碧昂斯不能容忍这个商业方面的失败。因此，对于德黑恩的倒闭，她只字未提。没有对外公开德黑恩的倒闭也印证了她的失望。此后，在生活的各个方面，碧昂斯都加紧了控制。碧昂斯在控制诺里斯家族的负面新闻方面越来越有能力。德黑恩就是一个恰当的例子，她有权对外界的提问保持沉默，她也不必因德黑恩的亏损而面临拷问。

碧昂斯进军时尚界的举措不止这些，她还推出过一款香水“巨星风采”。据报道，她这次是与汤米·希尔费格合作，并从中获益25万美元。她还为这款香水拍摄了一条性感的黑白广告。在广告片里，她蜷曲着身体唱歌。她对《纽约邮报》（*The New York Post*）说：“这是我做过的最容易的工作。我一整天都躺在沙发上。”香水发行时，碧昂斯同时推出了限量版的迷你专辑。在专辑中，她演唱了劳斯·莱斯的《向星星许愿》（*Wishing on A Star*）。碧昂斯对大多数香水里的化学成分都过敏，但她却生产香水。为了推出更多款香水，她与香水专家们一起工作了很久，尽量少用甚至不用化学成分，以降低过敏的风险。许多名人并不使用自己做的香水，他们中的一些人仅仅是为了赚钱而宣传自己的香水，但碧昂斯不是这样的人。她热爱并忠实于自己的品牌。她对香味充满热情，并且不想给任何人攻击她的机会。她对《人物》（*People*）说：“能亲自参与到香水研究中，我很兴奋。对我而言，这具有历史性的重大意义。世界上没有多少女人能拥有自己的香水，所以我很自豪。”

2004年年底，“天命真女”的第四张专辑准备就绪，人们的目光又转到碧昂斯个人的音乐事业上。尽管外界很多人仍心存疑虑，但唱片录制的工作仍充满乐趣。曾经的怀疑者罗德尼·杰金斯说：“我到那里时，看到了她们重回录音棚的喜悦。一切还和以前一样。女孩们不仅仅是一个团队，更是好姐妹。她们之间的关系十分友好。”马修说：“这个团队轻而易举就能重新组合起来。”他对全球音乐电视台兴奋地说：“从9岁到21岁，凯莉一直住在我们家，凯莉和碧昂斯一直像亲姐妹一样。米歇尔则是上天的馈赠。她们对彼此的爱十分真诚。也正是因为这种爱，她们这个团队才是独一无二的。我看到碧昂斯与凯莉、米歇尔在一起时，觉得这简直是个奇迹，这是多么美妙的事情！”

对于乐队成员，碧昂斯也是赞不绝口：“我们是朋友，我们享受和彼此在一起的时光。听彼此说话，我们觉得很舒服。我们在一起长大，并希望我们能为其他乐队，特别是其他女性乐队树立榜样……我们可以单独活动，我们可以独立成长、拥有自己的生活。媒体的报道不符合实际。女人也可以在一起长时间和谐相处，可以成为成功商人，可以很聪明，可以不必一直小鸟依人。”

按照女孩们的描述，《魅行天下》最重要的主题是女性要追求更被人认可的社会地位。凯莉当时刚与达拉斯牛仔队的足球运动员罗伊·威廉姆斯订婚。专辑最后一首歌《爱》（*Love*），是凯莉最喜欢的歌曲。凯莉说：“因为爱情很美。”

关于谁是主唱的问题，女孩们也更加注重平衡，外界说团队是“碧昂斯个人秀”的言论不再那么嚣张。《卫报》称这张专辑是“大家的专辑”。《氛围》杂志评论说，专辑有很高的水准，拥有令人印象深刻的歌词，让人非常满意，女孩们仿佛在对上帝唱歌。外界的认可让女孩们心满意足，但这张专辑的真正价值看上去并非是要登上排行榜榜首，而更像是女孩们的告别礼物。正如碧昂斯所说：“我们为自己创作了这张专辑，并没把心思放在第一周要实现怎样的销量上……对我们来说，最重要的莫过于三个好朋友重新聚在一起录制了一张专辑，这都是命运的安排。”

这张专辑一度在公告牌200强排行榜中名列第二。最终，这张专辑在世界范围内卖出800多万张。领衔单曲《无法呼吸》（*Lost My Breath*）成为热门单曲，很长时间内在欧洲多个国家排名第一，在英国和美国分别排名第二和第三。《士兵》（*Soldier*）、《女孩》（*Girl*）、《让我照顾你》（*Cater 2 U*）紧随其后。然而，由于受电台歌曲播放次数所限，《让我照顾你》在英国无缘电台播放。作为专辑中的第四首单曲，其表现在英国市场中并不显眼。但美国的情况比较乐观，该单曲在公告牌排行榜中一度位列第14，并获得两个格莱美奖提名。然而，芝加哥歌手里基·艾伦声称，《让我照顾你》抄袭了他的作品。最终，双方在对簿公堂之前私下解决了此事。

尽管粉丝们毫不知情，但是《让我照顾你》却成了女孩们解散前的最后一支单曲。在录制唱片之前，她们已经有了分开的打算。碧昂斯后来承认：“我们深思熟虑之后取了新专辑的名字。录制专辑之前，我们已经知道团队不久就要解散，因此我们会尽心尽力地完成最后这张专辑。”凯莉补充说：“你知道吗？我们曾想高调解散。我们想送给粉丝们一张不错的告别唱片，我们想进行一次盛大的告别巡回演出。即使解散，我们的友谊也不会改变。我们甚至开玩笑说要同一天生孩子。”

2005年2月，碧昂斯在第77届奥斯卡颁奖典礼上表演了3首奥斯卡提名电影里的歌曲，这对她而言是极大的荣誉。她演唱了《极地特快》《放牛班的春天》和《歌剧魅影》里的歌曲《相信》《看看你的路》和《学会孤独》。对她而言，这是一个盛大的夜晚，她在柯达剧院外的红毯上说：“我太荣幸了，我不敢相信自己在这里……幸福让我觉得这不太真实。我知道，这是史无前例的，没有人能一次在这里唱3首歌。我太荣幸了。上台之前，我很紧张，但紧张又让我发挥得更好。”事实证明，她的确有理由紧张：她准备上台与安德鲁·劳埃德·韦伯一起唱《学会孤独》时，她的一只系带高跟鞋没有扣紧，随时会掉。她满脸苦相地对《名利场》说：“我走上台时，我的鞋掉了，我的耳机也掉了。然而，音乐已经开始了。我心想，天哪，我的鞋子掉了，耳机也掉了，我要出丑了……我要跌下台阶了。迟疑了两秒钟之后，我开唱了。走下台阶时，悲剧发生了：我的鞋子掉了，正好卡在裙子下面的薄纱里。我只好踮着一只脚唱歌，尽力使身体保持平衡……一切都很混乱。”

在电视机前看直播的数百万观众并没有注意到碧昂斯的窘境。碧昂斯因为这次表演被认为是临危不惧的现场演员。这种临场发挥能力很受欢迎。据报道，当年春天，碧昂斯和“天命真女”的其他女孩受邀在法国南部的一个犹太成年礼上表演，并拿到了740万美元的报酬。零售业亿万富翁菲利普·格林请她们为儿子表演3天。成年礼上，大约有200名客人乘坐私人飞机专程赶到现场看她们的表演。碧昂斯后来冷笑着说：“我们根本没拿到那么多钱。在这里讨论钱的问题不合时宜。”

4月，“天命真女”开始了团队最后一次巡回演出，这是乐队的重大事件。精心准备了5个月的巡回演出于4月在日本广岛拉开帷幕。她们的巡演站包括澳大利亚、亚洲、欧洲和北美洲的70多个城市，她们也成为演出票房最高的女子乐队。她们的巡演非常隆重，伴舞团队、筹备人员、工作人员等足足坐了13辆大巴。麦当劳是女孩们的赞助商，女孩们公开支持这个快餐巨头的行为遭到了批评，但碧昂斯冷静地说：“麦当劳的菜单上有很多种产品，这一点做得很好。我喜欢麦当劳不同口味的沙拉。”

每一次演出中都有乐队的热门歌曲，同时穿插她们的个人作品。其中，大部分个人作品来自碧昂斯。她们在巨大的舞台上尽情舞蹈，并展示着一件件光彩熠熠的服装。在其中一次演出中，她们展示了德黑恩之屋品牌的很多产品，有人因此称那次演出实际上是一个服装展。此外，来自世界各地的顶级设计师纷纷为女孩们提供了各种性感的服装，那种穿着临时的家庭制品的时代已经一去不复返。知名的时尚大师菲利普·布洛赫曾为碧昂斯设计百事广告中的造型，他在《人物》杂志中说：“乐队刚成立时，没有人愿意为她们提供服装赞助。现在，像艾莉·萨博和罗伯特·卡沃利等品牌都争相为她们提供赞助。”

当然，蒂娜仍然是女孩们的造型师，米歇尔说：“我们相信她。我一直坚信，有蒂娜女士在，我会觉得很舒服。”但是，碧昂斯在《魅力》杂志中说：“一直穿类似的衣服，我们有点儿厌烦了。我们想要既能彰显个性又包含融洽元素的服装。”她们的新服装设计大胆，尤其是其中一套参考百老汇音乐剧《追梦女郎》（*Dreamgirls*）戏服设计的服装。后来，好莱坞翻拍了这部剧。碧昂斯在里面饰演迪娜·琼斯。这个角色以传奇的戴安娜·罗斯为原型，也是碧昂斯表演事业上最为重要的一个角色。

然而，在日本的巡演过程中，碧昂斯的服装却出现了大问题。由于脚踝受伤尚未康复，蒂娜没有和女孩们一起出发，而是乘坐飞机前去与女孩们会合。很快，她惊恐地发现，女儿的一件衣服被剐坏了，需要重新做。她与司机在东京驾车两个小时寻找合适的布料，赶工两天两夜才做好。然而，这件衣服却是一个败笔。蒂娜在《本质》杂志中说：“我恨透了那件衣服。碧昂斯穿上之后，显得很不得体。”演出马上就要开始，蒂娜情不自禁地哭了起来。“我从来没有那样沮丧过，我真的很心烦，同时又筋疲力尽。碧昂斯看着我说：‘妈妈，我知道你很伤心，但是你要坚持住。我们还要演出。’碧昂斯一直都是那样冷静。”

蒂娜也常提起碧昂斯在迪拜的一次经历，那时碧昂斯的表现也相当冷静。当时，碧昂斯把一条汗水湿透的毛巾扔向观众，粉丝们争先恐后地抢，因此引发了争吵。看到这一幕，碧昂斯对着粉丝冷静地说：“听着！我们来这里是为了享受美好时光，而不是打架。”

蒂娜一直陪伴着“天命真女”巡演，马修却不见踪影。有报道称，碧昂斯意欲辞退老爸。这一时间成为娱乐圈里的热门话题。但当被问及这个传言时，碧昂斯却这样回答《本质》杂志：“爸爸一直是我们的经纪人。我们年满17岁以后，他就不再跟着我们参加巡演了。”但是，碧昂斯后来还是跟爸爸闹僵了。据此看来，这次巡演很可能正处在父女关系不愉快时期。

巡演过半，在巴塞罗那一个闷热的晚上，女孩们公布了一条爆炸性消息。那是6月11日，巡演来到巴塞罗那，这是她们欧洲巡演的最后一站。她们鼓足勇气告诉观众，9月份完成在温哥华的露天演出之后，她们就要解散。宣布消息时，凯莉对着观众说：“这是你们最后一次在舞台上看见‘天命真女’组合。9岁时，我们就成立了‘天命真女’组合。从14岁开始，我们就一起巡回演出。”

“经过大量的讨论和深思熟虑之后，我们一致认为，我们可以借助目前的巡演高调解散。同时，我们也能借此机会增进友谊。我们对音乐、粉丝以及彼此都充满深深的感激。我们在一起经历了那么多辉煌岁月，现在我们要开始追求个人事业，追求自我发展了。”

1.6万余名观众一时陷入沉默，他们不敢相信这一切。碧昂斯继续说：“无论发生什么，我们都会像朋友和姐妹那样爱着彼此，永远支持彼此。粉丝对我们的爱与支持无法用言语形容，我们对此充满感激，并希望在以后的日子里继续与你们相遇。”

索尼公司发表声明否认“天命真女”解散传言，这让人们有些不解。索尼公司称，几年以后，她们还会出专辑。但是，对于粉丝而言，任何虚假的希望都是短暂的。短短几个星期之后，女孩们再次重申要解散。出乎碧昂斯意料的是，她们宣布解散会引起如此巨大的反响。她在《名利场》中说：“我觉得这不是爆炸性新闻。宣布解散后，我就去度假了。度假回来后，凯莉和米歇尔说：‘天哪，我们的新闻都上了美国有线电视新闻网。’”

巡演还剩30场演出，女孩们知道，她们还将饱受折磨。凯莉说：“最后几场时，我们肯定会哭得稀里哗啦。”合作了14年，宣布解散的确不是件简单的事。凯莉坚持说：“我的意思是，我们想做其他事情。你从来都不会知道，我会在某一个早晨醒来时，对另外一个女孩说：‘嘿，我们真的决定不再出另一张专辑了吗？’你从来都不知道接下来要发生什么事情。”

有传言说，乐队解散是因为成员之间发生了激烈争吵，这遭到了碧昂斯的否定：“我们之所以要解散，并不是因为我们当中有人想要单飞，不是因为我们相处不好或者不喜欢彼此，也不是因为我们的性格不同，而是因为我们的人生需要翻开新的篇章。我们已经一起走过14年，‘天命真女’已经圆满了。”她也对媒体说：“我们不喜欢‘解散’这个词。我们喜欢说，这是我们生命中一个章节的结束。”

在一起巡演数月后，女孩们知道，她们也许会不适应乐队解散后的生活。碧昂斯在接受杂志采访时说：“我觉得最难的事情是独处。巡演时，我们都住在同一家酒店。累了或者孤单了，我们可以敲隔壁的门，然后问：‘姑娘，你在干什么？你在看什么节目？我能进来吗？’”

8月底，卡特里娜飓风席卷新奥尔良，“天命真女”为灾民捐款，米歇尔还为1883名遇难群众演唱福音歌曲。这一事件对她们产生了深远影响，碧昂斯、凯莉、马修、蒂娜、索朗一起建立了救援基金会。这个慈善机构为新奥尔良和得克萨斯州的疏散人员提供了过渡住房。碧昂斯个人捐款25万美元，杰斯向红十字会捐款100万美元。多年以来，大家仍对他们的仁慈之心念念不忘。

9月10日，天命真女在温哥华的通用汽车广场开始了最后一场演出。从演出开始，她们就一直在流泪。在演唱歌曲《坏习惯》（*Bad Habit*）时，凯莉最先崩溃。她在事后说，看到粉丝整齐地坐在前排，她激动的情绪难以平复。舞台上一向冷静的碧昂斯在演唱《危险爱情2》时，情绪剧烈波动。她把原来的歌词改成应景的歌词："凯莉，我爱你。米歇尔，我爱你。"歌曲结束时，她声音哽咽，一直用手揉搓眼睛。最后，伴舞团队为三个人摆出花朵的造型，三个人久久地拥抱在一起。

凯莉哭着对观众说："我爱你们。你们是我的天使。我深爱你们。"碧昂斯镇静之后看着观众说："我们不想说太多……我9岁时，'天命真女'就诞生了。不是谁让我们走到一起，是爱让我们紧紧相依。"

解散后，乐队发行了精选专辑作为她们的告别之作，名为《#1's》。这张专辑不仅收录了她们最知名的歌曲，另外还有3首新歌，其中包括《真爱宣言》（*Stand Up For Love*）。《真爱宣言》曾以单曲形式发行，却没能登上公告牌100强榜单。许多粉丝看似已经接受了乐队解散的命运，却对她们的新歌曲没有表示出太多的热情。专辑的发行工作非常顺利，一度在公告牌200强榜单中位居第一，并在英国排名第六。卖出350万张之后，女孩们再次合体到好莱坞星光大道领奖。

专辑《#1's》虽是乐队最后的作品，却为碧昂斯接下来的事业铺平了道路。专辑中的另一首单曲《问问看》（*Check on It*）成为电影《粉红豹》的插曲。2006年2月，这部电影连续推迟几个月后终于上映，并在票房上大获成功。然而，批评也如潮水般涌来。当年，这部电影被金酸梅奖两次提名，其中一项是“最差翻拍电影奖”。《观察者报》评价其“聒噪”“无笑点”，《每日电讯报》则称其“呆板”“无趣”。碧昂斯在这部电影里扮演了角色，她似乎有些不知所措，并反复说自己喜欢和史蒂夫·马丁、凯文·克莱恩一起工作，她强调：“我不觉得那是工作。我在片场一直笑，在剧组里也很高兴。”

同时，在电影《追梦女郎》里，碧昂斯也扮演了一个重要角色。她对全球音乐电视台说：“这个角色是我梦寐以求的，我终于实现了自己的梦想。我太兴奋了，都不知道该说什么。我终于得到了这个角色——它充满戏剧性，同时又具有趣味性，我既要扮演她年轻时的样子，还要扮演年老后的样子。我能看到这个角色的成长过程，因此对这个角色充满感情。她很完美，是一个真实的人。这是我第一次扮演这种角色。”

15岁时，她第一次在百老汇观看《追梦女郎》，那时第一次知道了迪娜·琼斯。碧昂斯的舞蹈指导和伴舞团都很喜欢她在《追梦女郎》中的角色，这让她更有动力去深入理解这个角色。得知这个角色开始试镜的消息时，她要求自己必须拿下这个角色。她穿着戏服，并跳了一套自编的舞蹈动作。有报道称，她曾和惠特尼·休斯顿一起角逐这个角色。最终，她拿下了这个角色，电影在洛杉矶、纽约、底特律和迈阿密取景。她迅速进入角色，并对美国广播公司新闻网说：“戴安娜·罗斯是我心中的神，她的照片在我的冰箱上，在四周的墙上，在更衣室里，在化妆间里……她真的无处不在。”她甚至连续15次看了一部戴安娜担任主角的电影，只为更好地进入角色。这一招确实有用。她后来说：“看《追梦女郎》时，我找不到自己的影子。”

在这部电影中，前《美国偶像》歌手詹妮佛·哈德森扮演埃菲·怀特，艾迪·墨菲和杰米·福克斯也有上佳表现。杰米·福克斯曾多次拒绝参演，得知碧昂斯和艾迪出演之后，才同意加入。这部电影的拍摄成本达8000万美元，是美国电影史上的非裔美国演员担任全部主演的电影中最贵的一部。

碧昂斯扮演的迪娜是个内向的女生，后来因为担任梦想合唱团的主唱而成为大明星，而詹妮佛·哈德森扮演的埃菲则因为太胖而失去了主唱的位置。由于体形是电影的核心要素，因此詹妮佛需要增重20磅（约9千克），而碧昂斯则需要减肥。为了迅速减肥，碧昂斯只能喝混有辣椒和枫糖浆的水。她告诉记者："只靠这种饮料，我就能获得足够的维生素，但是我感觉自己很虚弱。"后来，到了可以停止减肥时，她有点减肥过度。"在停机庆祝会上，我吃了很多蛋糕，我饿坏了。然后我开始吃大量的油炸食品。那是我人生中最美好的时光。"

由于戏中激烈的矛盾冲突，很多人猜测，碧昂斯和詹妮佛在戏外相处得并不愉快。很多人认为，碧昂斯嫉妒詹妮佛的角色。在宣传电影时，碧昂斯对媒体说："每个人都说我嫉妒詹妮佛，这既不属实，又深深伤害了我。他们都想当然地认为，我不会愿意隐藏光芒，但事实上我甘当配角。"她接着说："我知道自己演的角色并不耀眼，她没有埃菲的挣扎、痛苦以及戏剧性的经历，我觉得这样也很好。"

觉察到人们近期常将自己与詹妮佛进行比较之后，碧昂斯说："我已经是个大明星了。我不指望通过演电影来增加自己的曝光度。我不明白，为什么会有人认为我想通过演电影增加曝光度。我已经获得了9个格莱美奖。人人都知道我会唱歌。我演电影的收入只是平时收入的四分之一，我不指望演电影挣钱。我演电影的目的，是想让人们知道，我也会演电影，我也能演与自己完全不同的角色。"

《纽约邮报》残酷地说："詹妮佛让碧昂斯黯淡无光。"但是詹妮佛在美国一档访谈节目中反驳了这些敌意的报道："我们之间根本没有冲突。迄今为止，她是我喜欢的女孩。我喜欢她，而且我们关系很好。"

扮演迪娜时，碧昂斯需要亲吻杰米扮演的情人——唱片公司总裁小柯蒂斯·泰勒。杰米开玩笑说，自己会因此而被杰斯打。在《亿万唱诗班》中，碧昂斯将银幕初吻献给了库巴·库丁。与之前的银幕初吻相比，碧昂斯与杰米的吻更自然，此次拍摄也更加轻松。她说："我可以告诉你，我现在一点儿不觉得尴尬。虽然接吻很奇怪，但这是拍摄的一部分，必须得这样做。我像对待其他场景一样对待这个场景，因此，我们拍摄的进展很顺利。"

迪娜需要遭受柯蒂斯的情感虐待，碧昂斯发现其中一些情节需要投入大量感情。在电影媒体见面会上，她公开承认"在剧组经历了很多黑暗的日子"。"对我来说，我要想起许多痛苦往事才能入戏。我的情感很丰富，拍完戏回到家还一直哭，眼睛每天都是肿的。"这段经历不仅耗尽她的情感，也需要她付出大量时间。"我为整部电影牺牲了很多。我牺牲了6个月的假期。我之前从来没有花6个月时间录唱片、拍电影或者做其他事情，我有太多事要做。在这部电影中，我的收入只是上一部电影的四分之一。但是，我宁愿免费做这件事情。"

第 10 章

碧的时代

《追梦女郎》拍摄结束后几天，碧昂斯便一头扎进音乐中，开始创作她的第二张个人专辑《碧的时代》（*B' Day*）。她来到纽约的录音棚，仅用3个星期的时间便完成了10首新歌曲的录制。她说："我想趁着还没有从迪娜这个角色中抽离时完成我的专辑。"这部电影深深影响了她，女权的主题也渗透到她的新工作中。她对美国广播公司新闻网说："我把这张专辑看成重新定位自己的途径。我释放出了很多迪娜的情绪。"在专辑中名为《致粉丝》（*Encore For The Fans*）的特别录音中，碧昂斯说："我深受迪娜鼓舞，我的歌词是她在电影里想说而未说的话。"

然而，她并没有告诉马修自己在准备新专辑。她似乎已经做好准备，承认父女之间有问题。她在杂志《巨人》（*Giant*）中透露："爸爸和我花了很长时间理解对方。18岁后，我开始更多地处理自己的事情，这让爸爸很吃惊。我们之间有我们的问题。我会对一些问题说'不'，我们有时候会吵架。从18岁到20岁的两年里，他才渐渐意识到我长大了，不能强迫我做不喜欢的事情。"在后来的一次采访中，碧昂斯说："和爸爸一起工作太有挑战性了，我们经常吵架，甚至两败俱伤。"《混合》杂志就"为什么没告诉爸爸出新专辑"这一问题进一步提问，她说："我不想瞒他，我只是不能告诉任何人。爸爸和哥伦比亚唱片公司常给我‘最后期限’，我讨厌‘最后期限’。”

碧昂斯在演艺事业上的成功似乎使父女之间的关系更加僵化，马修也承认碧昂斯的表演事业给他带来了困扰。他对美国国家公共广播电台说：“到现在为止，我仍然不能接受她演电影。”采访者问及原因时，马修说：“我不知道为什么……我习惯了看她唱歌，却不习惯看她演电影。我太关注她在音乐方面的发展了。”

马修和碧昂斯的唱片公司并不知道碧昂斯出新唱片的事，但并不意味着所有人都不知道这件事。碧昂斯不可能孤军奋战，因此肯定会走漏风声。制作《危险爱情》时，表姐安吉就曾帮助碧昂斯写词、作曲。在新专辑中，安吉也做了同样的工作。如人所料，杰斯与碧昂斯一起创作了几首歌曲。碧昂斯在《混合》杂志中说：“你有了杰斯的电话号码，就不会想要联系别人了，因为他是最棒的。我对节拍的感觉也改变了，我以前喜欢流行音乐的拍子，自从遇到了杰斯，我的品位变得更多元了。”

9月，碧昂斯过生日时发行了自己的第二张专辑。发行首周，《碧的时代》以50万张的单周销量轻松夺得公告牌200强的冠军，超过了她本人的首张专辑《危险爱情》31.7万张的首周销量。然而，这仍然不及“天命真女”《救赎》专辑的首周销量。《救赎》在5天内就实现了100万的销售量，但《碧的时代》仍然是一个巨大成功。

生日当天，杰斯给了她一个大大的惊喜——价值100万美元的劳斯莱斯敞篷车。这个惊喜让碧昂斯激动不已，也让这个生日更加难忘。那晚，蒂娜在杰斯的40/40俱乐部厨房里做了拿手的海鲜浓汤，并招待了所有亲朋。

《碧的时代》不仅在美国战绩辉煌，在国外也取得了极大成功，其销量在英国排名第三，在欧洲排名前十。专辑中的首支单曲是《似曾相识》（*Déjà Vu*），这首歌里杰斯负责说唱部分。专辑发行之前，这支单曲就再次成为英国销售之最，并在美国排名第四。

在第二支单曲《鸣响警笛》（*Ring the Alarm*）中，有刺耳的警笛声和咄咄逼人的语调。这首歌探索了疯狂嫉妒的主题，许多人怀疑碧昂斯找到了音乐发展的新方向。在这之前，她从未有过任何无理行为，也有人说这首大胆的歌曲是想给杰斯的绯闻女友蕾哈娜以警告。一直有网友对两人的关系津津乐道，所以八卦高手就把这首歌解读为碧昂斯对蕾哈娜的警告。歌词写道：“她的唱片卖了50万张成为金唱片，她不爱你，你知道吗？”巧合的是，蕾哈娜的两张唱片都是金唱片。面对杰斯与蕾哈娜这一话题时，碧昂斯不屑地对《17岁》杂志说：“事情没弄清楚之前，我们最好不要讨论。既然传闻并不属实，那就没必要害怕。”在谈到年轻的对手蕾哈娜时，她说：“对于像蕾哈娜一样的新星，人们总是充满好奇。这是人们对漂亮女明星的反应，人们也会尽力把这类明星与其他人联系在一起。”

抛开言外之意不谈，《鸣响警笛》的确是一首了不起的歌曲。《滚石》杂志说这首歌“够疯狂，音乐强度会让你相信她爱得很疯狂”。加拿大“果酱！”网站称这首单曲是“嫉妒的怪兽在发怒”。

在这首歌曲的MTV中，碧昂斯穿着无袖的白色上衣和白色超短裙，这很像《本能》（*Basic Instinct*）中莎朗·斯通的扮相。为向电影中的著名场景致敬，碧昂斯有很多双腿开合的动作，但她穿了肉色打底裤以防走光。高强度的宣传片拍摄期间，碧昂斯承认在片场的工作很难，饰演如此劲爆的角色对自己的精神是一种折磨。

无论人们怎么讨论，这张专辑都是个人艺术品。专辑封面上，她身穿泳衣，腰带上有两只短吻鳄。这引起善待动物组织的强烈抗议。在这之前，该组织就曾因为碧昂斯在时装中运用皮草元素而谴责过她。由多名生物学家发起的该慈善组织给碧昂斯写了一封公开信："作为研究爬行动物的生物专家和爬行动物保护者，我为您在新专辑封面中使用短吻鳄幼崽的图像忧心。人类与短吻鳄天生就不是同类，这两只短吻鳄也不应该出现在您的照片中。在我看来，您这样做是在虐待动物。"尽管碧昂斯没有回复这封信，但她与善待动物组织的关系因此而僵化。2006年，两名激进分子在易趣拍卖活动中获胜，得到机会与碧昂斯在纽约的诺布餐厅一起用餐。在那里，碧昂斯遭到了挑衅。视频显示，碧昂斯吃饭时，他们不断搭讪。这一尴尬的视频还在网上流传。两名激进分子问碧昂斯为什么喜欢穿皮草并把皮草元素设计进她的时装里，碧昂斯简单地说自己有些不舒服，并用沉默应对其他问题。蒂娜像往常一样坐在女儿旁边，生气地对这两个人说："你们可以离开了。"随后他们被驱赶着离开了饭店。事后，碧昂斯对此事件并未回应，这是碧昂斯一贯的作风。为了避免事态恶化，她选择了息事宁人。后来，当善待动物组织对她展开持久的攻击时，她同样选择了沉默。

碧昂斯在《鸣响警笛》中气愤的姿态又让人关心起碧昂斯与杰斯当时的状况。关于杰斯的一些资料证明，他们当时的关系如履薄冰，这更引起了人们的好奇心。杰斯在新歌《失意的人》（*Lost One*）里暗示，碧昂斯把事业看得比感情重。歌词中写道：

她不会这样做，碧

她爱事业胜过爱我

坦诚说，23岁

我也应该爱工作胜过爱她

所以我们不是我们，而是我和她

因为她爱工作超过我

这是我们的不同之处

所以我要给她

自由时间，即使这很痛

她会在时间里成熟

或许我们还能像以前一样

歌词并未直接指向碧昂斯，但杰斯在2010年的自传《秘密往事》中给出了答案。他写道："之所以写这些歌词，是想与一位事业型女性开始一段认真而又真实的关系。如果爱人与你的需求、目标及时间安排都不一样，可以想象尊重这样的爱人会有多难。这是真实关系中最难的事情，这样的感情也值得珍惜。"

相反，碧昂斯则努力展示出他们之间融洽的一面。她很少公开谈论自己的爱情生活，但这次她对《巨人》杂志说："我们的感情很容易维护。我们尊重彼此。如果我有什么提议，他会尊重。如果他有提议，我也会尊重。他很直接，也很有趣。"她也在全球音乐电视台中说，《鸣响警笛》与她自身的情况并没有关系。"我的生活很快乐，很平静，也很舒适。"

《失意的人》取自杰斯的新专辑《王者归来》（*Kingdom Come*），人们认为这是他宣布退出歌坛后复出的征兆。克里斯·马丁是英国酷玩乐队的主唱，也是一线明星格温妮丝·帕特洛的丈夫。他与杰斯一起合作了《王者归来》，效果非凡。碧昂斯也与格温妮丝相见恨晚，从此成为密友。不久之后，媒体就把她们称为“死党”。她们一起购物，一起休闲娱乐，对彼此也越来越了解。那年秋天，在伦敦的皇家阿尔伯特音乐厅里，克里斯与格温妮丝一起为杰斯的演唱会助唱，杰斯又带领着观众祝《莎翁情史》（*Shakespeare In Love*）女主角格温妮丝生日快乐。演出之后，四个人在时髦的骑士桥餐馆就餐，然后到马德里新潮派俱乐部举办宴会庆祝杰斯巡演结束。《每日镜报》报道，他们喝了很多唐·培里侬香槟王，一直喝到酩酊大醉，格温妮丝甚至不顾自己的饮食戒律，吃了一块草莓蛋糕。

克里斯和格温妮丝在纽约也有房子，这两对情侣的关系迅速升温。正如他们所言，他们是非同一般的组合。克里斯在《绅士季刊》中谈及与杰斯的关系时说：“我们的关系很滑稽。我们的共性是什么？嗯，私下里，他感觉很喜欢我，我也很喜欢他。”格温妮丝则强调他们两对很像：“我们两对，都是偏执狂和冷静者的结合。”尽管她没有明确指出谁是什么样的人，人们仍然解读为两名男性是“偏执狂”，她和碧昂斯则是“冷静者”。

后来，在《时尚芭莎》的一次采访中，格温妮丝对碧昂斯赞不绝口：“碧昂斯是世界上最有才华的人，她对自己很了解，这种了解不同于自信，是更高层次的把控。我看了她的很多表演，我的确做不到她那样。”除了赞美之外，她又补充说：“我们在一起的最美时光，就是我们穿着宽松的运动长裤，边喝红酒边谈论生活……碧昂斯的聪慧超出她的年龄。她教会了我表达自己思想的价值。”

碧昂斯遇到格温妮丝后不久，《混合》杂志就问她：“哪对明星夫妇处理狗仔队问题处理得最好？”碧昂斯回答是格温妮丝和克里斯。当采访者提及克里斯之前与摄影师扭打在一起的事时，碧昂斯耸耸肩说：“嗯，我能解释其中的原因。他肯定是担心自己的孩子在这么多人面前露面。父母都会保护自己的孩子，正因为如此，我妈妈也打过摄影师。”

除了他们的社交圈子之外，所有人也都关注着碧昂斯和杰斯的感情进展。当年12月，《追梦女郎》在纽约首映，许多人注意到，他们并没有一起来到现场。虽然他们穿着颜色很搭的衣服，但是碧昂斯的意图不是成为当晚的话题，而是向影评人展示自己的作品。齐格菲剧院的大屏幕上播放着自己演的电影，电影结束后的演员表里有自己的名字，现场观众们还起立为演员们鼓掌，这是她当时最为自豪的时刻。这部电影是“非常令人兴奋的音乐系列作品”，《卫报》称赞碧昂斯为“令人欣喜的存在”，杂志《帝国》（*Empire*）则说“好极了”。知名电视主持人奥普拉观看了电影之后，第二天便在现场直播节目中连线詹妮佛·哈德森。上映期间，这部电影全球票房高达1.54亿美元，后来获得8个奥斯卡提名。这8项提名涉及6个方面，令当年所有的电影都望尘莫及。一个从未接受过表演训练的女歌手，竟然能取得如此大的成功，这的确不可思议。碧昂斯完成了由歌手到知名女演员的成功转型。尽管仍有人怀疑她的演技，甚至有人期待她的失败，她的表演能力却丝毫未受到干扰。跑龙套和演配角的时光已经成为历史，碧昂斯即将大放光彩，这对她来说比什么都重要。

《追梦女郎》首映当天，恰巧是杰斯37岁生日。这对情侣以此为借口匆匆离开了剧院，没有与全体演员及业内大腕交谈，而是乘飞机逃离了媒体视线。碧昂斯为杰斯花费300万美元举办为期3天的生日宴会，似乎有意回应《失意的人》中的歌词。她派了两架私人飞机迎接20位亲朋到加勒比海岛。据《纽约日报》报道，他们登上了一艘270英尺（约82米）长的快艇，上面满载新鲜的龙虾和香槟。这次旅行的细节一点点被披露，他们遭遇感情危机的谣言也随之消退。在《纽约邮报》第六版的八卦专栏里，有报道称他们已经飞往加勒比完婚。这一情节引燃了各路媒体的各种猜测，碧昂斯依旧竭尽全力容忍并保持沉默。她在美国广播公司新闻节目中说："在同一张小报里，有文章说我们分手了，又有文章说我们结婚了，这简直是自相矛盾。无论如何，那都是报纸上的内容，保持沉默是我的一贯做法。"在随后发行的一期《格调》（*InStyle*）杂志中，她拿《纽约邮报》说她结婚的事开玩笑说："那看起来是一场不错的婚礼——而且价格不菲。只可惜，那不是我的婚礼。"

即使碧昂斯出面解释，有关她结婚的谣言也未停止。又有传言说，他们在马萨诸塞州马撒葡萄园岛的婚礼指日可待。当地居民添油加醋地说，看到奎迪克岛上竖直挂着一个巨大的天幕。奎迪克岛是一个小岛，只能坐摆渡船过去，显然这一报道并不属实。

尽管各种无聊的说法此起彼伏，他们两人的确开始考虑结婚一事。12月，碧昂斯对《大观》杂志说："我的父母已经结婚27年了，他们仍然相爱如初。他们为我树立了伟大的榜样。我相信，我也能像父母那样。"拉斯维加斯的新40/40俱乐部开业时，杰斯也暗示说他们迟早会结婚。蒂娜在公开场合说："杰斯是位绅士，也很聪明。我很高兴他们能走到一起。他们都是杰出的人，两人真是天造地设的一对。"蒂娜的话仿佛是祝福未来的女婿。然而，马修似乎仍然不能接受杰斯。尽管马修没有在公众场合对他们结婚的计划提出异议，杰斯与马修之间的矛盾还是在多年后爆发了。2013年，杰斯接受《太阳报》采访时说："我一直都给碧昂斯最好的，粉丝们的眼睛是雪亮的，大家可以看看我们在一起是不是变得更好。”

毫无疑问，马修与杰斯之间的冷淡关系导致了父女之间的争吵。即使这样，碧昂斯仍认定杰斯就是自己的另一半。碧昂斯好像一直在等待杰斯为她戴上戒指的求婚时刻，她对《每日镜报》说：“我是保守的人，我绝不会先问。我也是个传统的女孩，我要等男士单膝下跪向我求婚。我不会开口问杰斯，但是我欣赏那些自信、独立、有勇气问的女孩。”当然，这种极为传统的观点似乎与她表现出的强势、自信的女性形象并不一致。但是在爱情方面，碧昂斯的确非常传统。她在《格调》杂志中承认，她相信杰斯肯定会求婚，只是还不到时候。“无论是恋爱、结婚还是生孩子，都不能催男人。如果他准备好了，他会告诉你。”

他们之间的关系越来越亲密，当年洛杉矶的黑人娱乐电视大奖上两人的表现就是极好的证明。在那次盛典上，他和碧昂斯演唱了《似曾相识》。碧昂斯穿着一件小款的银色露脐上衣，配着超短裙，清晰的腹肌和火辣的身材一览无余。碧昂斯围着杰斯转圈的时候，杰斯亲昵地拍打着碧昂斯。剧院里人山人海，但每个人都能感受到他们之间的甜蜜。杰西卡·拉肖恩在颁奖典礼上为碧昂斯充当临时助理。后来，杰西卡在《今日芝加哥》（*Chicago Now*）上发表了一篇感情真挚的文章。通过文章我们得知，杰斯当时告诉碧昂斯自己误了去洛杉矶的飞机，不能和碧昂斯同台演唱了。听了这个消息，碧昂斯失落至极。她并不是因杰斯不能与她一同表演而伤心，而是因为不能按计划与他见面而肝肠寸断。她控制不住自己的情绪，含糊地对妈妈说想念杰斯。但她极力控制自己，以免哭出声来。

杰西卡回忆，过了不久，现场传来了杰斯的声音。他高呼着“嘿，你好”出场。原来，这是他的恶作剧。碧昂斯脸上顿时露出红晕，她蹲在地上，捂着脸，像孩子那样笑了起来…… “她满脸通红。他平静地往前走，走到碧昂斯面前时，他忍不住笑出声来，伸出手去拥抱她。杰斯把下巴轻轻放在碧昂斯头顶并左右摇晃了一下。”杰西卡还说，很明显，碧昂斯对杰斯的爱为自己的音乐注入了活力。

2007年初，碧昂斯又拿到了另一座奖杯。她的专辑《碧的时代》在2月的格莱美奖上获得最佳当代节奏蓝调专辑奖。颁奖时，碧昂斯却正因过度劳累遭受着胃病的折磨。在朋友艾伦·德詹尼丝的鼓励下，她完成了《听》（*Listen*）的演唱。碧昂斯回忆：“我当时想，我肯定完成不了。我往第一排看，然后看到了艾伦。她在台下和我一起唱。最终，我完成了。所以，谢谢你，艾伦。”

两个星期后，《追梦女郎》开始角逐奥斯卡奖。最初，碧昂斯因为歌曲《听》被提名为最佳歌曲而兴奋。虽然，碧昂斯是四位词作者之一，但是美国电影艺术与科学学会却不承认她是词作者，这完全浇灭了她对奖项的期望。这意味着她的名字将无缘提名者名单，对于以获得奥斯卡奖为毕生追求的她而言，这是一次重大打击。最后，《听》不敌梅丽莎·埃瑟里奇在《难以忽视的真相》（*An Inconvenient Truth*）中的歌曲《我需要清醒》（*I Need To Wake Up*）。但是，《追梦女郎》却夺得了最佳声效奖，詹妮佛·哈德森获得了最佳女配角奖。出人意料的是，詹妮佛走上舞台领奖时，摄像机却直直对准了碧昂斯。碧昂斯知道，先前就有报道说两人之间有矛盾，因此她不能给人留下把柄。在镜头前，她为同伴的成功流下了激动的泪水。参加奥斯卡颁奖典礼的夜晚成为碧昂斯难忘的经历，她穿着薄荷色的阿玛尼服装，在舞台上容光焕发。她与大腕级演员妮可·基德曼、海伦·米伦、凯特·布兰切特一起站在红毯上，她说："这是一个充满魔力的夜晚，处处都充满正能量。能和偶像站在一起真是太美妙了。"作为得奖呼声很高的电影，《追梦女郎》在当年还一举拿下了3个金球奖，影片获得了音乐剧与喜剧类最佳影片奖，艾迪·墨菲和詹妮佛分别获得最佳男女配角奖。总结自己在电影中的表现时，碧昂斯说："对于一名非裔美国演员来说，这是不平凡的一年。"

《追梦女郎》的热潮逐渐冷却之后，碧昂斯再一次回归到音乐领域。《碧的时代》中第三首单曲《无可替代》（*Irreplaceable*）在公告牌排行榜中连续10周居于榜首。这首歌由说唱歌手尼欧作词，是2007年公告牌榜的冠军作品，位列10年金曲榜第25名。大胆的歌词写道：让感情骗子收拾包裹走人，这样的人绝非"无可替代"。这首歌显示了碧昂斯支持女性独立的立场。通过音乐，我们能感受到她越来越支持女性独立。她坚信，女性应当获得与男性同样的平等权利。这与她等待杰斯求婚的传统观念截然不同。人们认为这是一种悖论。

对于《无可替代》中反男性的主题，碧昂斯在拉里·金的脱口秀节目中承认："男性朋友们并不喜欢它。这首歌太写实了。有时，你会感到你并不被人欣赏；有时，男性也会忘了自己可以被取代。写一些这样的歌是想提醒女性朋友，我们扮演着重要角色。我写了一些我想听的歌，我觉得其他女性也想听。我写的歌中，有很多主题是号召女性团结起来，去争取自己的权利、展现自己的力量。"

随着《无可替代》歌曲MTV的传播，她的女性支持者也逐渐增多。这首歌也给碧昂斯的音乐带来了新元素：她组建了一支清一色的女性乐队——"甜心老妈"。她马上要开展名为"碧昂斯完美体验"的个人世界巡演，她渴望用"甜心老妈"乐队为自己的巡演注入新的活力。为了组建新乐队，碧昂斯及其团队面试了成千上万人。她对全球音乐电视台说："我喜欢她们围着我的感觉。她们鼓舞了我，让我更强大，我们会在一起做一些独特的事情。"

3天的试镜时间里，成千上万女性蜂拥而至。她们来自日本、芝加哥、纽约、洛杉矶和休斯敦等地。碧昂斯解释说："小时候，我希望有更多女性能弹奏乐器，并以此获得别人的尊重。我弹了一段时间钢琴，但是不久我就放弃了。现在我只是想做一些事情，鼓舞其他女性从事音乐方面的工作，所以我组建了一支全部由女性组成的乐队。"

"甜心老妈"后来被简称为"老妈"，其中的成员包括鼓手尼基·格拉斯皮、贝斯手蒂薇尼提·洛克丝和吉他手比比·麦吉尔。除了担任吉他手外，麦吉尔还在业余时间担任瑜伽教练。在巡演中，碧昂斯是总指挥：她会用耳麦告诉每个人该什么时候出场，怎样才能确保整个演出"无缝衔接"。"老妈"乐队也有伴唱团，后来又签约了一名萨克斯手和一名打击乐手，可谓"五脏俱全"。在乐队里，所有的女成员对碧昂斯都绝对忠诚。蒂薇尼提说："碧昂斯工作很努力，她也鼓励我们努力工作，这让我取得了超乎自己想象的成绩。为此，我会终生感激她。"

2007年春，碧昂斯为《碧的时代》专辑发行了DVD选集，并为歌曲配上MTV宣传片，只有一首歌曲例外。除了为每首单曲准备MTV以外，9首歌曲的宣传片选集也在两周时间内完成。虽然哥伦比亚唱片公司并不赞同她拍摄这么多MTV，她还是决定继续工作，并称录制DVD的工作是"忙碌而又令人惊讶的经历"。在全球音乐电视台的采访中，她说："我相信，我们一定能成功。我们有最优秀的导演、最优秀的编舞、最优秀的化妆师、最优秀的造型师，这么多优秀的人才肯定能完成这个任务。我们拍摄的每一个MTV都令人称奇。”

在歌曲《让我升级你》（*Upgrade U*）的宣传片里，碧昂斯扮成一名男性，她对外声称，她扮演的这位男性以生命中几个重要男性为原型。“我假装自己是杰斯，他当时就在我面前，我让他离开。有他在场，我无法工作——那样太尴尬了。我觉得自己完成了很棒的工作。”她很享受戏弄大男子主义行为的表演，她接着说：“成为一名男性真让人觉得刺激。我能做出满不在乎的样子，能变得更强硬，能更具挑衅性，能说自己想说的话，能为所欲为。我不必谨小慎微。不穿高跟鞋的感觉也很棒。”

除了DVD选集以外，她在2007年4月也发行了豪华版《碧的时代》，其中加入了5首新歌，包括与夏奇拉合唱的《美丽的骗子》（*Beautiful Liar*）。她想拉近与拉丁语听众的距离，因此在CD里加入了一些之前大热歌曲的西班牙语版。她说：“我在学校里学过西班牙语，但是我不会说，只会几个简单的单词。四五年前，‘天命真女’与亚雷汉德罗·桑斯一起唱过歌，我们的拉丁语观众都很兴奋。他们都问我们什么时候能唱更多西班牙语歌曲，我下定决心，要满足他们的愿望。”

碧昂斯对西班牙语版的《人物》杂志说：“用另外一种语言流利地唱歌并非易事，我得一句一句地练这些歌词的发音。我练了很长时间，我不想亵渎一种美丽的语言。我有一位好朋友是古巴人，我把她带到录音棚里，要求她指出我唱得不对的地方……音乐中的节奏和鼓点一直提醒我，让我记得自己克里奥尔人的血统与出身。”

碧昂斯完全可以降低对自己的要求并享受已有的成绩，但她却从未停止付出。她要献给忠实的粉丝们更多的精品，她充满爱意地称粉丝们为“蜂巢”。

第11章

神秘订婚

2007年初，碧昂斯得到一个难得的机会，为《体育画报》（*Sports Illustrated*）拍摄封面。这是她最喜欢的杂志，她也因此成为该杂志第一个非超模、非运动员封面人物。封面上，她穿着粉色比基尼，标题是“你从未见过的追梦女郎”。在佛罗里达州的沙滩上拍摄期间，她尽情享受着周围的美景。她对《体育画报》说：“我是个害羞的人，摆出那些造型真的需要勇气。但作为一名音乐表演工作者，我需要展现大方的一面。”

封面拍摄的准备阶段，碧昂斯需要控制自己的饮食。她说：“吃晚饭时，我总是告诫自己少吃一点。”碧昂斯体态丰满，线条优美，她从不追求许多名人热捧的骨感美。她对《人物》杂志说：“我在得克萨斯州长大，那里有很多美食。我喜欢美食，这一点永远不会改变。我不是那种干吃不胖的类型，所以我吃东西时需要谨慎。”

在《太阳报》的一次采访中，碧昂斯坦言，她不喜欢自己身体的某些部分：“和每位女性一样，有些地方我想改变。我不会说是哪部分，否则每个人都会盯着看。”有篇文章称，碧昂斯中午只吃生菜和黄瓜。她读了这篇文章后说：“我从来不会饿着自己，我也不可能只吃生菜。了解我的人都知道，这绝对是谣言。”

经常有人问她进行何种锻炼才能保持这么好的身材，她把其归因于持续不断的下蹲运动。她说："我不喜欢下蹲，但下蹲是最好的方法。"她还发现了一种新的健身方法——平衡板游戏，这样就可以不去体育馆。她说："我真的喜欢平衡板游戏，我觉得把它和舞蹈编排在一起是个不错的主意。比起在跑步机上无聊地跑步，在锻炼中加入舞蹈元素会更有意思。"

《体育画报》封面拍摄当天，碧昂斯阵容强大的亲友团也来到海边为她加油。她在随后的采访中说："凯莉来了，我妈妈来了，我的小外甥也来了。爸爸本来打算来，但是他又说等我拍完之后在奥兰多与我见面。他对我说：'我不确定自己是否想看到那一幕。祝你拍摄顺利，你已经是个大女孩了。'"

拍摄完封面之后，碧昂斯的脸上洋溢着自豪的神色。她说："将来有一天，我可以把这些照片拿给我的孩子看。我可以告诉孩子：'看，妈妈很漂亮，妈妈很美。'"她也在美国有线电视新闻网中对斯坦·琼斯说："这太令人惊讶了。对我而言，上《体育画报》封面是极大的荣誉。之前，他们从来没让歌手上过封面。我不仅是第二位黑人女性，也是该杂志第一位非超模、非运动员封面人物。"

碧昂斯很有经济头脑，她同意拍摄的前提条件是让妈妈为她设计比基尼。该杂志最后同意了。因为杂志的畅销，德黑恩之屋还因此生产了一系列比基尼。

在新的世界巡演"碧昂斯完美体验"开始之前，碧昂斯有大量工作要做，她似乎没有喘息的时间。2007年4月，巡演在东京拉开帷幕。其后6个月时间里，碧昂斯到亚洲广大地区、澳大利亚、欧洲、埃塞俄比亚等地巡演，赚得9000万美元。演唱会曲目汇集了《碧的时代》和《危险爱情》中几乎所有单曲，每次开场她都会从舞台中央升起来。她总是穿着长及脚踝的银色长袍如女神般出场，随后便扯掉外套，露出里面的衣服。她还会继续脱，直到只剩紧身衣裤。《爱尔兰独立报》（*The Irish Independent*）的一位评论员说：“在未来一段时间内，这个画面将长期存在我脑海中，挥之不去。”此次演出中，碧昂斯共换了7次外套，以配合着炫目的烟火效果。充满活力的“老妈”乐队首次登台表演。碧昂斯中场换衣服时，“老妈”乐队就会卖力表演。碧昂斯此次演唱会的歌曲也包括“天命真女”时期的一些歌曲。凯莉、米歇尔和杰斯作为嘉宾出现在了洛杉矶巡演中。《纽约邮报》猜测说：“她的后勤供给清单里应该有火鸡三明治、取之不尽的百事产品和蜂蜜坚果麦圈，还要有两个人的爱情专座和25.5摄氏度以上的恒温房间。”

这次巡演所到之处，人们都会热情支持。《波士顿环球报》（*The Boston Globe*）评论道：“她的嗓音像是天籁之音，演唱会包含了各种元素，其中包括拉斯维加斯式表演秀，犀利的摇滚音乐会，汗流浃背的放克，还有灵魂乐的表演。对于观众而言，最大的乐趣是看她穿不同的服装，然后把自己融入不同场景中。”

碧昂斯在舞台上活力十足，每一个舞蹈动作都能跳得清清楚楚，这让人们很吃惊。在一晚接一晚的表演中，碧昂斯好像拥有用不完的力量。她对《大观》杂志说：“在舞台上时，我就变成了另外一个人。我把舞台上那个人叫作莎夏，她住在我的身体里，指挥我的行动。但在台下，我不想遇见莎夏……她太有挑衅性、太强壮、太活泼、太性感。我不喜欢现实生活中有她这样的人。我不是轻浮的人，也不像她那样自负又无所畏惧。舞台上的感觉，我在其他地方找不到。这好像是一段灵魂出窍的经历。”

碧昂斯对拉里·金说："莎夏也弥补了我自卑的缺点。我不是完美的人，我也会长青春痘，也有不如意的日子。我不会做饭，有时会把事情搞得一团糟，有时还说傻话。和其他人一样，我也是个普通人。塑造莎夏的形象，是想在我自卑时给自己自信。莎夏就是那个无所畏惧的人。"

实际上，碧昂斯的这次世界巡演强度太大、要求太高，只有成为莎夏，她才能撑下来。正如她在《滚石》杂志中说的那样："我真的很喜欢休闲风格，宁愿不穿高跟鞋、不化妆，头发只是简单扎一下。当我表演时，自信、性感的东西就会涌现出来……这是一份工作。但在现实生活中，我不喜欢那样。"她信任的舞蹈编导、创意总监盖特森说："在一次演出中，碧昂斯不顾一切地扔掉了价值25万美元的耳环。她也不知道自己为什么要扔，那时她无法自控。"

碧昂斯在《都市》杂志中说，莎夏有时会很鲁莽。在一次全球音乐电视台的颁奖典礼上，她把一个非常昂贵的手镯扔向观众。最后，表姐安吉只好跑到人群里去捡回来。

碧昂斯在越来越多的场合中扮演莎夏一角，她的形象也与后者越来越像。有谣言称，碧昂斯只有在人们叫她莎夏时才会回应。蒂娜丝毫不在意这些无聊的谣言，她对《世界时装之苑》说："我现在还会取笑女儿，说她在巡演过程中还会受莎夏影响。在后台时，安吉、她的造型师泰还有我会帮她快速换装。碧昂斯会尖叫：'你们怎么了？我的鞋子在哪里？'我们会说：'莎夏又来了。'快速更换服装有时会让她很急躁，这时她的表现就像莎夏。莎夏是她的另一面。平日里，我们不会轻易提起这个名字。"

碧昂斯与牧师鲁迪·拉斯马斯一起合作，在美国巡演过程中建立了食物银行，充分展示了她的同情心。粉丝们在她的号召下纷纷购买不易腐烂的食物，然后在周围社区分发。碧昂斯说："饥饿影响着美国的每个社区。伸出你的双手，去碰触这些生命吧！那是一种充满能量的经历。也正是因为这个原因，我希望粉丝们在今年夏天能感受比音乐更多的东西。我希望他们能在帮助别人的过程中获得快乐。"

但是，这次巡演也出现了一些问题。在密苏里的圣路易斯市，前排的两名观众因为开场的烟火而受伤。火花落到他们身上之后，他们被迅速送到医院，好在他们的伤势不是很严重。演出继续进行。碧昂斯担心他们的伤势，第二天便去医院看望他们。在医院里，碧昂斯和他们聊了45分钟。当时值班的一名护士达瑞尔·威廉姆斯说："她很体贴……我们没有声张，以确保她能和伤者安静待在一起。我觉得，对于她那种身份的人来说，保密很重要。"

在佛罗里达州奥兰多市的巡演中，也发生了一个小插曲。演唱《鸣响警笛》时，碧昂斯摔了跟头。跳舞时，她的一只鞋子卡在了红色长裙上。她迅速站起来，继续跳舞，并和观众调侃道："这太疼了。"她请求观众们不要把视频传到视频网站上。但是，几个小时之后，相关视频便被疯狂上传，这让她很尴尬。由于碧昂斯团队的出面，视频很快被删除，网站也宣布网络用户违背了《使用条款》。一位代表说："即使是自己拍摄的视频，视频主人公也有权决定自己在视频中的形象是否能被他人看到。"但事与愿违，这些视频后来又出现在每日影像等网站上。杰斯在一次电台采访中维护女友说："即使她能在99%的时间里做一位出色的艺人，但她仍然是凡人。"碧昂斯在多伦多巡演时再次发生意外，当时她的衣服不小心被掀到了头上。许多人猜测她在无意中走光了，但是碧昂斯的一位发言人回应：“她穿着肉色内衣。碧昂斯绝对不会在舞台上故意那样做。”

巡演中的必唱歌曲《爱我一切》（*Flaws And All*）来自专辑《碧的时代》，每次演唱这首歌都会让碧昂斯落泪。这首歌结束时，她会被身穿白色翅膀的男性舞伴包围在翅膀里。这首歌诉说了她对一个男人的爱，这个男人能看到她的缺点，但还是义无反顾地爱她。这首歌似乎在向杰斯传递信号。在首次录制这首歌时，她在讨论这首歌的意义时说：“是时候让人们看看我的爱情观了。这与荣耀无关，与名人无关，与女主角无关，而与爱你、为你付出所有的人有关。”《氛围》杂志推测，碧昂斯希望摄影师能拍下她唱歌时的面部表情，这样就能让人们看见她的瑕疵，也能让人把歌曲与她本人联系在一起。

在外巡演的几个月让她十分思念杰斯，她一直在长途跋涉中苦苦挣扎，并希望杰斯能在时间安排允许的情况下飞来看她。当年11月，在中国台湾的巡演结束以后，她和杰斯在纽约埃斯基纳酒店庆祝重逢。他们也借此机会庆祝杰斯的新专辑《美国黑帮》（*American Gangster*）成为他的又一张夺冠专辑。和著名歌手埃维斯·普利斯里一样，杰斯的唱片多次在各种排行榜中名列榜首，这种成就令多数美国歌手不能望其项背。有趣的是，杰斯接下来的两张专辑又打破了自己的纪录。2013年专辑《大宪章和圣杯》（*Magna Carter... Holy Grail*）的发行，使他一举拿下第13个专辑排行榜冠军。然而，从某种程度上说，他的成就还是不及披头士合唱团。披头士合唱团曾拿下19个冠军，至今无人超越。

2007年底，碧昂斯为爱姆普里奥·阿玛尼的最新香水和珠宝代言，并获得了丰厚利润。谈到阿玛尼的报酬时，她笑着说：“我为他们代言，他们就给我许多衣服。我通常把这些衣服收藏起来，但其中有一些我不会穿出去。我得到了很多漂亮衣服，在这里和休斯敦的家里，我都有自己放衣服的仓库。”记者问她有多少件阿玛尼裙装时，她回答不上来。她迟疑了一会说：“100件？很多件？总之这很酷！”

12月，碧昂斯搭乘飞机赶到洛杉矶，来到全美音乐奖盛典领取最佳国际艺人奖项。之后她就和杰斯去了巴黎，在那里庆祝杰斯的38岁生日。他们入住了奢华的莫里斯酒店，然后在豪华套间里待了整整一天。他们享受着著名的杜伊勒里花园的美景，其间只有碧昂斯飞快跑出来泡了泡温泉。日落时，他们坐着一辆豪华轿车，围着城市浪漫转圈儿。然后，他们在香榭丽舍大街的餐馆吃晚饭。当天晚上，他们还去了疯马俱乐部观看歌舞表演。消息人士称，他们在那里小口喝着香槟，满脸幸福。巴黎之旅后的几天，便有网站报道他们在设计师乔治·阿玛尼家里秘密完婚。该网站声称拥有世界独家新闻，并说这对情侣没有选择传统的婚戒，而是在戴戒指的手指上刺青。

杰斯反驳了这一言论。但是，该网站的消息确实接近事实。2013年，碧昂斯承认6年前杰斯生日当天，他们来到巴黎，杰斯单膝下跪向她求婚。她说：“那一天是杰斯的生日，那一天我们订婚了。我带他去了疯马俱乐部。我当时想，天哪，这些女孩们居然会飞。我认为那是我见过的最性感的表演。”

他们订婚一事没有得到官方认证，所以他们的秘密并未被揭发。面对外界不断的猜测，杰斯在杂志《加大号》（*XXL*）中说：“我认为人们只对恋爱中的三件事感兴趣——你们什么时候在一起，什么时候分手，什么时候生宝宝。一些人动机不纯，为了自己的利益操纵舆论。我觉得，很多分手都是因为媒体的介入。”

他们仍然坚守秘密，这让2007年的年尾显得平淡无奇。2008年的元旦前夜，碧昂斯通宵玩四子棋，这种行为与她的明星身份完全不符。在杰斯的俱乐部里，她与他们最好的朋友——说唱歌手坎耶·维斯特通宵进行四子棋大战。坎耶·维斯特后来发博客说：“人们会记得这个传奇的四子棋战士——碧昂斯！我与她有两局比赛，她连续9次击败了我。”

2008年2月，碧昂斯仍然坚守着她和杰斯之间的秘密。她有幸获得与偶像蒂娜·特纳一起唱歌的机会。这位已经退隐多时的68岁的摇滚女王，现在要与碧昂斯在第50届格莱美奖颁奖典礼上合作。她们计划合唱蒂娜的一首知名老歌《骄傲的玛丽》（*Proud Mary*）。蒂娜事后评论说：“这感觉真好！人们说，我比碧昂斯看上去更美，虽然那是不可能的……碧昂斯很优雅，她的事业也很成功。”

尽管她们的表演是全场的亮点，但是灵歌歌手艾瑞沙·富兰克林却因为碧昂斯在舞台上介绍蒂娜是“女王”而生气，这也为她们日后的矛盾埋下了伏笔。艾瑞沙事后说：“我不知道自己招惹了格莱美颁奖典礼的撰稿人还是得罪了碧昂斯，但是我不屑于和她们斤斤计较。”面对她的说法，进退两难的制片人肯·亨里奇说：“碧昂斯的评论有些失礼，但并不是要蔑视艾瑞沙。”同时，碧昂斯的父亲马修则用“幼稚”“不专业”形容艾瑞沙。蒂娜·特纳不以为意，她说：“如果她是灵歌女王，那么我就是摇滚女王。那天晚上有如此多殿堂级歌手在场，她不会自负地认为自己才是唯一的女王吧？”

在同一个月，碧昂斯签下了她的下一部电影：她将在《蓝调传奇》

（*Cadillac Records*）中扮演之前对海洛因上瘾的蓝调歌手埃塔·詹姆斯。在这部半传记式作品中，她将与阿德里安·布罗迪一起演出。阿德里安扮演芝加哥唱片公司的创建者，这个唱片公司向许多黑人歌手敞开了大门，其中包括查克·贝里、马蒂·沃特斯和碧昂斯扮演的埃塔。为了演好这个角色，碧昂斯增重20磅，并在胳膊上扎针眼，以此更好地演绎埃塔过去的吸毒问题。她还在“凤凰之家”（纽约著名戒毒中心）度过了几周时间，在那里体验生活。她对《每日镜报》说：“我从来没有吸过毒，所以我对吸毒的表现一无所知。我要演绎一个真实的吸毒者，而不是演绎一个光彩熠熠的埃塔·詹姆斯。我想变成肿泡眼，也想让脸上的血管更清楚。我想演绎最真实的角色。”

扮演埃塔期间，她兴奋地唱着传奇的爵士乐歌曲《终于》（*At Last*）。此后一年，这首歌一直萦绕在她耳边。电影部分情节要求她说很多脏话。她对《世界时装之苑》说：“我妈妈得离开拍摄现场。我一般不会骂人，可能一年一两次吧，除非是真的生气了。”

碧昂斯也是合作制片人，这部电影标志着她在演艺界的一大进步。和《追梦女郎》一样，这部电影也使她身心俱疲。“我本来是快乐的人，这个角色让我很痛苦。我需要回想生活中最痛苦的经历，这样才能真实演绎这个角色。我一天要哭12个小时，回家时还是闷闷不乐。”

几个月以后，她将《蓝调传奇》的400万美元片酬捐给“凤凰之家”戒毒中心的消息浮出水面。戒毒中心每天接收5000多名戒毒人员，碧昂斯深受震动，但是碧昂斯却拒绝外界关注她的捐赠。对于这一点，蒂娜有些沮丧。在接受《世界时装之苑》采访时，蒂娜提起这一话题，碧昂斯却打断妈妈的话说：“妈妈，别提了吧。”

蒂娜突然说了一句：“我不希望人们仅仅把她看作一个歌手。”

两年以后，碧昂斯回到布鲁克林的“凤凰之家”，并参加了一所学校的开学典礼。相关负责人用她的捐款筹建了这所学校，并将其命名为“碧昂斯美容中心”。学校为那些戒掉毒瘾的人提供皮肤保养、化妆、发型等方面的课程，教给他们自我谋生的技能。碧昂斯母女参加了剪彩仪式，她说：“毒瘾是一种病，我见过的漂亮女人都不吸毒，她们会选择使自己越来越美丽。孩提时代，我认为妈妈的美发沙龙是女人们分享故事，一起哭、一起笑，并得到建议的地方。现在，我希望你们在这所学校里能得到同样的体验。戒掉毒瘾的第一个标志是你开始关注自己的容貌。”“凤凰之家”的员工因碧昂斯的大方而深受感动，他们说：“我们对碧昂斯和蒂娜女士的珍贵礼物深表感谢，这的确会改变很多人的命运。”

2008年3月前后，人们一致认为碧昂斯和杰斯已经订婚。有人曾看到碧昂斯在纽约巴特夜总会戴着巨大的钻戒，而且戴在无名指上。据报道，她觉察到人们的目光后，摘下戒指放进了手提包里。但是，有关钻戒和她摘钻戒的各种谣言纷纷四起时，她却声称自己从未戴过订婚戒指，并认为人们太过于关注自己的爱情了。

无论她在公众面前持什么立场，碧昂斯私下里则已经为结婚做好了准备。26岁时，她在《17岁》杂志中说：“25岁之前，我不会结婚。我觉得人应该了解自己，知道自己想要什么、该花时间去追求什么。在能和别人分享你的成功之前，我们要先成为更好的自己。”

当人们的注意力迅速转移到他们会选择什么样的结婚仪式时，碧昂斯却清楚地表明，她不会举办场面盛大的婚礼来让媒体大肆渲染。她说：

“或许，我会和我的白马王子去一个小岛，或许我们会去教堂。现在，我还不知道。”

还有谣言称，她计划在结婚时穿与戴安娜王妃一样的婚纱。对此，碧昂斯一笑了之。同一篇报道还说，婚礼现场会供应价值30万美元的鱼子酱和200美元一瓶的唐·培里侬香槟王。碧昂斯开玩笑地说：“这篇文章实在太荒谬了。我希望能与作者谈谈。有的人真有想象力，他们应该来为我和杰斯设计婚礼。我根本不喜欢鱼子酱，怎么会在婚礼上供应鱼子酱？”

第12章

爱情修成正果

在拍摄《蓝调传奇》期间，碧昂斯同时还在录制自己的第三张专辑《我是莎夏·菲尔斯》（*I Am... Sasha Fierce*），她又一次濒临崩溃。最后，她只得给自己腾出更多时间来完成专辑。她总共在纽约、亚特兰大、迈阿密、洛杉矶和伊比沙岛的录音棚里待了8个月，这段时间，她完成了17首歌曲。最终，其中的11首分别选进两张碟片里。《我是莎夏·菲尔斯》专辑的一张碟片里的歌曲展示了更加轻柔的声音，包括民谣、弦乐器、原声乐器；另一张碟片里的歌曲则较为主流。她几乎包办了所有歌曲的词和曲。同时，超过32位词作者、19位曲作者参与其中，可谓大腕云集。

和以前一样，这张专辑的创作同样很顺利。2008年4月4日，她和杰斯历经6年的爱情长跑，终于步入婚姻殿堂。他们登上了国内外媒体的头条。

他们结婚前几天，就有传言说他们已经在纽约斯卡斯代尔领取了结婚证。他们没有透露自己的规划，但是，他们到费城参加了杰斯的助理罗宾·布劳顿的婚礼。罗宾的婚礼策划师丽莎·麦格劳说："他们（杰斯和碧昂斯）确实是爱情楷模。他们十指相扣，一直保持微笑。"这对情侣挑选的结婚日子对他们而言意义重大，因为他俩的生日都是4号。那个周五下午，在杰斯特里贝克地区的房子附近，有人拍到了枝状大烛台和鲜花的传递。凯莉和米歇尔在视频网站上放了一段自己的视频。拍摄视频时，她们正待在四季酒店的房间里。

她们对粉丝说，她们在一个秘密地方，但是拒绝解释为什么来到纽约。杰斯的妈妈、祖母、姐姐、侄女全都到了，人们更加坚信碧昂斯要结婚了。发型师马文·布尔说：“今天有一场婚礼。杰斯的妈妈希望办一场小型婚礼，所以没有邀请太多人。”

有谣言称，婚礼花费大约70万美元，只邀请40位宾客。除了凯莉和米歇尔，受邀宾客还有格温妮丝·帕特洛和克里斯·马丁，当然还包括蒂娜、马修和索朗。婚礼由碧昂斯以前的牧师鲁迪·拉斯马斯主持。鲁迪在众人面前说：“他们二人因为信任、尊重和爱而走到一起。”

碧昂斯没有请知名的王薇薇设计婚纱，而是让妈妈亲手代劳。蒂娜比任何人都清楚自己女儿适合什么样的衣服。蒂娜设计了象牙色的无肩带婚纱，婚纱上面是褶皱的贴身设计，与碧昂斯的身材恰好吻合。杰斯则身穿黑色无尾礼服。婚礼现场，没有伴郎和伴娘。碧昂斯的婚戒由洛林·施华滋设计，上面镶有18克拉的钻石，据说价值500万美元。他们的无名指上都有罗马数字“Ⅳ”的刺青，代表着他们终生的承诺。但是碧昂斯一直对婚礼守口如瓶，后来她承认自己经常在媒体采访之前摘下戒指。

据花商艾米·翁皮塔卡介绍，在杰斯的房子里，篮球场大的客厅里撑起了一顶白色帐篷，俨然一座宫殿。艾米在杰斯家里放了约6万株白色兰花，这些兰花都是从泰国空运而来，布满整个公寓和阳台。艾米感叹：“这真是一场洁白的婚礼。”

菜单上供应的是克里奥尔家宴，所有家庭成员都帮忙准备。杰斯的祖母做了最拿手的牛尾菜。宴会上供应大量浅盘的开胃菜，桌子上叠放着挪威海蜇虾，还有碧昂斯最爱的派派思炸鸡。每个人都畅饮鸡尾酒和香槟。当晚的宴会以他们的第一支舞蹈《意乱情迷》开始。杰斯最喜欢的DJ卡西迪来到了现场，客人们跳着嘻哈舞，也有人选择杰克逊五人组和惠特尼·休斯顿等人的经典舞蹈。新娘、新郎决定为自己的嗓子放个假，所以没有当场唱歌。宴会一直持续到凌晨5点，杰斯一直在抽“非常昂贵的雪茄”。

6年以后，两人共同巡演时，大屏幕上展示了他们婚礼当天的视频。视频中，杰斯给碧昂斯戴上戒指，碧昂斯兴奋地在空中挥手。但在2008年，即使他们之间的关系已经非常稳定，他们仍然保守结婚的秘密。

婚后第二天，这对夫妇飞到北卡罗来纳州。杰斯要在这里与玛丽·布莱姬继续巡演。飞机降落在格林斯博罗机场后，他们从私人飞机里走出来。他们尽力躲避摄像机，但杰斯左手上的婚戒却十分抢眼。在那晚的舞台上，玛丽·布莱姬泄露了秘密，她情不自禁地恭喜杰斯和碧昂斯喜结连理。

两天后，他们回到纽约，杰斯被拍到在40/40俱乐部看球赛。俱乐部里很多人为他庆祝，他却说听不懂他们在说什么。面对这个问题时，索朗也闭口不谈，说她不清楚姐姐是否喜欢婚后的生活。她说：“家人就是家人，我们亲密无间，我们会保护彼此。”

这对新婚夫妇和以前一样守口如瓶，他们没有向媒体透露一丁点儿结婚的信息。碧昂斯说：“这并不值得被报道。”3年后，在演唱会视频《我在这里》（*I Was Here*）中，有一个碧昂斯穿着婚纱一闪而过的镜头，那时候，大家才知道她的婚纱是什么样子。她也终于说出了秘密：“我妈妈设计了这件衣服。这是一件漂亮的作品，我很自豪。在我穿过的衣服里，我最喜欢这一件。”

几个月以后，他们才承认已经完婚。当年9月，《氛围》杂志一名大胆的记者与杰斯提起此事。和往常一样，杰斯仍然称碧昂斯为“朋友”，这名记者说：“你说她是你的朋友而不是妻子，你还不想承认？”杰斯防卫性地回答：“让我承认，这很荒唐。我没有……我想说，我觉得那是一个可笑的问题。我觉得生命中有些事是你希望保留给自己的。你必须这样做，否则就只能在这种问题面前发疯。你要让周围人知道你的底线在哪里。”杰斯拒绝透露其他消息，并说：“我已经与人们分享了我生活中的很多事情，我的童年、我的家人、我侄子的死。我应该有一些自己的秘密，你也不能咄咄逼人。”

结婚后6个月内，碧昂斯一直保守秘密。10月份，在《本质》杂志的一次采访中，碧昂斯才准备好分享结婚这一消息。面对“为什么以前不谈论婚姻”这一问题时，她坚决地回答：“这是我们共同的决定。我说的话只是我的想法。我和杰斯之间的感情是真实的。任何采访或照片都不会改变现实。”

她也说，她想保守秘密是因为不想组织大型聚会。“我结婚已经有一段时间了。我们在一起也很长时间了。我们一直知道我们会走到一起。”在11月份的《奥普拉秀》中，她也说了类似的话：“公布结婚的消息很难，因为我要学会划清界限，还要权衡利弊。对于婚姻，我很兴奋，但是保持事物纯洁、真实的一面也很重要。我尽力使个人婚姻生活与我的演艺生活相分离。”奥普拉让她透露一些当时的内幕时，她只说了一点点：“这件事很私密。屋外是焦急的狗仔队，屋里是美妙的场景。”

后来，碧昂斯透露了更多婚礼细节。在2010年她甚至承认，她和杰斯签订了婚前协议。她对杂志《霓虹》（*Neon*）说：“我并没有否认婚前协议。我会鼓励所有女性结婚并签订婚前协议。但我不会说很多细节问题。我不是在这里受审。”

在一次非常坦诚的采访中，她表明，自己面临着和普通人一样的经济问题和家事烦恼。她指出，使我们产生分歧的或许就是鸡毛蒜皮的小事。“总之，这很正常。我感觉自己和所有辛勤工作的女性一样，我和杰斯之间也会有普通夫妻之间的冲突。我想要孩子，但是我的丈夫却毫不关心这件事。我喜欢在家里穿宽松的运动服，但是杰斯却希望女人洗澡时都穿着高跟鞋。”

5月份，他们挤出时间去度蜜月。他们悄悄溜到亚利桑那州的凤凰城，享受2000美元一晚的驼峰山酒店。由于工作缠身，他们只能留宿几晚，但这里的确是远离喧嚣、释放疲劳的好去处。这里有美丽的山景、幽静的花园、5个大型的网球场，甚至还有一个蜂鸟避难所。

他们回家后，美国名人消息网报道这对夫妻在纽约城以外的斯卡斯代尔购置了豪华婚房。房子大约有1.5万平方英尺（约1394平方米）。这意味着，除了曼哈顿和迈阿密的房产以外，他们又增添了新房产。他们在迈阿密拥有一座沙滩别墅，配有7个卧室、8个洗澡间。

搬进新家之后，满血复活的碧昂斯回到加利福尼亚州的录音棚，继续完成专辑《我是莎夏·菲尔斯》。婚后，她录制的第一首歌是《单身女郎（戴着戒指）》［*Single Ladies*（*Put a Ring On It*）］，这成为她有史以来最畅销的单曲。歌词中说，男人们要么求婚，要么就会永远失去心爱的女子：

把我拥入你的怀中

说我是你想要的爱人

如果不说，你就会孤单

我会像幽灵一样飘走

这首歌曲的制作人克里斯托弗·斯图尔特表示，这首歌与碧昂斯的秘密婚礼有关："这是他们有关结婚的唯一一次公开表态。我们在录音棚时，她并没有戴婚戒，那时她仍然在保守秘密。"

录制唱片的间歇期，碧昂斯陪新婚丈夫到萨默塞特参加了格拉斯顿伯里音乐节。在那里，杰斯为7万名观众表演。这一次，碧昂斯不是主角。她穿着低调的皮夹克，几乎没有化妆，在人群中根本找不到她。

2008年，杰斯领衔格拉斯顿伯里音乐节一事引起了争议。许多人说，历史悠久的嬉皮士音乐节并不适合嘻哈音乐的加入。《太阳报》则认为，杰斯的加入使格拉斯顿伯里音乐节呈现出有史以来最差的阵容，其他的音乐评论家则称这是"灾难"或"悲剧"。绿洲乐队的诺尔·盖勒格也展开猛烈攻击："请问，大家是说杰斯吗？他没有机会在这里领衔。格拉斯顿伯里音乐节一向是吉他音乐节。"杰斯指责诺尔不尊重披头士合唱团，同时反驳他的观点，并称这是自己被牵扯的最大一次争议。后来在音乐节开场时，他一边弹奏吉他，一边现场演唱了绿洲乐队最著名的歌曲《迷墙》（*Wonderwall*），观众们兴奋地呼喊他的名字。他对《观察者报》说："我知道我手里有《迷墙》这张王牌，我知道他们很欣赏其中的幽默，所以我最少要唱三首歌。"

尽管批评声不绝于耳，但杰斯的现场表演却取得极大成功。碧昂斯一直全力支持杰斯。她对《每日电讯报》说："我为他那晚的表现感到自豪。为他能化解那种尴尬氛围、能融入那个不可思议的地方而自豪，为他所做的一切感到骄傲。我在台下疯狂地跳舞，跳疯狂的嘻哈舞。那晚我看到的表演，是他最棒的表演。他为那些观众演奏摇滚乐，向他们展示自己的实力。杰斯是最棒的。那一晚发生了很多事，除了音乐，我们还收获了很多。"

8月，碧昂斯为欧莱雅拍摄的广告引起人们质疑。有人指出化妆品巨头欧莱雅在碧昂斯拍摄的纷莹染发剂广告中把她变白了。在宣传片中，碧昂斯看上去皮肤有些苍白，头发颜色也比平时浅。尽管她签订了协议，承诺自己不会较大幅度地改变形象，人们仍然持怀疑态度。欧莱雅公司竭尽全力否认此事，并说："在纷莹染发剂广告中，我们绝对没有改变碧昂斯的容貌或肤色。我们十分重视与碧昂斯女士的关系。"

然而，一些媒体并不肯就此罢休，《纽约邮报》宣称，广告经过了数字修图处理，因此碧昂斯的脸看起来与平时不大相同。此外，美国名人消息网也在网上展开了"这件事是否是在侮辱黑皮肤人种"的调查。碧昂斯和她的团队未予回应。但是，无论形势怎么变化，碧昂斯一直高调地表示自己为自己的肤色感到自豪。她曾说："现在，我有能力改变人们的偏见了，至少在事业中是这样的。人们会视我为真正的艺人或歌手，而不会考虑我的肤色。"

这次风波渐渐平息之后，碧昂斯于2008年10月发行了《单身女郎》。这首单曲一经发行，便在全球刮起一阵流行旋风，连续4周蝉联公告牌100强榜首，并在英国、加拿大、澳大利亚占据冠军宝座，同时获得600多万下载量。这首歌的MTV是黑白的，完全是低成本拍摄，没有服装和场地的变换，仅仅用了小容量摄影机拍摄并剪辑。碧昂斯与两名舞伴穿着黑色紧身连衣裤，踩着细高跟鞋，激情四射地舞蹈。这一幕尽情展现了莎夏·菲尔斯的特点，也引来大量关注。碧昂斯迷人的婚戒闪闪发光，给这段MTV带来额外的话题。在这些话题中，有些人批评她戴婚戒一事。这些人觉得碧昂斯一直呼吁女权主义，但她的表现却与之不符，因而感到不满。她炫耀着男人给她的钻戒，看起来好像屈从于"女性需要戒指"的观点。但是碧昂斯辩护说，自己从来没有表明自己是激进的女权主义者。她对杂志《时尚》（*Vogue*）说：“我想我应该只是当代的女权主义者。”对她而言，复杂的意识形态或激进主义并不重要，单纯、简单地支持女性才更重要。她问道：“为什么要用某些条条框框束缚自己？我只是一名女性，我喜欢做一名女性。”

暂且不说关于女权主义的争辩，她在《单身女郎》MTV里的激烈舞蹈也让她付出了代价。拍摄期间，碧昂斯浑身都是瘀青。她说：“往墙上跑时，我摔倒了。其他人也重重摔倒，但是我们马上站起来接着跑。我是在凌晨两点半拍摄的，我的脚全肿了起来。那是工作的一部分，我必须克服。”

尽管这次MTV拍摄成本低、速度快，但是她却认为这是她所拍摄的最有标志性、最具特殊性的MTV。它引发了热舞浪潮，并催生了数以千计的视频模仿者。她告诉全球音乐电视台：“通过MTV打动人们的内心，同时带给人们一首生活中的歌曲，这种感觉很美妙。”MTV导演杰克·那瓦对视频引发的反响欣喜若狂：“我们中没有人能预测到它的威力，没有人能预测到它让如此多的人模仿。这是对碧昂斯才华的验证。我也有很大收获，有时简单就是美。”

在美国的《周末之夜》（*Saturday Night Live*）节目中，歌手贾斯汀·汀布莱克跳了碧昂斯的舞蹈。他穿着紧身连衣裤，踩着高跟鞋，跳着令人难以忍受的舞蹈动作，上演着最搞笑版本的《单身女郎》。起初，碧昂斯犹豫着要不要参加这期节目，后来贾斯汀来她的更衣室劝她，碧昂斯最终同意参加。她笑着说：“贾斯汀太疯狂了，到现在我也难以相信他居然那么搞笑。我也不明白，为什么他的腿比女性的腿还要漂亮。”

《单身女郎》的MTV当时成为有史以来网上点击量排名第二的视频，观看者超过5.25亿。这首单曲也在2009年的MTV音乐录影带大奖中被9次提名，但无缘最佳女艺人音乐视频奖。当时的典礼现场有些混乱，因此令人难忘。流行歌手泰勒·斯威夫特拍摄的MTV《你属于我》（*You Belong With Me*）最终击败《单身女郎》。这名年轻的歌手上台领奖时，说唱歌手坎耶·维斯特突然出现在舞台上打断了她的讲话："抱歉，碧昂斯的《单身女郎》是最好的，她才应该是最佳女艺人音乐视频奖的得主。"观众席上顿时鸦雀无声，碧昂斯非常尴尬。泰勒的得奖时刻也因此被彻底搅黄。《单身女郎》之后获得了最佳音乐视频奖。碧昂斯接受这一奖项时，回忆起"天命真女"第一次领奖的情景，并称那是她"一生中最兴奋的时刻"。随后，她邀请泰勒到台上，让她完成自己被打断的获奖感言。

后来，在《奥普拉》杂志中谈论这段经历时，碧昂斯维护坎耶说："我知道他的意图，我知道他要表达对艺术的态度。组委会没有念我的名字，坎耶很吃惊。他上台的时候，我就预感到不妙，心里一直默念：'不要做！不要做！'他打断泰勒的话时，我一直说：'不，不，不！'但是，坎耶的行为并没有产生太大影响，那仍是一个美好的夜晚。"

另一首主打单曲《如果我是男生》（*If I Were A Boy*）与《单身女郎》同时在市场上发行。《如果我是男生》节拍更慢，意欲展示与莎夏完全不同的一面，即与化妆以后的碧昂斯、聚光灯下的碧昂斯以及各种明星光环下的碧昂斯不同的一面。碧昂斯称这首歌与她之前的所有作品都完全不同。这首歌也成为她在英国最畅销的单曲。

率先发行两首单曲之后，具有强烈个人色彩的《我是莎夏·菲尔斯》专辑于11月正式发行，并在全球卖出700万张。人们对这张专辑的评论褒贬不一，但是碧昂斯却更在意通过专辑表达自己。她说："我是正常人，我也会哭。我很热情，也很敏感。我的感情会受伤。我也会像其他人一样害怕、紧张。我想把自己的这些方面展示出来。这张专辑与爱有关。我是一名女性，我已经结婚，我生命的这一部分全都记录在这张专辑里。这张专辑更具个人色彩。我很保守，不想谈论太多个人隐私，但是专辑中的几首歌曲都跟个人有关。那是我的日记，那是我的故事。"

碧昂斯需要为单曲和专辑承担更多宣传任务，因而有些分身乏术。除此之外，她和杰斯参与到美国历史的进程中。2008年初开始，在美国总统候选人巴拉克·奥巴马竞选游说过程中，他们成为接下来几个月中最有分量的参与者，并利用一切机会为奥巴马拉选票。他们之间建立了一种令人吃惊的友谊，这吸引了大量媒体关注。当年年初，奥巴马的一位竞选伙伴会见了杰斯，奥巴马从此走进他们的生活。杰斯在自传中写道："我们谈论了好几个小时，并由此开启了我们长久的'兄弟情'。我希望我能记住一些不同寻常的特殊时刻，但是我们的谈话并不是那样的。事实上，他找到我，然后问了一个又一个音乐方面的问题，还问我从哪里来，问我交往圈子里的人……"

杰斯也给奥巴马留下了深刻印象。奥巴马后来在竞选活动中对《滚石》杂志说："杰斯才华横溢，是个好人。每次与他交谈，我都很享受听他表达想法的时间。他能帮助你扩大交际范围，他能帮助你塑造积极的态度。"在罗利的一次集会上，奥巴马鼓动观众时提到了杰斯的热门单曲《弹掉肩上的灰尘》（*Dirt Off Your Shoulders*）。在应对对手希拉里·克林顿的猛烈攻击时，奥巴马做了弹掉肩上灰尘的动作。事后，有媒体追问奥巴马的发言人，此举是不是与杰斯的歌曲有关。发言人回答："他的音乐播放器里有很多杰斯的歌曲。"

他们的友谊公之于众后，杰斯开始在奥巴马的竞选活动中频频演出。杰斯也带着充满激情的碧昂斯一起参加。碧昂斯曾不止一次满怀希望地谈论起民主党："我有幸与奥巴马先生及其妻女见面。他们就是现实版的美国梦。他们如此高贵、如此典雅、如此有才华，他们身上的特点是我一直想要拥有的。他们让我为我们的国家感到自豪。"

在费城的一次集会上，杰斯说："罗莎·帕克斯坐下了，所以马丁·路德·金能走出来。马丁·路德·金走出来了，所以奥巴马能飞速奔跑。奥巴马在奔跑，所以我们才能飞翔……我迫不及待地想等到11月5日，到时候我会说：'你好，总统兄弟！'"

杰斯与碧昂斯婚后两周，便参加了在好莱坞露天剧场筹集竞选资金的活动。据说，夫妻二人当时发生了争吵。杰斯在台上唱歌时，被挤到了布什支持者那边。后来DJ开始播放碧昂斯的《意乱情迷》，他走到麦克风前喊了几句脏话，并建议换首歌。杰斯大概是想开玩笑，但是旁观者却说碧昂斯没觉得哪里好笑，还生气地离开了舞台。一位目击者对《每日镜报》说："杰斯走下舞台之后，碧昂斯质问他，为什么那么说话。碧昂斯看上去很不高兴。正如其他的好老公一样，杰斯卑躬屈膝，并试图通过恭维解决问题……后来，他们和好如初，再次牵手。"

在竞选最后的拉票之夜里，碧昂斯正在日本宣传《我是莎夏·菲尔斯》。心不在焉的她缩短了行程，并立即飞回美国。她对自己说："我在干什么？我做了最坏的决定。我得回家去，如果我不回到美国的家里，我会恨死我自己。"奥巴马胜选并成为美国第一位黑人总统后，碧昂斯掩盖不住自己的喜悦之情。碧昂斯当时穿着海军蓝的双排扣外套，配着红白蓝三色领带，在家里手舞足蹈。她回忆说："那一夜，我含泪入睡，脸上既有泪水又有笑容。我醒来时，睫毛膏已经糊了，但我的脸上还有笑容。我从来没有如此爱国。我只是兴奋得不能自已。"

谈到自己对未来的憧憬时，她说："我想说'做你想做的事，成为你想成为的人'。我的外甥只有4岁，这样的话对他来说都不过时。我们也会在奥巴马先生的带领下成长更多。"奥巴马的就职舞会于来年1月举行，碧昂斯期待着自己能参加。"无论他们有什么要求——如果他们需要我当志愿者，他们需要我唱歌，我都会到那里并随时准备上台。"

在不久后的庆祝演唱会的视频中，奥巴马问候了碧昂斯，并前后摇晃手臂表演了《单身女郎》的舞蹈。他开玩笑说："我只学会了一点点，我可不是贾斯汀，我不会穿紧身连衣裤。"

第13章

风波不断

因奥巴马当选而产生的喜悦之情渐渐减退之后，碧昂斯和杰斯又因其他事登上了新闻头条：《福布斯》杂志公布其为娱乐圈最吸金夫妇。据报道，二人2008年的总收入为1.62亿美元。他们的收入将年总收入分别为8500万美元和5800万美元的威尔·史密斯与贾达·萍克特·史密斯夫妇和贝克汉姆夫妇甩在了身后。杰斯的收入为8200万美元，其中很大部分来自他与演唱会制作公司莱恩娱乐之间的巨额协议。碧昂斯则从各种音乐表演、电影、时装项目中赚得8000万美元。尽管碧昂斯在后来几年的收入超过了杰斯，但当时他们的收入相差不大，这也是碧昂斯坚持男女平等的原因。的确，他们是吸金能力强大且不相上下的夫妻。就像对待他们的情感问题一样，夫妻二人对收入这一问题也闭口不谈。杰斯说："我不会受金钱驱动，我从来不会和朋友们坐在一起谈论金钱的问题。"

11月底，《蓝调传奇》在洛杉矶首映。原型埃塔·詹姆斯本人的出席让碧昂斯尤为兴奋。她在红毯上尖叫："我一直喜欢她的嗓音，我理解她的经历。她是我心中的英雄。我不知道她对我的表演是否满意……我非常紧张。"碧昂斯显然没必要因此担心，70岁的埃塔告诉她："第一次听你唱歌，我就很喜欢你。"她们似乎一见如故，然而，好景不长。不久之后，她们之间就出现了问题。

2009年1月，碧昂斯应邀参加了奥巴马的就职舞会。此时，《蓝调传奇》

仅上映几周。她演唱了电影中颇受好评的埃塔的经典老歌《终于》。在就职舞会上，她唱这首歌时，奥巴马和第一夫人米歇尔在舞台上跳舞。舞台上布满漂亮的彩色小灯，两人缓慢移动着舞步，这感人的一幕让碧昂斯潸然泪下。她对《嘉人》（*Marie Claire*）说："当时，我对自己说：'大家要求你这么做。你必须要做好。这是他们的历史。镇静！镇静！'我勉强做到了。但歌曲间奏中，我哭得像个5岁的孩子。"

杰斯作为丈夫为碧昂斯感到自豪。他一直和观众在一起观看表演，只为"感受人们身上的能量"。他补充说："在这样的场合分享这样的经典，真让人觉得难以置信。"

然而，埃塔看上去却不喜欢碧昂斯的表演。几天后，在西雅图的演唱会上，埃塔说："你们认识总统吧？认识那个大耳朵吧？"随后，她侮辱碧昂斯说："那个女人为他唱歌，唱的是我的歌，她尾巴已经翘上天了。我不能忍受碧昂斯。她没有资格在那唱我经久不衰的歌。"

这种言语攻击像野火一样迅速蔓延。面对此事，经验丰富的埃塔却坚持说自己在开玩笑。她说："在西雅图，没有人生我的气，也没有人把我的话当真。他们都在笑，觉得这很有意思。"她也坚持说自己的玩笑并不过分，并对媒体说："我真的没有特别的意思。从小到大，我一直这样。"她收回了对奥巴马的中伤，并说自己觉得总统先生又帅又酷。尽管如此，她还是承认，为自己没被新总统邀请而感到受伤，并说："我感到有些东西本来是我的，但是我却得不到。"当被问到她是否能比碧昂斯唱得好时，她又往碧昂斯的伤口上撒盐说："我认为会比她做得更好。"

虽然很多人对她的言论愤愤不平，碧昂斯却一直保持冷静并拒绝回复。

没有什么事值得她解释，远离是非更重要。当生活出现敌意冒犯时，她总是谨慎而冷静地应对。2012年，埃塔因白血病去世，碧昂斯在博客中写道："这是一个巨大损失。埃塔·詹姆斯是这个时代最伟大的歌手之一。我很幸运遇到了这位女王。她对音乐的贡献会被永远铭记。扮演埃塔·詹姆斯让我学会了很多，唱她的歌也鼓舞我成为更强大的歌手。"

2月临近，这意味着一年一度的格莱美盛典也将来临。碧昂斯的歌曲《我和我自己》（*Me, Myself And I*）获得最佳节奏蓝调声乐表演奖的提名，却不敌艾丽西亚·凯斯，最终一无所获。这一次，杰斯超越碧昂斯成为全场的焦点。杰斯的《像我们一样摇摆》（*Swagga Like Us*）获得奖项，他与坎耶·维斯特、小韦恩一起进行了表演。但是这一年的盛典并不是因为音乐成就而令人难忘，而是因为"丑闻"而载入史册。在盛典之前的一次聚会上，说唱歌手克里斯·布朗与当时的女友蕾哈娜在兰博基尼车里发生了激烈争吵，并动手打了蕾哈娜。照片中，蕾哈娜的脸上布满瘀青，而且还在流血，这在世界范围内引起一片哗然。布朗后来被判5个月的缓刑，并要接受1400小时社区服务的惩罚。

这一事件让杰斯怒不可遏，他一心要保护年仅20岁的好朋友。《美国周刊》（*US Weekly*）报道，杰斯怒气冲冲地说："克里斯死定了，他惹错了人。"碧昂斯也对这次暴力事件表示谴责。她对拉里·金说："我在这里力挺蕾哈娜……她就像是我和杰斯的家人。"两个女人其实已经认识很久了。蕾哈娜曾说，2004年她第一次看碧昂斯的演唱会，那时就很崇拜碧昂斯。她说："我哭了。我不敢相信碧昂斯就在那里……那很鼓舞人心，也给了我强大的动力。"

尽管碧昂斯十分关心这件事，但仍有传言说碧昂斯与蕾哈娜的关系并不融洽。传言说她不支持年轻明星的享乐主义，因为碧昂斯自己一直维持着健康的个人形象。但是蕾哈娜对她们不和的传言一笑了之，说碧昂斯是她见过的最贴心的女性，这些传言根本就是子虚乌有。在另一个场合中被问到她们之间的关系时，蕾哈娜再次反驳："碧昂斯不是敌人，她是我的竞争对手。我们的关系很好，我们相处得不错。"但是，同一年的一次报道称，碧昂斯的团队禁止DJ在多伦多的德黑恩之屋开幕式上放蕾哈娜的歌曲。

据说，相处了一段时间之后，碧昂斯厌烦了蕾哈娜戏剧化的性格，于是让杰斯与她保持距离。听到蕾哈娜要与暴力前任克里斯·布朗和好的消息时，碧昂斯很吃惊。蕾哈娜也因为杰斯没有干预这件事情而闷闷不乐。杰斯在嘻哈电台热点97中说："那不是我的地盘，我不能控制她的生活，我也不能干预她的感情。"

无论事情真相如何，有一点很清楚，那就是杰斯对待蕾哈娜就像父辈对待孩子一样。杰斯说："如果她有问题问我，我就会给她建议，仅此而已。我可以为她提供帮助，但生活总归还要继续。该发生的还是会发生。"蕾哈娜曾告诉《人物》杂志，她指望杰斯给她物色一个合适的男朋友。"我从我们的共同朋友那里得知，对我有好感的小伙子先得和杰斯说上话，然后才能接近我……如果他是个好小伙，杰斯就会同意。如果他不够好，杰斯就会说不。"

2009年初，碧昂斯又接了一部电影《纠缠》（*Obsessed*）。在这部惊悚片中，她与《火线》（*The Wire*）中的男主角伊德瑞斯·艾尔巴合作。在这部电影里，她饰演一个名为沙朗的女子。沙朗的家庭被跟踪者威胁，她不得不反击。她说："不用化浓妆、不用打理发型就能拍摄，这很有趣。我和电影中的角色一样，喜欢自己处理事情，不愿意成为受害者。我觉得，这对现代女性而言很有现实意义。"这部电影里，碧昂斯第一次不用唱歌。

情节设计意味着影片中有很多打斗场景，碧昂斯很喜欢这些场景。“我几乎都做真实动作。我上过拳击课，所以把课上的一些招式用到电影里。我很入戏，并尽情挥洒汗水。我喜欢里面的打斗场景，因为这些动作与编舞很相似。我一直崇尚正直、为人善良，这是我释放内心侵略性格的好机会。”显然，碧昂斯为了一直维持她在人们心中正直、善良的形象承担了太多压力。与很多态度自由、放任的明星不同，她每时每刻都在严格要求自己。这个角色让碧昂斯抛开聚光灯下的顾虑，有了释放的机会。

碧昂斯热衷于在片场放松自己，因此要求自己出演所有镜头，无论是否会受伤。“毫不夸张地说，我戴了3个星期的长袖套，但是我并不害怕。我喜欢摔倒、喜欢身上脏兮兮的。自己能做的动作，我绝不会用替身演员。”

这部电影也要求她与伊德瑞斯有几次银幕之吻。伊德瑞斯说，在片场与碧昂斯接吻之后，在酒吧里遇见杰斯会觉得“怪怪的”。电影上映后票房大卖，但批评声却此起彼伏。《滚石》杂志给了电影0颗星，其他评论者则说这部电影与《致命诱惑》（*Fatal Attraction*）很像，但是里面没有“可爱女郎”。更糟糕的是，《卫报》说碧昂斯在电影里只会怒吼，《每日电讯报》则评论碧昂斯的角色是“丑陋的”“被人遗忘的”。

即使碧昂斯会因这些批评感到心烦，她也不会表现出来。2009年3月底，她开始了长达11个月的世界巡演，这让所有她和杰斯要生宝宝的传言不攻自破。她准备开始巡演时笑着说：“我早晚会生宝宝，但是现在我还没想这个问题。”

这次巡演规模超过以往任何一次，在欧洲、美洲、亚洲、非洲、澳洲共举办了108场，100多万名粉丝观看了演出，碧昂斯赚了1.2亿美元。在加拿大埃德蒙顿的开幕之夜前，她度过了每天紧张彩排12个小时的两个月，而且彩排期间一直穿高跟鞋。她对《公告牌》杂志说："我有一条规矩，如果我穿上高跟鞋，每个伴舞也都得穿高跟鞋。有时候她们会说：'哦，不，我们希望碧昂斯晚点来。'由于整天练舞，我的脚上都磨起了水泡，脚指头上也有瘀青。那段时间真的很难熬。"

排练期间，她瘦了很多。她说："一天彩排12个小时，我自然会瘦下来。我们每天有大量的舞蹈练习。我从来不会不间断地练习12个小时，但是我能心无杂念地一直转圈。这是我工作的一部分。"她也对《人物》杂志说："我的饮食很清淡。我尽情吃鱼，在早晨吃健怡麦片。"

演唱会现场有一个大舞台，大舞台中央还有一个小舞台。舞台的设计是为了体现她个性中的两面性。碧昂斯说，这样的设计很有戏剧性。她说："我努力把爵士、嘻哈、芭蕾、时尚等一切东西糅合在一起。这是自巡演以来，我做过的最棒的事情。"在演唱歌曲《宝贝男孩》时，她借助吊架飞到观众上方，并表演了一系列杂技动作。她曾自豪地说："我的后背和臀部都折到了一起。我能做很多罕见的动作……就像一位马戏团演员。"

碧昂斯手下的"老妈"乐队再次受邀为她伴奏，蒂娜则将服装设计的大权转交给法国设计师蒂埃里·穆勒。碧昂斯称赞蒂埃里·穆勒"是时尚偶像也是传奇"。蒂埃里从"女权主义、自由、勇士、激烈"中吸取灵感，为碧昂斯精心设计了6套服装，他称之为"极具魅力的女英雄服装"。这些服装中包括紧身连衣裤，上面镶有闪闪发光的小亮片，身后有一个大大的蝴蝶结。此外，服装中还有嵌有水晶饰品的银色全身长袍。穿这身衣服时，她还穿着网袜，戴着手套，配着有力的肩衬。这一形象参考了《银翼杀手》（*Blade Runner*）中的美女造型。蒂埃里设计完成之后，蒂娜做了微调，以确保碧昂斯能穿着自由地跳舞。蒂娜对全球音乐电视台说："蒂埃里很有创造性，和他一起工作很有趣。"蒂娜还说，此次巡演中的前卫服装证明碧昂斯一直在突破，但是她也强调最终决定穿什么的还是碧昂斯本人，"那是她的选择，那是她的事业"。蒂埃里也面临着为助演乐队、助演歌手及伴舞设计服装的挑战。换言之，他要设计71套服装。

尽管大部分沟通都很愉快，但是蒂埃里为碧昂斯设计唱《圣母颂》（*Ave Maria*）的服装时却与碧昂斯的想法有点儿小冲突。蒂埃里设计了黑色礼服，但碧昂斯认为，如果穿白色婚纱，这首歌会显得更加大气。最终她如愿以偿，穿着带有薄纱的白色连衣裙，这使她的表演更加优雅。

和往常一样，这次巡演依然很辛苦，但是她却欣然接受。她说："每次在舞台上跳舞或者录制视频，我的脚上都会磨起水泡，直到我不能走路。"正像她对《公告牌》杂志说的那样："我是那种不做则已，要做就做到最好的女人。我要么什么都不做，仅仅坐在海边读书或保持沉默，要么付出100%的心血。"

和之前的表演一样，碧昂斯一如既往地追求完美。没有人会在演出中做如此多的工作——从灯光到舞蹈的每一个部分都恰到好处，她亲力亲为的姿态使其在团队中赢得了"小碧怪兽"的称号。她在《17岁》杂志中说："我觉得我是自己的对手。我不和其他人竞争，只是尽力做最好的自己。我会认真做每件事并不断反思。有段时间，我经常上视频网站，观看自己的现场表演，听自己的音乐。通过这种方式，我能发现自己还需要什么，哪里需要修改，怎样才能成为更好的歌手。"尽管我们总能听到很多人喊着老掉牙的口号说要给粉丝110%的付出，但这对于碧昂斯而言绝不是空话。她在每场表演中都投入所有心血，并将一切都呈现给世人。

在这次巡演中，她给了自己3个多星期的休息时间，并抓住机会去探索不受粉丝打扰的巡演城市的景点。她曾悄悄溜进教堂和博物馆，的确未被粉丝发现。休假期间，她也和助理们一起骑自行车，并说这样的活动让她更接地气。

碧昂斯决定，如非必要，尽量减少住酒店的时间。她说：“我参观了埃及金字塔，我登上了中国长城。我去澳大利亚大海中央看鲸鱼，还被喷了一脸水。今年，我有如此多难忘的回忆。”

和以前一样，碧昂斯巡演期间非常想家，并十分思念她的丈夫。在巡演期间拍摄的纪录片中，我们可以看到她经常因为孤独而失声痛哭。面对镜头，她几乎没有化妆，她说：“上天为什么给我这样的生活？有时这让人无法自控。上天为什么给我这样的才华、天赋，为什么给我家人？但是我知道，上天是不会回答的。我很感激上天给我的生活。”她擦掉眼泪之后说：“我很感激，我能活着，我能实现梦想。我正在实现梦想。”

杰斯不在身边时，她只能一个人独自奋斗，她说：“今天，我要飞回家。我想念我的宝贝。”陌生的环境似乎激发了她的母性本能，这让她更想要个宝宝。

巡演纪录片名为《碧昂斯：我的世界巡演》。她在美国广播新闻公司的《晚间热线》栏目中说：“我感觉这是我能真正诉说的方式，因为我是其中的一部分。在纪录片里，我披露了很多有关自己的信息，这些内容我不会告诉其他导演。”在DVD里，筋疲力尽的碧昂斯也说了自己一连9天晚上表演的经历：“我真的很烦，身边没有人关心我的身体和情绪。我们那么卖力地工作时，需要有人告诉我们停下来。嗓子如同肌肉，它需要休息。如果能休息9天，那该多好啊！我感觉很糟糕，最终控制不住自己……我哭了，因为我是一个普通人。和其他所有人一样，我会流血，也会受伤。”

在其中一个镜头中，她承认自己有时会在必要时通过网上聊天缓解压力。“有一次我在中国，周围有成千上万的人，他们都是脚步匆匆，我不敢相信自己的生活。我有点儿孤单，想找个人谈谈，所以我打开电脑开始网聊。”

纪录片在纽约上映期间，她面临着有关何时生育的一连串问题，但是她已经习以为常。她说：“那段时间，人们大概已经说我怀孕说了8次，我真的习以为常了。我只是希望我真正怀孕时，那些人能为我感到高兴……每个人都说着类似‘天哪，她已经怀孕100次了’的话。希望有一天，我能怀孕。无论怎样，这都是每个名人都要面临的一部分。”

巡演时，碧昂斯得到了迈克尔·杰克逊死亡的消息。6月，杰克逊因过量服用麻醉药在家中死亡。听到这一消息，碧昂斯掩面痛哭，就像自己失去了一位家人一样。镇定下来之后，她发表了声明：

这是一个巨大的损失，也是令人悲痛的一天。举世无双的迈克尔·杰克逊在音乐历史中的影响无人能及。他是一个传奇，他是我们奋斗的目标。他是永远的流行天王。精彩的生活不在于你呼吸了多少次，而在于你创造了多少次令人心跳的时刻。对于曾见过他、感受或听过他作品的人而言，我们很荣幸自己能生活在这个年代，能有幸经历迈克尔·杰克逊的奇迹。我爱你，迈克尔。

尽管他们的生活轨迹鲜有交集，但碧昂斯却被这位超级巨星深深吸引。碧昂斯常常说，如果不是孩提时代被杰克逊吸引，自己不会开始自己的音乐生涯。2014年6月，迈克尔·杰克逊逝世5周年时，碧昂斯在个人网页上刊登了一封感人至深的信：

我刚出道时，我的第一位制作人让我观看迈克尔·杰克逊的现场表演《谁爱你》（*Who's Loving You*）。制作人一直回放，我看了好几个小时。

制作人想让我从迈克尔用心的歌曲中得到灵感。我可以听见他灵魂的声音……无论什么原因，他能比其他人引起你更多的情感共鸣。他是那样惊人、那样纯洁……迈克尔教会我，有时你要忘记你的技能、忘记你身上的负担。如果你觉得自己很愚蠢，你要拿出勇气，释放这种消极情绪。迈克尔·杰克逊改变了我，帮助我成为歌手。谢谢你，迈克尔。

在巡演中，她在演出时设计了致敬环节。在这一环节，她展示了自己5岁时的一段视频，那时她正准备去看迈克尔的音乐会。在唱《光环》（*Halo*）时，她把歌词改成："迈克尔，我们能看到你的光环，我希望你不会褪色。"在纪录片中，我们能看到，她听到迈克尔死讯后在第一场演出中祷告："上天，我们能在舞台上感受到他的精神，我们为他和他的家人献上这场演唱会。"说这些时，她一直闭着眼睛。"我们继续为你祈福。上天，我们希望能像他感动我们一样感动观众。"尽管她很心痛，但她在这场演唱会中仍然发挥稳定。

11月底到次年2月的巡演休息期间，碧昂斯在多米尼加共和国为杰斯举行了一场特殊的40岁生日宴会。贵宾名单里，有杰斯的说唱歌手朋友坎耶·维斯特、吹牛老爹，还有蒂娜、索朗和安吉。他们在奢华的度假区举办了周末聚会，这里拥有面朝大海的别墅和巨大的游泳池。站在泳池里，能看到白色的沙子和透明的海水。碧昂斯精心策划了每个环节，在聚会上，每个人都是20年代的打扮。从他们用餐期间的视频中，我们可以看到，杰斯的朋友们纷纷表明杰斯在自己心目中的重要地位，同时泳池中的表演者开始表演，随后是壮观的烟花表演。宾客们整晚都在跳舞。第二天，碧昂斯邀请他们到别墅里吃龙虾和牛排。

在这次宴会上，碧昂斯与杰斯同时决定在名字里用夫妻两人的姓氏。据报道，这对夫妻的正式名字成了肖恩·诺里斯-卡特和碧昂斯·诺里斯-卡特。有消息称，他们想把诺里斯这个姓流传下去，他们希望这个名字能发扬光大。

在这次具有里程碑意义的生日会上，杰斯很放松。事实上，值得庆祝的事情并不仅仅是生日。他的最新专辑《蓝图3》在排行榜中夺冠，打破了这一时期的音乐专辑夺冠纪录。他说："年龄再添1岁，我觉得很高兴。我现在处境很不错，有很棒的专辑。我摘得了第11个冠军，还打败了埃维斯·普利斯里，所以我感觉自己是流行天王。"

在这一庆祝场合，唯一缺席的是碧昂斯的父亲——马修。在之前的几个月里，马修一直很少出席这种场合，他与碧昂斯的关系也有所疏远。那一年11月，蒂娜向法院提出申请，起诉离婚。走过了将近31年的婚姻之后，他们在得克萨斯州哈里斯县结束了婚姻。文件中说："蒂娜和马修于2009年1月5日终止夫妻关系。"——这一天正好是他们的30年结婚纪念日。

碧昂斯对这一消息感到伤心，但是她的父母之间确实已经长时间存在隔阂了。此外，阿历山德拉·莱特当年10月承认自己怀了马修的孩子，她起诉马修，要求他支付抚养费。2010年2月，她生下儿子尼克松。马修一开始否认和尼克松的父子关系，但在DNA检测结果面前却哑口无言。这已不是他第一次被曝有私生子。

据美国名人消息网报道，蒂娜在离婚声明中说，这段婚姻因为两人不和而不能继续，而且已经完全没有复合的可能。同时，她和马修在一次声明中表示："我们以和平方式结束了婚姻。我们仍然是父母、朋友和商业伙伴。我们之间没有激烈的争吵。我们希望我们在处理这件事情过程中的隐私能得到尊重。"离婚案直到第二年才完全了结，碧昂斯也经历了一段不安的时期。

第14章

终止与父亲的合作

2010年1月，海地发生地震，30多万人死亡，100万人无家可归，这让全世界都无比震惊。看到一片片废墟和一个个绝望的面孔，碧昂斯也很震惊。就像面对卡特里娜飓风一样，碧昂斯又是第一拨支持救援的名人，她捐了一大笔钱。她穿着个人慈善机构的T恤衫，为海地筹集了100多万美元。在伦敦的电视募捐中，她与克里斯·马丁一起演唱了感人的《光环》。她再一次改动了歌词，告诉海地人“我们可以看见光环”。杰斯也深受震动，他与蕾哈娜及U2乐队写了一首赈灾歌曲《搁浅》（*Stranded*），并迅速发行，他们也在电视募捐中演唱了这首歌曲。所有人都能看到，碧昂斯和杰斯对慈善事业高度支持。但是，2012年激进主义歌手亨瑞·贝拉方特攻击这对夫妇缺乏社会责任感，这让碧昂斯无比惊愕。亨瑞说：“我觉得，邀请如此高调的艺术家、名人赈灾都是滥用地震一事作秀。其中一些明星，如杰斯和碧昂斯他们并没有什么社会责任感。”碧昂斯一直致力于推广人道主义救助，却从未想以此吸引别人的注意。然而，这次事件激怒了她。她的团队在《华尔街日报》（*Wall Street Journal*）回应说：“碧昂斯做了很多无私的事情，而且会继续做下去。”

碧昂斯在2007年就创建了一个帮助灾后重建的慈善机构。后来几年，碧昂斯通过分期付款给这一组织陆续捐款700万美元。以此看来，亨瑞·贝拉方特的评论确实有失公允。在诺里斯家族创办的另一个慈善机构里，他们为当地居民提供岗前培训、食物和疾病疫苗，目的是让这些居民身体健康、自给自足。她之前的牧师鲁迪在某广播电台的新闻节目中说："碧昂斯是个令人难以置信的人……她超级善良，面对需要帮助的人，她都会积极伸出援助之手。"

碧昂斯没有理会那些批评她缺少社会责任感的言论，而是把注意力转向发行最新香水"热力"上。但是，能一心多用的人毕竟是少数，同时兼顾许多工作被证明是困难的。香水在纽约发行时，她对杂志《你》（*You*）说："我喜欢很多不同的东西。我要有自己的原则，这样才能支开某些事，把注意力一次集中在一件事情上，然后付出100%的努力。或许，我生命中最大的挑战就是时间——我要确保自己有时间成为一名妻子、一名歌手、一名词作者，还要成为一名演员，同时还要有时间参与我的服装事业和香水研究。"她还说，为了使自己保持理智，她再忙再累也要每天腾出半小时的安静时间。那段时间里，她只是躺在床上思考自己的目标。当然，有时她不能持续思考半个小时，但能享受这一安静时间就很知足了。

接下来，碧昂斯与嘎嘎小姐（Lady Gaga）一起合作了单曲《电话》（*Telephone*）。这首歌曲以碧昂斯的早期歌曲《可视电话》（*Video Phone*）为基础。嘎嘎一直自称为"吉昂斯"，合作这首单曲也是想把它收录在自己的《超级怪物》（*Fame Monster*）专辑中。她相信自己和碧昂斯有相同的价值观和信仰，因此希望碧昂斯能与她合作。

同步发行的还有9分钟的MTV，视频拍摄花费了至少50万美元。在奢华的宣传片里，我们可以看见嘎嘎从监狱里释放出来，与门口的碧昂斯会合。碧昂斯把嘎嘎带到沙漠里，在一家餐馆里参与了血腥谋杀。这部作品获得了很多音乐电视奖项提名，但是《新音乐快递》却说，这个MTV是将近10分钟的大拼盘，有着

《末路狂花》（*Thelma & Louise*）的故事主线、奇异的服装和嘎嘎风格的舞蹈动作。

这首单曲在英国登上单曲排行榜榜首，在美国摘得第三名。很显然，她们喜欢在一起合作。嘎嘎在和碧昂斯讨论MTV奇特的构思时，碧昂斯问她："姑娘，你脑子里在想什么？"尽管她们是流行音乐界的两位高手，但是她们之间却没有竞争。嘎嘎告诉主持人瑞安·西克雷斯特："我们之间根本没有竞争。你也知道，我们是不同的人，我们很尊重彼此。她很善良，我们在一起相处很愉快……她喜欢我的作品，所以她信任我；她知道我爱她而且我们相互尊重，所以她信任我。因为她的勇气，我们的作品会成为杰作。"碧昂斯在泰雅·班克斯的访谈节目里对嘎嘎大加赞赏："我是她的大粉丝……她如此聪明，已经成为一个符号。我们证明了成功女性之间可以相互支持，可以愉快地相处。我很高兴能与嘎嘎合作，并传播女性友谊的正能量。"

月底，碧昂斯开始准备参加在洛杉矶举行的第52届格莱美奖颁奖典礼。碧昂斯获得了10项提名中的6个奖项，得奖之多无人能及。她打破了女性歌手在格莱美奖中的一次性得奖纪录，这一成就只有2012年的阿黛尔可以匹敌。碧昂斯获得的奖项有：年度最佳歌曲、最佳流行女歌手、最佳节奏蓝调女歌手、最佳节奏蓝调传统歌手、最佳节奏蓝调歌曲、最佳当代节奏蓝调专辑。

领了大奖之后，碧昂斯在《走进好莱坞》节目中说："我不知道该怎样形容自己的感受。这对我来说，意义重大。我环顾四周时，才知道这是多么了不起，是何等荣幸……你知道吗？我有16个格莱美奖了！"

这位一向保守的歌手在舞台上把自己的奖杯献给了杰斯，观众们十分惊讶。她说："对我来说，这个夜晚太奇妙了。我想谢谢我的家人，谢谢我的丈夫——我爱你。”后来，她承认，自己因为得奖而兴奋过度，所以有些语无伦次。她说：“他很吃惊，他的眼神在问：‘你在说什么？’我心想：‘我刚才说什么了？不，我没有那样说。’我太高兴了，我不知道该说什么，于是走下了舞台。但是，杰斯并没有因为我的失态而生气。杰斯说：‘你一下子拿了6个格莱美奖，真是个香饽饽。’”

平静之后，她对泰雅·班克斯说：“这是一个真实的时刻，我往观众群里看，我看到了我的外甥，看到了表姐安吉，还看到了他……感谢他们是我嘴边的第一句话。我走下舞台后放声痛哭，为了这些荣誉，我一直奋斗不止。那一夜，我的所有努力都得到了回报。”

对于杰斯而言，那也是一个收获的夜晚：他拿了3个格莱美奖，包括他和蕾哈娜合作的歌曲《主宰城市》（*Run This Town*）也拿到了奖项。他们领着碧昂斯的外甥朱莱兹上台领奖，这成为当晚格莱美盛典的亮点。朱莱兹遗传了妈妈索朗的漂亮基因，穿着无尾礼服帅气十足。他在舞台上大受欢迎。蕾哈娜把他抱起来，问他是否愿意发言，他平静地对着麦克风回答：“不，谢谢。”这让朱莱兹更受大家喜爱。

如果少了碧昂斯的现场表演，格莱美奖似乎就没有那么完美。她在《如果我是男生》中的精彩表演果然不负众望。在这首歌里，她掺杂了艾拉妮丝·莫莉塞特的歌曲《你应该知道》（*You Oughta Know*）。她在舞台上穿着镶钻的黑皮裙，脚蹬高跟靴。后来她又换上庄重的服装，与蕾哈娜和杰斯一起到好莱坞的热门餐厅参加庆功宴。两个女人不计前嫌，在狗仔队面前愉快相处。团队中的一位社交聚会常客说：“她们在90分钟内喝了12瓶顶级香槟。”

碧昂斯的巡演在继续，杰斯只好和她打电话共度情人节。4天后的最后一场演出为巡演画上了圆满句号。演出在特立尼达和多巴哥举行，当时正值潮湿的2月。碧昂斯汗流浃背，离开舞台后，她和充满活力的乐师、伴舞、歌手团队喝了一杯庆祝酒。她心里清楚，自己的一些待人处事方法已经发生了改变。过去一年里，她一直进行着真实自我和舞台自我两种角色的互换。现在巡演结束了，她渴望平静，她想做真实的自己，做那个没有挑衅性、不会吹牛的碧昂斯。她做出了一个重大决定：杀死莎夏。

在杂志《诱惑》（*Allure*）的一次采访中，这一决定得到了证实。碧昂斯解释说她不想再以莎夏的形象存在。她说："莎夏已经死了，我把她杀死了。我已经长大了，现在能够做到二合一了，所以不再需要她了。"莎夏的无限能量曾让她在舞台上活力四射，这一决定让媒体和忠实的粉丝们都觉得不可思议。但是她却坚决要展示自己的另一面。她一再重申："我更想向人们展示我的敏感、我的激情、我的同情心。这些特点是莎夏不具备的，也与莎夏完全不同。"

她也知道，近一年的巡演之后，她的能量储备已经所剩无几。她决定拿出2010年的大部分时间休息，她告诉粉丝："这是我休息的时间，我要自我充电。我需要品味生活，需要再次受到激励……我一直努力工作，但是我感觉自己在过去的一年比出道时的工作更加辛苦。我只是抓住了所有难得的机会。"

成为全球巨星并不是碧昂斯想要的全部，她发现自己已经有些看不清楚什么对自己而言才是最重要的。她在后来的纪录片里评论自己一年的休假时说："我的生活就是颁奖表演、巡演大巴车和酒店。得奖之后，人们就说对我如何钦佩。我甚至不想再听这样的话，只是说'谢谢，谢谢，谢谢'。我只是在思考下一次拍摄、下一个视频、下一首单曲、下一次巡演。"

蒂娜一直劝碧昂斯休息一段时间，最终，碧昂斯同意了。碧昂斯说：“我妈妈一直劝我，并且每天都催我，她一直唠叨：‘你真的需要过自己的生活，睁开你的眼睛看看。’我从来没有计划自己需要休息一年，我也从来没有计划自己该怎样休息。”以前，在仅有的几天假期里，她总是睡觉。她曾经在《时尚》杂志中说：“有时，我会一整天待在床上，边看电视边吃一切自己想吃的东西。我会吃燕麦片和奥利奥，每3分钟就会换一个台。”但是这次，她需要一次真正有效的休息，这绝不是以前的休假所能提供的。她打算远离舞台，她说：“我的目标是随便做点儿事情……我想去餐馆，或者去上一节课，看一些电影，看百老汇的演出。”她也有了一个新的爱好——画画。她和杰斯做艺术收藏家已经很久了，认为沃霍尔的作品很有收藏价值。碧昂斯也喜欢女性题材的油画。但是，碧昂斯不愿意谈及自己的画画爱好，她在美国广播公司新闻节目中说：“除了在家人面前，我从来没向别人展示过我的画。”即使到了今天，我们依然无缘得见碧昂斯的作品。

她也计划花时间陪伴自己的外甥朱莱兹。“他是一个了不起的小孩，令人惊讶！他如此聪明。我很宠他，所以我有很多事情要做。照顾他是一项24小时都要努力的工作。”在纪录片《4》里，她向人们展示了这些简单的事情，例如接朱莱兹放学，这也让她感受了家庭的完整。“这给了我时间思考，也给了我休息时间。”另外一个亮点就是她在红海进行潜水。从视频中可以看出，她自在地在水中游动。她回忆道：“珊瑚很壮观。世界上居然有这么美丽的东西，而且我离它这么近，它美得很不真实。”以这样的方式放松之后，她暗示自己想要生宝宝：“我能成为自己想要成为的那种母亲，我能为自己的家庭做出贡献。”碧昂斯在此期间从公众视野中消失，这引起人们更大的猜测，认为她和杰斯确实准备生宝宝了。谣言越传越火爆，蒂娜努力为谣言降温，她对记者开玩笑说："事实上，怀孕的不是碧昂斯，而是我。我今年56岁，我再次怀孕了。"之后她说，如果每篇有关碧昂斯怀孕的报道都是真的，那么她现在应该有五六个外孙了。

由于一直有轿车团队和司机的专门服务，碧昂斯之前并不需要自己开车。这次休息期间，杰斯教她开车，碧昂斯被拍到在晨课时开着杰斯的车在纽约转悠。记者们也拍到他们在极具异域风情的快艇上游玩，游玩地点在地中海沿岸的热门景区戛纳和波托菲诺。然而，并不是他们所有的远足活动都这样奢华无比。杰斯带着她参加怀特岛音乐节时，这对夫妻就曾入住廉价的普瑞米尔酒店。据报纸报道，他们住了29美元一晚的房间，并在当地的必胜客低调用餐。

一年的休息期内，碧昂斯做了很多艰难的决定，付出了很多努力，以使自己能在以后的岁月里继续闪耀。有些时候，碧昂斯和父亲的看法并不一致。马修与蒂娜的离婚事件尘埃落定之后，她更加忠诚于自己的母亲。几个月的苦恼之后，碧昂斯在2010年底做出独自发展的决定。也是在这个时候，她提出了和父亲断绝合作的要求。

这是一个非常举措，也是一个重大的决定。从年幼时，马修就一直监管碧昂斯的事业。他不仅是"天命真女"的大总管，也是她们的发动机。凯莉和米歇尔于2009年和2010年分别离开公司。现在，马修作为父亲和经纪人的双重身份也将不复存在。马修曾经承认，尽管他想努力做一名好父亲，但是工作压力又使他们的父女关系危机重重。

有人说，杰斯的存在使他们的父女关系更加紧张，马修则未予评论。美国国家公共电台问马修父亲和经纪人哪个更难当，他说：“两个都很难。有时，作为经纪人，我要做出对碧昂斯并不是最有利的决定。她还在‘天命真女’时，我做的决定都要以团队为重。我要做出最有利于团队的决定，有时那会影响碧昂斯。那些都是艰难的决定。有时，我需要摘掉经纪人的帽子而扮演一位父亲。有时，我又需要摘掉父亲的帽子而扮演一位经纪人。我不是十全十美的人，因而我会犯错误。”

碧昂斯决定掌控自己的事业，这受到了迈克尔·杰克逊的影响。她对路透社说：“除了我自己，好像没有人能告诉我该怎样表演。全面了解并把控自己！我想这是迈克尔、麦当娜与其他歌手截然不同的原因，也是他们能取得如此大的成就的原因。”

2010年，碧昂斯和马修悄悄解除合作，直到2011年3月，人们才知道真相。碧昂斯在给媒体的一份声明中说：“我只是在商业上和父亲停止了合作。他是我的父亲，我永远爱他。我感激他教我的一切东西……我看着他和妈妈一起经营自己的事业而长大。他们都是辛勤工作的人，我也会发扬这种优良传统。”

马修也发表了声明：“碧昂斯与音乐世界娱乐公司终止合作是我们共同的决定。我们在一起合作很愉快，我知道她会在音乐界和娱乐界继续开疆辟土。”

父女二人的声明不可避免地引来大量话题，“碧昂斯为什么炒老爸鱿鱼”的讨论一度占据了所有的八卦专栏。马修做出了很有哲理的回答：“事业是事业，家庭是家庭。毫无疑问，年近30岁的碧昂斯应该能控制自己的事业。终止和碧昂斯的合作之后，我能进一步发展自己的唱片公司，集中发展福音音乐和励志音乐，也能挖掘新的歌星。”

无论他是不是在打肿脸充胖子，这都让人们议论纷纷。但是马修坚持说，终止合作只是商业决定，与他和蒂娜离婚没有关系，也不会影响父女关系。然而2011年7月，事件有了一个大转折，当时有报道称碧昂斯解雇马修是因为父亲偷了女儿的钱。美国名人消息网说，碧昂斯请法律公司对她的资金和几乎所有的近期巡演进行审计之后，决定解雇马修并聘用莱恩公司的代表。马修迅速否认这一传闻，并指控莱恩公司欺骗自己的女儿。

他对美联社说："我们会清楚地记录每一笔账，绝不可能贪污碧昂斯的钱。说这话的人需要担负法律责任。"

有了窃金指控之后，马修在得克萨斯州法院对莱恩公司提起诉讼，称莱恩公司想接手女儿利润丰厚的巡演，因而捏造事实。尽管诉诸法律，马修仍然表明自己和女儿之间没有敌意。他说："我想澄清一点，我和碧昂斯之间的关系很亲密。有人造谣说我偷女儿的钱，这并不属实，我们也不是因为这个原因终止合作。为了碧昂斯的事业能更好发展，我们才终止了合作。为了事业，碧昂斯几乎在每个方面都有所改变。"当被问到是否相信女儿故意制订计划换掉他时，他说："早晚有一天，人们会看清真相。"

无论人们就这一事件进行了多少讨论，仍然乐此不疲。马修表示，在整个事件过程中，他们没有在父女层面上对话。他说："我们没有那种对话。"他对美联社强调说："所有事都通过律师沟通。我们能弄清楚真相的唯一方法是借助法律。我们双方都要做的是，弄清楚彼此之间是不是有误会。"

两年以后，碧昂斯才说出了终止合作的真正原因。在名为《人生如梦》（*Life Is but a Dream*）的家庭影院纪录片中，她第一次表现出伤心，并说："因为和父亲的关系，我感到很空虚。在这一点上，我很脆弱，我感觉自己的灵魂被玷污了。生活难以预测，但是我要勇往直前，并且不和父亲一起工作。我不在乎是否能卖出唱片。勇往直前比唱片更重要，比我的事业更重要。”

父女关系的变化让碧昂斯很伤心，但是她强调，她不能让马修同时扮演父亲和经纪人的角色。“我需要把工作和生活分开。以前我不知道工作什么时候结束，我会对每天生活、呼吸的世界感到困惑。我需要休息，我需要爸爸。”

自己掌管自己的命运后，面临着很多问题。碧昂斯承认，在商业运营和创造性的事业中取得平衡很难。与父亲终止合作后，她得学会掌管整个团队，其中包括与莱恩公司打交道，同时还要坚持自己在音乐中的思想。这确实是很大的挑战，并严重影响了她的睡眠。她说：“我连睡觉时都拿着自己的黑莓手机。我还经常在梦中回电子邮件。”

但总的来说，自己当老板的碧昂斯拥有了更多自由，她的帕克伍德娱乐公司也渐渐壮大。2008年，碧昂斯就建立了公司，直到碧昂斯扩展公司规模，公司生意才开始兴隆。在她的纽约办公室里，有一间会客室，屋内的整面墙上都是格莱美奖杯，所有看到的人都会情不自禁地尖叫。最令人印象深刻的是她所谓的“档案室”。恒温的房间里挂着她很多照片，还有很多采访资料、无数次演出的视频以及她用笔记本电脑完成的所有日记作品归档。她花了两年时间整理文件、查找数据、标记材料。她称这里是“疯狂的档案室”，这里也是她所有成就的最有力证明。

在帕克伍德公司里，安吉是主要负责人。从90年代起，安吉就开始和碧昂斯一起工作了。那个时候，安吉负责“天命真女”从洗衣服到预订酒店和机票、安排演唱会等一切事宜。她对《外出》杂志说：“演出结束后，我得立即和所有演唱会推手来到出纳室，然后点钱。我就像是头母狮子，十分彪悍。”

在后来几年里，安吉成为帕克伍德公司的副总裁，和碧昂斯一起创作了很多歌曲，是碧昂斯团队里举足轻重的人物。除安吉之外，担任视觉总监的艾德·伯克也是顶梁柱。2004年，伯克第一次与碧昂斯见面。在那之前，他从没听说过碧昂斯。他同意为碧昂斯拍摄之后，便一直随碧昂斯去到世界各地并给她拍照。他在《外出》杂志里回忆了自己和碧昂斯一起爬金字塔的经历：“那里没有卫生间，我甚至能闻到尿味。她穿着白色裙子，戴着头巾，看上去就像特蕾莎修女。我们登顶后，她开始唱唐尼·海瑟威的《献给你的歌》（*A Song For You*）。”

伊薇特·诺埃尔-舒尔是碧昂斯的公关，在帕克伍德公司扮演着母亲式的角色。“9·11”事件时，伊薇特正和碧昂斯在一起。碧昂斯对她说：“我妈妈不在这里，所以，今天你就当我妈妈吧。”

泰·亨特是碧昂斯的造型师。17年前，他和蒂娜一起为“天命真女”寻找服装原材料，并在那时加入这个团队。以前，泰只是一位卑微的橱窗设计师。与碧昂斯合作之后，他参与设计了碧昂斯穿的每一件衣服。他在《青少年时尚》（*Teen Vogue*）中说：“碧昂斯自己全权掌管自己的事务，她有主见，不需要别人告诉她穿什么衣服。从音响到灯光到服装再到舞台，她负责每件事。我想这是她取得成就的原因。她不会做自己不喜欢的事情，不会受人摆布。”

作为造型师，泰需要时刻提防走光事件的发生，因此一看到碧昂斯在舞台上跳舞时他就会习惯性地紧张。“在巡演中，我们设计了时尚拉链，后来又进行了改版……有时，靴子上的拉链不好使，我们要迅速拿出鞋子给碧昂斯换上。由于拉链原因，我曾经飞速跑到舞台上好几次。如果你看演唱会视频，你会在舞台上看到我。即使出现意外，碧昂斯也要继续表演，我在后台则生不如死。”

碧昂斯身价过亿，但她却很少逛街。碧昂斯承认，自己也很讨厌网购。她消费时，一般是在商业街上她喜欢的“顶级小铺”（Topshop）时装店里。她说：“纽约有一家连锁店，我真希望除了我以外任何人都别进去。”有一次在逛伦敦的旗舰店时，她在几分钟之内花掉了几千英镑。《太阳报》报道：“这就像电影《美丽俏佳人》（*Pretty Woman*）里的购物场景。每个人都因她的消费速度目瞪口呆。她去鞋区购物时，消费速度更快。这个女人显然更喜欢鞋子。”

幸运的是，碧昂斯拥有很灵敏的时尚触觉，也愿意尝试大胆造型，这为泰的工作提供了很大帮助。现在，所有的服装设计师都梦想着能为碧昂斯这样的人设计服装。没出名之前，或许会有人拒绝借给碧昂斯服装，但现在却不一样。2011年，碧昂斯在纽约时装周给自己的头号粉丝汤姆·福德当模特。汤姆对《时尚芭莎》说：“碧昂斯身上有一种力量，她一直释放着正能量。她是真正的明星。这种正能量，你在她周围就能感受到，看她表演、听她唱歌时你能感受到，她看着你的眼睛微笑时你也能感受到。”

时尚界传奇多纳泰拉·范思哲一直对碧昂斯评价很高。2004年，范思哲就说：“碧昂斯的造型很完美，她是时尚偶像。”

说到造型灵感时，碧昂斯很羡慕凯特·莫斯，并说：“她一直引领时尚又标新立异。即使是10年或15年后再看她当年的造型，也不会觉得过时。”维多利亚·贝克汉姆和吉赛尔·邦辰也是她的最爱。她对《时尚芭莎》说：“她们的造型很现代也很经典。”

据报道，碧昂斯的衣服不计其数。2009年，碧昂斯在去曼彻斯特旅行时订了两个酒店房间，其中一间专门放行李。小时候，蒂娜要经常提醒碧昂斯注意自己的穿衣打扮，现在显然与以前不同了。她在《时尚》杂志中说："有段时间，我就是一个假小子，从不穿裙子。青春期时，我讨厌钱包。我妈妈总是说：'你是一个少女，你应该有个钱包。'我拒绝带钱包，妈妈就开始求我。现在，每个月我都会送出去15个亲手设计的包。"

除了时尚的连衣裙和闪亮的包，碧昂斯对某些服装也有特殊喜好。她对杂志《标榜》（*Flaunt*）说，自己离不开白色T恤衫。不工作时，碧昂斯喜欢穿紧身牛仔裤。她对《每日镜报》说："我在家时，通常每天都穿一样的衣服。我有一条修身牛仔裤，一双红底鞋，还有一件白衬衫和一件小夹克。"

即使穿简单的衣服，碧昂斯的衣着依然让人觉得舒服。她在《都市》杂志中说："我要强调腰部线条。超低领很适合我。我的胳膊很壮，一定程度的裁剪会有修饰作用。我的腿其实并不直，修身牛仔裤会让我看上去更高。我的上衣要么是短的，可以露出肚脐，要么是长的。我讨厌介于两者之间长度的衣服。"在过去10年的时尚调查里，碧昂斯一直处于领先地位。从这可以判断，碧昂斯和她的造型团队已经成功打造了其突出曲线美的穿衣风格。

第15章

挚爱的《4》

碧昂斯原本下定决心，一年休假期内不再踏入音乐棚，然而计划却不如变化快。碧昂斯对音乐热爱成瘾，因而仅仅休息了3个月之后就回到了纽约的录音棚。但在这期间，她放慢了工作速度，13个月后才发行了新专辑。

碧昂斯说："父亲不再担任我的经纪人后，我要自己预订录音棚，自己付费，但是却有很多乐趣。我只是在做我想做的事情。"因此，她想在自己的第四张个人专辑中奉献个人独特的有内涵的声音，同时配上有当代蓝调感觉的摇滚和现场乐器表演。她对路透社说："这张专辑是爱的作品。我感觉现场乐器表演和灵歌已经快要在音乐界消失了。我想把我从小就听的音乐带回来。"

马修没有参与，碧昂斯解放了。她在同时拍摄的纪录片《4》中说："我觉得自己应对这一切很有挑战。爸爸管了我很长时间，对我而言，爸爸不再管我真的是很大的改变。我心里很恐惧，但是这却给了我力量，我不会因为恐惧而止步。"很显然，新的竞争即将来临，但是她还未准备好。"自我管理很困难。每天晚上，我睡觉的时候都会问自己成百上千个问题，但是我也学到了很多。我不断犯错误，又不断从错误中吸取教训。"

有记者问她为什么要自己奋斗，她深思后说："有时，我们并没有很远大的目标。别人告诉我们应该知足，我只是不想满足于现状。"她表明自己不会再受任何男人控制，她也传达出女权主义的信息。她骄傲地说："我能自己完成唱片，我能自己创建娱乐公司，这些足以证明我们不必依赖男人活着。”

靠自己的决心为其以后的生活提供了动力，她在2013年说：“我决定自己给自己当老板，也决定不与任何公司签经纪约，这一点很重要。我想成为麦当娜那样有能力的人。如果达到这种水平，就没有必要与别人分享金钱或成功……我做到了。我拥有了自己的公司。”

很早之前，粉丝们就建议碧昂斯出一张名为《4》的专辑，她也接受了这一建议。她对《公告牌》杂志说：“演唱会上，无论我往哪里看，我都能看到他们在喊‘4’。我心里有其他的名字和想法，但是我发现粉丝们喜欢这个数字，所以我决定让他们来给唱片命名。”“4”代表了她、杰斯和蒂娜的生日，同时也代表了她的结婚纪念日，因此她欣然接受这一建议。

和制作之前的唱片一样，碧昂斯录制唱片《4》时也倾注了很多努力。完成唱片《4》的过程中，她去了全球10家录音棚，受到近20个音乐制作人的帮助，其中包括造梦者、坎耶·维斯特、安德烈等。事实上，除了她自己以外，参与最多的是录音师乔丹·扬。说起乔丹，很多人或许觉得陌生，但说起他的别名DJ斯威沃，几乎是人人皆知。乔丹说：“她有一些主意，但却不知道哪个好。当然，我对这些想法都很感兴趣。”他对杂志《声音》（*Sound on Sound*）说：“录制音乐时，可以使用号、打击乐器、鼓、吉他等乐器……这很自由，我可以做我想做的事情，她也可以做她想做的事情。以这样的方式开始真的很爽。这里没有规矩，我可以乐在其中。”

他补充说：“有了新主意，她通常会说：‘好的，那很棒，我们得加上现场敲鼓的部分，你觉得呢？’这就像是不断的试验，而她周围的团队则负责将她的主意付诸实践。”

他们录制了很多首歌曲，最终有12首被选入专辑。乔丹说，在录制唱片过程中，工作计划有时会很紧张。他说："我记得，我们有一次一连工作了36个小时，她总共完成了6首完整的歌曲。她还得挤出时间参加商业会议。"在纪录片里，碧昂斯半开玩笑地说："录唱片时没有休息的必要。我是一个工作狂，不相信'不'字，我也不相信'我需要睡觉'。如果我可以不睡觉，所有人都不要睡觉。"

在纽约时，他们在威尔特郡的彼德·盖布瑞尔多重器乐录音棚里录制歌曲，在其他时段，他们还去了拉斯维加斯、洛杉矶、亚特兰大和火奴鲁鲁。一切进展都很顺利，碧昂斯还去了悉尼。杰斯那时正与摇滚乐队U2在悉尼一起巡演，并与坎耶一起录制专辑《目视王座》（*Watch the Throne*）。在澳大利亚温和的12月里，碧昂斯夫妇在海滩悠闲散步，并在港口的餐馆里用餐，这些场景都被记者的摄像机记录了下来。杰斯在澳洲度过了自己的生日，但妻子迟来的礼物却非常值得等待。据报道，碧昂斯送给了丈夫价值200万美元的布加迪威龙超级跑车。这款车是世界上最快的车，时速达255英里（约410千米/时）。杰斯已经拥有了劳斯莱斯幻影、法拉利F430蜘蛛、迈巴赫62S和帕格尼风之子，碧昂斯的礼物又壮大了他的汽车阵容。西蒙·考威尔和汤姆·克鲁斯也拥有这款跑车。

尽管大多数人只能想象这辆车的豪华程度，但200万美元对于碧昂斯和杰斯来说并不是很大的数目。他们通常对自己的经济实力闭口不谈，却因成为年度最吸金的夫妇而登上新闻头条。据《世界吉尼斯纪录大全》的记载，这对夫妇在过去一年里赚了1.22亿美元，其中碧昂斯赚了8700万美元，杰斯赚了3500万美元。碧昂斯似乎正在向世界证明，杰斯能做好的事情，她可以做得更好。碧昂斯的事业稳定，而且她依然年轻，依然有无限可能，所以她未来的财富将会不断增加。我们也一直见证着，碧昂斯怎样从女孩发展成女强人，怎样将自己的力量发挥到极致。

碧昂斯和杰斯登上“世界上最富有的明星夫妇”这一宝座之后，有关他们奢侈生活和消费的报道源源不断。从各方报道中可知，有一年的情人节当天，杰斯的礼物从红玫瑰升级到价值2.4万美元的铂金手机；2010年圣诞节，杰斯购买了价值35万美元的爱马仕铂金包，并放在圣诞树下；同年碧昂斯29岁生日时，传言杰斯花200万美元在佛罗里达群岛购买了私人岛屿——霍普金斯岛。这个小岛坐落在小棕榈村附近，除了典雅的主屋和游泳池外，还有漂亮的客房。

与众多吹嘘自己经济实力的公众人物不同，碧昂斯和杰斯从不炫富。2010年，《乌木》杂志的一名记者曾被他们邀请到家中采访。该记者说：“他们十分低调。他们两人都很有权势，但是他们的关系很自由。他们悠闲地穿着睡衣，依偎在一起看有线电视，看上去非常梦幻。他们看的是《泽西海岸》（*Jersey Shore*），碧昂斯评价这个节目很滑稽。”

当记者问他们的浪漫之夜怎么度过时，碧昂斯说她喜欢在浪漫之夜点一些蜡烛，吃一顿大餐，然后看一部老电影。相比以前，碧昂斯现在更愿意在厨房里冒险。她对《都市》杂志说：“我并不经常做饭，但是我擅长做意大利面和三明治。虽然很容易做，但是我能做得很好吃。”

说到巨额财富、严密安保和生活环境时，碧昂斯说自己不会因为名声而放弃自由。她对全球音乐电视台说：“我不会因为有人拍照而不敢带外甥去公园玩或者去杂货店，也不会因此不敢在教堂里哭。人们都有自己的工作，狗仔队也在做他们的工作。我尊重他们，我不能制止他们的行为。在这种情况下生活，我要学会应对，我要努力过自己的生活……有时我会面对很大压力，但是谁没有压力呢？我们总是觉得邻家芳草绿，却没发现自家花草香。这是我必须承受的，所以我没有怨言。”

碧昂斯也常与自己的“名人标签”斗争。她告诉《大观》杂志：“我想我已经过了想要成名的阶段。我不希望自己像很多名人那样觉得空虚……不想像他们那样在微笑的面孔之下有着不开心的内心。”长久以来，她也一直强烈反对“女主角”的定位，她说：“我也做平常的事情，比如去公园散步……我不想只活在自己的‘女主角’世界里，我想活在现实里，我想过平常生活。”

她在追求自由时有着很强的自制力，那些喜欢搬弄是非的人无法从她的夜生活和聚会中做文章。有一些明星，如布兰妮·斯皮尔斯和林赛·罗韩等，她们生活中的每个方面都被媒体曝光放大，她们也因此更容易偏离正轨。不被关注正合碧昂斯心意，后来，她还拒绝参加金·卡戴珊和坎耶·维斯特的名人世纪婚礼。如果在照片或电视片段里有不当行为，碧昂斯会十分小心地处理。她向美国有线电视新闻网举例说明了自己如何躲避一些被人布下的陷阱：“媒体跟踪我不会像跟踪其他明星一样紧。他们去每个地方都会被狗仔队跟上……我还有一些隐私，我想可能是因为我不经常参加聚会。”虽然很少参加聚会等活动，但这并不意味着碧昂斯不知道该怎样享受生活。她说：“我觉得我的生活并不无聊，我会做我喜欢的事情。除了写歌以外，我也得到了很多满足，这种满足可能来自画画，也可能来自去小岛旅游。相比参加各种各样的聚会，很多事情都很有趣。”

她补充说：“我有时也参加聚会。在假期时，我会喝红酒，我和朋友们一起跳舞。那就是聚会时间。我有时间也有地方举办聚会。但是工作的时候，我会全心全意。”

2011年2月，碧昂斯的好友格温妮丝正与西罗·格林准备在格莱美奖颁奖典礼中的合唱。格温妮丝刚刚客串了《欢乐合唱团》（*Glee*），还要准备个人唱片的录制。碧昂斯的鼓励帮助她消除了彩排中的紧张情绪。格温妮丝几乎哽咽地对《世界时装之苑》说："这件事常常让我感动得落泪。早上10点，碧昂斯驱车来到斯台普斯中心看我的表演。碧昂斯来了之后说：'歌唱得不错，但是你的状态不够积极。想想你在杰斯的演唱会上跳的疯狂的印度舞吧。就那样做！按照你自己的方式去做！'"

2011年4月，碧昂斯和她的团队一致决定，把《撼动世界》（*Run The World*）作为专辑《4》的第一首单曲推出。这首歌里有重击的节奏和激人奋进的合唱——"谁掌控这个世界？女孩们！谁撼动这个世界？女孩们！"在这个男性统治的世界里，歌曲激进的女权主义给了女性朋友很多力量。碧昂斯在自己的网站上写道："我想写出让我们感觉很好又能让我们彼此之间心灵更近的歌，深思熟虑之后，我说出了很多女性朋友想说但又不敢说的话。"这首歌也赞美那些正在努力工作、有家有事业的女性，歌词中写道："我们的聪明足以赚到上百万，我们强健到可以孕育孩子。"这首歌有大量行军鼓和非洲打击乐器伴奏，她对《公告牌》杂志说："这首歌是不同文化和领域的混合，这些东西在传统音乐里一般不会混合。现在我把它们合成新的音乐，这是我喜欢的尝试。"

在制作《撼动世界》的MTV时，歌曲中的非洲元素至关重要。碧昂斯急切地想要在舞蹈方面有所创新，并在网上寻求建议，最后她看到了三个莫桑比克男子的表演视频片段。他们把自己的表演称为"Tofo Tofo"，在马普托语里的意思是"摇晃身体"。这是一种独特的舞蹈，他们在这种舞蹈方面是内行。碧昂斯马上意识到这可能成为她新MTV中的亮点，于是开始学习。学习了一段时间之后，她和舞蹈演员跳得并不理想。她不断地观摩与练习，却始终得不到预期效果。碧昂斯很烦躁，她讨厌失败。于是就像她在纪录片《4》中说的那样，她决心找到视频中的男子，让他们坐飞机过来教她跳。

碧昂斯一直苦寻了3个月，最后在美国驻马普托大使馆的帮助下找到了那三个男子。她在澳大利亚访谈节目《周日之夜》中说："我们在莫桑比克寻找了3个月。虽然听起来很疯狂，但我们最后找到了他们。"这三个困惑的男子飞到了洛杉矶，在这之前他们从来没有听说过碧昂斯。

教会碧昂斯和舞蹈演员这些舞蹈动作后，他们也一起出现在了MTV里，这成为三个人的传奇经历。碧昂斯强调："他们不知道我们的作品是什么档次的，他们也不知道自己参与了什么活动。但是，没有什么能阻止他们跳舞。我喜欢被这种能量包围的感觉。"

碧昂斯称《撼动世界》的MTV拍摄是她职业生涯中最难忘的一段经历。他们在加利福尼亚州的莫哈韦沙漠拍摄，她的角色是末日勇士。她头戴镶珠嵌宝的金色华冠，身穿紧身黑色上衣和热裤，脚穿包裹到大腿的靴子。纪梵希、让·保罗·高提耶和亚历山大·麦昆为她提供了服装赞助，造型师泰又从众多的服装中挑选出来一些。但有一件绿宝石色的璞琪长裙是借来的，穿这件衣服要严格遵守使用说明。碧昂斯匆匆忙忙地穿上这件衣服，把手从袖子里伸出来时不小心撑破了袖子，灾难就此发生。泰看到这个大口子之后瞠目结舌，然后开始尽可能地挽救。他拿出剪子，勇敢地剪掉了整只袖子。碧昂斯当时想："好吧，裙身和袖子已经分家了，我还得归还这条裙子。"

MTV拍摄完之后，来自莫桑比克的三位男子离开时，碧昂斯落泪了。她在纪录片《4》中说："我不能确定他们离开的时候能感受到多少爱和激情。但这让我想起了15年前我第一次拍MTV时的情景，那时候的我不想回家……我记得那一刻，我恋恋不舍地看了片场最后一眼，因为我真的不想走。"

《撼动世界》的第一次现场表演是在奥普拉·温弗瑞的脱口秀节目播出25周年纪念庆典上，这也是《奥普拉秀》的最后一季。告别特辑拍摄于芝加哥，碧昂斯穿着无尾礼服造型的紧身连衣裙和红色高跟鞋。40名男舞蹈演员与碧昂斯一起表演。当时的庆典中来了很多名人，如麦当娜、汤姆·汉克斯和汤姆·克鲁斯等，碧昂斯为朋友们献歌，并说："奥普拉·温弗瑞，因为有你，各地的女性朋友们更多地了解了自己。我们更清楚地知道我们是什么，我们是谁，最重要的是，我们能成为谁。奥普拉，我们能撼动世界！"在碧昂斯的表演过程中，奥普拉一直睁大双眼并不断赞叹。奥普拉与观众告别，并在歌曲结束时大喊："女孩！女孩！女孩！"

尽管《撼动世界》表面上看是对众多女性的号召，但它却成为碧昂斯在同性恋圈子里最为流行的歌曲。碧昂斯一直支持同性恋婚姻，并一直珍惜与同性恋粉丝之间的亲密关系。她说："我和他们之间一直有联系。我的大多数观众都是女性，我有很多同性恋粉丝，也有很多年轻的男孩听着我的音乐长大。我记得朋友们告诉我，《撼动世界》第一次在俱乐部里播放时，他们很兴奋。我觉得这很完美。我的歌曲能被如此积极地接受，我也很高兴。"

在接下来的一个月里，专辑《4》还未正式发行，网络上便泄露了相关声源，这让碧昂斯团队很恼火并发出法律声明。她在网上发文并沉着地应对："我的音乐遭到泄露，这不是我想要的发行方式。我感激粉丝们积极的回应。录制唱片时，我脑海中一直是粉丝们唱每一个音符并随着每个节拍跳舞的情景。我做音乐是为了让人们高兴。每个人都那么渴望早一点听到我的新歌，我很感激。"

歌曲通过官方渠道发行后，弱拍节奏和轻柔民谣的混合让其在英国和美国双双夺冠。她也成为连续4张个人专辑都登顶公告牌200强榜单的女歌手。在音乐界，只有布兰妮·斯皮尔斯曾经取得过这样的成就。尽管《4》的销量不及以前的唱片，但它在全球仍然卖出了300万张。碧昂斯将销量下降的原因归结到歌曲的提前泄露上，一直默默关注的马修却说，她的管理组织过于松散。据说，马修和碧昂斯已经很少说话，但他却猛烈攻击杰斯的唱片公司洛克国度。2008年，杰斯与莱恩公司共同建立了这个唱片公司。马修说："碧昂斯的团队、洛克国度公司的团队和莱恩公司的团队混在了一起，谁能从中获得最大利益？我要质疑这些人的诚信度。"

即使有些小风波，这张专辑的发行仍然很成功：专辑《4》是2011年音乐界的一个巨大成就。它在本年度的周销量排行榜占据第三名，仅次于嘎嘎小姐的《天生完美》（*Born This Way*, 110万张）和阿黛尔的《21》（35.1万张）。

尽管销量方面出现了错综复杂的情况，碧昂斯对其最新作品仍然深感骄傲，并在网络上分享了自己的想法："这张专辑是真正意义上的变革。我变得更勇敢，所以这张专辑比我以前的作品都更大胆。我变得更加成熟，生活经历也更加丰富，所以我有更多想说的话。"

这张专辑的封面拍摄于巴黎莫里斯酒店的房顶，碧昂斯和杰斯几年前在这里订婚。她上了烟熏妆，手举过头顶，赤裸着胸膛披着裘皮披肩，这张照片显示出她一贯的稳重。在另一张照片中，她的身体伸展成星状，并紧握两根绳子，脚蹬在马镫上。她对《走进好莱坞》说："这太难了。我开始很生气，不想摆这么疯狂的姿势。他们一直让我劈叉，我想拒绝，并让他们快点拍。我的脚后跟被绳子固定住了，感觉很不舒服。但是，这张照片最后拍出来很有趣。"

然而巴黎之行绝不仅仅是一次简单的照片拍摄之旅。杰斯后来透露，当时发生的一些事情，彻底改变了他们的生活。

和平时一样，碧昂斯发行了新专辑后开始了忙碌的宣传过程。6月份，她实现了长久以来的愿望——在格拉斯顿伯里音乐节上表演。这意味着她成为20多年来在这里的金字塔舞台上单独表演的第一个女艺人。说起对雨水湿透的场地有何印象时，她说："嗯，看着每个人都踩着泥巴很有趣。看那场景，你会觉得他们很团结。"

她以必唱歌曲《意乱情迷》开始了长达90分钟的表演。在唱她和"天命真女"的最热门歌曲之前，她站到液压升降舞台上，四周的烟火随之绽放。她翻唱了莱昂国王乐队的歌曲《烈火激情》（*Sex On Fire*），也唱了埃塔·詹姆斯的《终于》。在唱《光环》时，她把歌词改成了"格拉斯顿伯里，我能感受到你的光环"。

她穿着热裤和金色的夹克，卷曲的头发在风中飘扬。她的表演堪称完美，沃西农场上一直回荡着震耳欲聋的尖叫声。她朝着人群喊："你们正在见证一个梦想！我想成为一名摇滚明星。"

媒体中不乏对其完美表演的褒扬。《卫报》评论："灿烂的烟花、熟练的舞蹈动作以及所有的曲目，碧昂斯都没有出错。"《标准晚报》则说："这是娱乐吗？我几乎激动得喘不上气来。"

杰斯自然而然地在舞台下面骄傲地观看。格温妮丝和杰斯站在一起，她跟着哼唱每一句歌词。克里斯·马丁则在舞台一侧观看，一直帮着碧昂斯做准备。说起酷玩乐队的这位成员时，碧昂斯说："他是这方面的行家。"碧昂斯和杰斯在前一晚观看了酷玩乐队的表演。当时碧昂斯穿着卫衣和牛仔裤，与格温妮丝一直在现场跳舞。

碧昂斯也透露，她曾经咨询U2乐队的波诺有关演出曲目的事情，她说：

“我是U2乐队的大粉丝……我对他说：‘好吧，你们对这个音乐节驾轻就熟。我需要在表演之前得到你们的建议。’”

走下舞台之后，碧昂斯筋疲力尽但是却很兴奋，她用行动证明了这次音乐会对她的重大意义。她说：“这是我事业的高峰。几年前，我看着自己的丈夫在这里表演。现在，我在这个令人激动的夜晚在这里表演。我跳上跳下，我很高兴能书写历史。我记得自己曾说过希望参加一次类似的音乐节，我的愿望成真了。我真的从来都没有想过，我会在这次格拉斯顿伯里音乐节中领衔主唱……我很高兴，因为我不怎么参加音乐节，17.5万人在台下观看，我真的很紧张。每个人都给了我很多爱，我一辈子也不会忘了这个夜晚。”

第二天，碧昂斯现身皮尔斯·摩根的访谈节目，看上去她还陶醉在昨天的喜悦之中。她说：“我感觉自己正在漫步云端。我还是很震惊，我不敢相信昨天发生了什么。”皮尔斯问她在台上面对如此多的观众有何感受时，碧昂斯说：“我只是告诉自己，我值得！我是一个好歌手。我一直努力工作。我很兴奋，上台后几分钟才听到人群的声音。然后，我开始了摇滚时间。”

她也对皮尔斯说起她具有里程碑意义的30岁生日。她说：“30岁生日即将来临，我等不及了。29岁是一个很奇怪的年龄，虽然仍是二十几岁，但是我却感觉自己已经进入30岁……我感觉30岁是最佳年龄，因为变得成熟、能清楚地知道自己是谁，那时会有自己的界限与原则。30岁时，我们不再害怕，我们也不必再小心翼翼，我们依然是年轻的女子。”

皮尔斯接着问：“我们能让小碧昂斯和小杰斯快点来吗？”

她深呼吸了一下，很有哲学意味地回答：“只有上天才知道。”

人们都在探究内幕时，更多故事正在发生……

第16章

怀　孕

事实证明，碧昂斯在格拉斯顿伯里音乐节的表现很精彩，她那激情四射的舞步很好地掩盖了她刚刚怀孕的事实。更让人吃惊的是，在之前一个月拉斯维加斯的公告牌音乐奖颁奖典礼上，她还不知道自己已经怀孕了。在颁奖典礼上，她穿着银色的裙子，裙子的很多地方都是镂空的。在盛典上，她赢得了“年度歌手”的称号。对于碧昂斯而言，这是巨大的成就。而这也是碧昂斯怀孕的开始，她更应该以这个理由记住这个夜晚。碧昂斯后来说：“从公告牌音乐奖到格拉斯顿伯里音乐节，我参加每个活动的时候都是有孕在身。想想这真是太不可思议了。”

有报道称，她在开始格拉斯顿伯里音乐节表演之前不久证实了这一喜讯，但是她却没有向粉丝及工作人员透露。知情人士在《太阳报》中称：“一开始，碧昂斯在演出需求清单上列出了肯德基、垃圾食品、可乐……突然，她全换成了健康的食物——果汁、蔬菜、水，而且没有酒类。为了及时供应更换的食物，人们着实手忙脚乱了一阵。”

一些眼尖的粉丝发现，碧昂斯在舞台上时，刻意掩饰并保护自己的肚子。在观看碧昂斯表演时，他们猜测她已经怀孕。尽管如此，这一消息仍然只是个秘密。直到她怀孕3个月后，这一秘密才得以公开。格温妮丝·帕特洛后来透露，在格拉斯顿伯里音乐节期间，碧昂斯的晨吐非常严重。讨论起碧昂斯在音乐节上的表现时，格温妮丝对《时尚芭莎》说：“她太让人难以置信了，尤其是她在音乐节期间还呕吐过。”

在那期间，碧昂斯和杰斯住在离音乐节现场不远的巴宾顿旅馆，而不是住在贵宾区的帐篷里。碧昂斯和杰斯乘直升机参加此次音乐节，又乘直升机离开，回到他们的围墙花园套房，套房附带室外热水浴缸。

格拉斯顿伯里音乐节之后，准妈妈碧昂斯来到伦敦参加独立电视台的节目，主题是“与碧昂斯共度一夜”。在录制期间，碧昂斯有一段时间突然发不了声，节目也因此陷入混乱。她没有泄露自己怀孕的大秘密，而是将之归因于近几周持续工作的劳累。她缩短了节目时间，并让观众一起合唱最后一首歌《倒计时》（*Countdown*），以此掩盖自己的失声。尽管节目提前结束，碧昂斯还是做到了让粉丝们都满意。为了参加节目，一些粉丝一直在录音棚外露营。节目开始前，碧昂斯为了感谢大家，还分给等在录音棚外的粉丝们比萨。

回到美国后，她继续宣传专辑《4》。她在8月份完成了一次小型巡演，门票在22秒钟内便售罄。碧昂斯的演出在纽约珀丽舞厅举行，她在这里演出了4个晚上，并将专辑中的全部内容演绎了一遍。现场演出十分低调，每晚只有3000名粉丝，这似乎表明，碧昂斯的确怀孕了。但是，确实的消息仍然没有公之于众。她对观众们说：“这次演出与之前有点儿不同，会更加亲密。”后来，她承认粉丝们会猜到：“我相信每个人都知道，每个人也都能看出来，如果你怀孕了，你的呼吸会有点困难，所以一边唱歌一边跳舞有点困难。”

这4次演出与之前的世界巡演完全不同。后来，有人问碧昂斯：“在宣传《4》的表演中没有以前那种华丽的安排，你会不会因此失望？”碧昂斯只是说自己有机会表演就很高兴。

每一场演出都以专辑中最深沉的民谣歌曲《我在这里》结束。这首歌曲是为了缅怀“9·11”恐怖袭击事件的遇难者。当唱到“我在这里，我还活着，我在学会接受”时，她满脸泪水。

很明显，她努力掩盖自己怀孕的消息。在接下来几个月里，她继续卖力工作，并继续掩饰自己的孕相。哥伦比亚唱片公司已经给她安排了一年的忙碌行程。6月，公司主席罗博·思珍格对《公告牌》杂志说：“她的巡演计划很多，宣传计划也很详细。为了唱片，我们要录制大量歌曲，拍摄大量视频。”除了这些，碧昂斯还要和克林特·伊斯特伍德翻拍电影《星海浮沉录》。电影拍摄时间为2012年2月，这恰好与她的预产期相撞。小时候，她就非常喜欢这部电影，因此接到这个角色时，她非常高兴。

到了8月底，即使宽大的衣服也不能掩盖怀孕的迹象，碧昂斯知道，是时候给粉丝们一个交代了。按照碧昂斯和杰斯的办事风格，这一消息不会从匿名“朋友”那里泄露，也不会从公关伊薇特的口中说出。碧昂斯在当年的MTV音乐录影带大奖颁奖礼现场宣布了这一消息。她没有说太多，只靠一个简单的动作就传递了信息。

她在红毯上摆拍时，一直对着摄影师和观众真诚地微笑。她穿着由巴黎时尚屋朗万设计的橘红色长裙，正面拍完之后，她慢慢转身，从侧面显出身体轮廓。她把手轻轻放到肚子上，腹部的隆起清晰可见。她说：“我有一个惊喜。”

那天晚上，她上台表演《把爱放在第一位》（*Love On Top*）时，换上了闪亮的紫色夹克、白衬衫和高腰黑色牛仔裤。歌曲结束时，她扔掉话筒，解开夹克露出肚子，然后用手轻轻抚摸，并用手画了一个大圈。观众群中爆发出尖叫声和欢呼声。碧昂斯告诉他们："希望你们站起来。希望你们能感受一下我身体里逐渐长大的一份爱。"随后，摄像机对准了人群中的杰斯。杰斯也站了起来，咧着嘴大笑并使劲鼓掌。他的朋友坎耶跳上跳下并晃动着这位准爸爸的肩膀。

这一消息的宣布让整个娱乐圈沸腾了。在推特（Twitter）上，关于碧昂斯怀孕的消息每秒钟发布8868条，创造了推特发送量的新高。第二天，该网站自己发布了一条推特消息："美国东部时间，昨晚10时35分，碧昂斯在MTV音乐录影带大奖上的精彩时刻创造了推特发送量新纪录：每秒8868条。"碧昂斯对此很困惑，她说："这很疯狂，我从来不用推特。"

碧昂斯的公关的确近乎完美。这一时刻也表明，碧昂斯很好地掌控了自己的生活。事后，她在《时尚芭莎》的一次采访中说："我不想通过一张疯狂的图片或八卦故事散播消息，所以我什么也没说，只是让人们看我隆起的肚子。事实胜于雄辩，这样人们可以更清楚地感受到我的爱与喜悦。"

碧昂斯透露，她要从大约70件衣服里选择最合适的那一件，最终她选择了朗万设计的橘红色长裙。她说，这是最有挑战性的一次红毯经历。这位准妈妈证实，设计整个消息公布策略就像她编排每个舞蹈动作一样，她花了很多心思。

她对美国广播公司强调："在生理上，我的肚子越来越明显。所以，我要在一些人散布消息之前，选择一个合适的日子公布。我希望这一消息由我自己公布，我也希望这是对美好事物的一种期待。我想，最好的声明应该是……实事求是。"

颁奖礼之后，碧昂斯最大的感觉就是解放。她说："说实话，我觉得很自由。我已经把这个令人激动的消息隐藏了很久，说出这个消息真的让我感到自由。现在，我能和其他所有女人一样，经历并享受这个过程。我感觉自己又能自由地呼吸，又能开心地生活了。走下舞台时，我哭了。我拥抱了我的妈妈，拥抱了杰斯，然后一直哭。那是一个很美妙的夜晚。”

杰斯一直清楚事情发展的每一步，凯莉则庆幸她终于不用再保守这个秘密。她对《美国周刊》说：“我想，碧昂斯会是位非凡的妈妈，因为她一直有母亲情结。她从她妈妈那里遗传了很多优良基因，我觉得她会扮演好妈妈的角色。”

碧昂斯曾对自己想30岁怀孕的想法直言不讳，事情正如她计划的那样完美。9月4日，她和杰斯乘飞机来到威尼斯，共同度过意义特殊的生日。在意大利，他们度过了一个浪漫的假期，然后和一群朋友在奢华的游艇上聚会，其中包括格温妮丝·帕特洛。格温妮丝经常说碧昂斯与孩子之间有着天生的亲近感，她说：“碧昂斯总能和我的孩子们愉快相处，他们玩得很开心。孩子们能判断大人是不是在撒谎，他们知道碧昂斯是真心对他们好。”格温妮丝还透露，自己的孩子艾坡和莫斯现在叫碧昂斯和杰斯是“碧阿姨”和“杰叔叔”。

碧昂斯已经做好准备迎接宝宝的来临，因此在庆祝仪式上十分开心。他们的专用游艇名为奥德萨。在游艇上，碧昂斯放松地躺在洒满阳光的甲板上休息。朋友们则尽情享用热水浴缸、家庭影院、高级酒吧和豪华套房。旅行期间，有人看到碧昂斯和格温妮丝亲密地交流，看上去格温妮丝有很多建议要告诉这位第一次怀孕的妈妈。除了冥想，据说格温妮丝还建议碧昂斯用椰子油擦拭腹部，并用水晶使自己平静，这样才能更好地在怀孕期间保持健康。也有杂志称，格温妮丝送给碧昂斯很多药草和维生素。

尽管合理饮食利于生育，但碧昂斯却有强烈的不合规矩的饮食习惯，她不能拒绝最喜欢的奥利奥饼干和小零食，她说："一旦我开始吃这些东西，我就停不下来。我能一口气吃一大袋。怀孕之前，我就喜欢番茄酱。怀孕之后，我更加喜爱番茄酱。怀孕后，我吃的所有东西里都要放番茄酱，这种变化真让人难以置信。"

有报道说她怀孕后有更多奇怪的需求，她否认了这一报道，并对美国广播公司说："有一次我坐飞机，空姐过来说：'我给您拿了辣椒酱、泡菜和香蕉。'我说：'你在干什么？我看了这些就想吐。'她说：'我在网上看到您喜欢这些。'这真让人哭笑不得。我不喜欢有强烈气味的食物，这会让我觉得恶心。我会闻每样东西。如果不好闻，我就仅仅闻一下。如果好闻，我就会爱上这种味道。"

几周之后，碧昂斯渐渐习惯了孕妇生活，并以孕妇形象兴高采烈地进入公众视野。在纽约发行最新款香水——"碧昂斯脉冲"时，她穿着有小金属片的蓝色超短裙，并说："我很开心。自从宣布怀孕后，这是我感觉最好的时光。我很难掩饰自己的喜悦。"大多与她名气或财力相当的人会在接下来的6个月里安心静养，但工作狂碧昂斯却没有停止工作。她在香水发布会上对记者说："如果你痴迷于某件事情，你没必要考虑身体能量的问题。肾上腺素自然而然会产生能量。我觉得这不是病，而是一种正常现象。我还是之前的碧昂斯，我还有同样的激情。"她也说："我一直在表演，一直在录音棚里唱歌、跳舞。我想，我的宝宝一定听到了很多不同的音乐。"在后来的电视纪录片中，她在床上对着镜头说起自己感觉到胎动的重大时刻："我感觉到了宝宝第一次踢我，宝宝总共踢了5次。"

很显然，即使孩子将要出生，她也不会放慢自己工作的脚步。当别人问她是否有计划带着孩子到处去玩时，她说："会的，我将来肯定会带着宝宝去不同的地方。生活有所变化这是当然的，但我不会因为宝宝的出生而停止工作。我肯定会做出牺牲，我也希望能带着宝宝到处走走。"

她坚决地表示："宝宝不会改变我，也不会把我逼疯。我会一直对自己保持清醒的认识。怀孕期间保持这种想法很重要。有时候，坚持这种想法会很困难，但是我会像妈妈那样，不让孩子紧张。这全都出于一片爱，而且我做好了准备。我准备好了迎接孩子的到来。"

9月份，碧昂斯和蒂娜一起飞到伦敦，在塞尔福里奇百货公司为德黑恩之屋的上线产品做宣传。碧昂斯和妈妈一起手牵手走在牛津街上。碧昂斯手里拿着一束金光菊，与满头金发相呼应，这让她看起来更加光鲜亮丽。她仍然穿着高跟鞋，同时穿着有金属小亮片的黑色女衫裤套装。她笑着说："我今天穿着的是一件自己收藏的衣服，这件衣服本不应该在这个场合穿，但是却很适合孕妇。"实际上，挑选孕妇装又成为她的新爱好。她说："怀孕以后，我很自豪也很兴奋，因为我发现购物有很多乐趣。"

有人问蒂娜当外祖母是什么感觉，她说："我很高兴，简直欣喜若狂。"她对杂志《生活时尚》（*Life & Style*）说："碧昂斯会成为一位了不起的妈妈，我和碧昂斯都很高兴。她现在容光焕发，很高兴也很期待宝宝的到来。"蒂娜也表明，碧昂斯在怀孕前3个月时，晨吐现象很严重。"她已经挺过来了。她变得非常想吃华夫饼干……怀孕期间，想吃某种东西很正常。"蒂娜说。

马上就要当阿姨了，索朗很兴奋，并说碧昂斯照顾朱莱兹的经历会让她受益无穷。“姐姐带着朱莱兹去迪士尼乐园、玩具店、嘉年华游乐场……她一直耐心地陪着我的儿子。我敢肯定，她会成为一位非凡的母亲。”索朗说，“我现在忙着帮姐姐的宝宝挑选衣服。我直接登录购物网站，复制粘贴网站链接，然后把这些给姐姐发过去。我们也经常一起逛街。她的肚子越来越大，衣服也要求越来越宽松。如果能把孕肚露出来，那是一件很有意思的事情。”

9月份，姐妹俩参加了纽约时装周。与平时不同的是，人们谈论的焦点不是各式各样的衣服，也不是走T台的骨感模特，而是坐在第一排的碧昂斯。碧昂斯身穿裹身裙，把隆起的肚子藏了起来。在王薇薇和罗达特的时装展示中，她差一点引发了踩踏事件。她说：“今天早晨醒来的时候，我在脑子里想：‘我真的要参加时装周吗？’其实我只是希望和妹妹在一起。”

现在，碧昂斯和蒂娜对母婴产品很感兴趣，她们又把这种兴趣与自己的时尚品位结合起来。母女二人开始筹划德黑恩之屋孕妇装系列。碧昂斯说：“我觉得孕妇的曲线很美。”碧昂斯属于辣妈类型，她不愿意穿显得臃肿的服装，而是选择柔软、平滑的材料进行贴身剪裁。即使是孕妇装，女性主义和时髦也是她的追求。她也试着穿不同材质的西装外套和颜色鲜明的运动上衣。她说：“我很兴奋。我喜欢设计出让孕妇穿了依然前卫性感的衣服。平滑的材料很讨人喜欢，但我还是会搭配高跟鞋。”

尽管现在是孕妇，她还是像以前那样忙碌。10月份，碧昂斯发行了新单曲《倒计时》的MTV，这首歌来自专辑《4》。她挺着孕肚出现在60年代主题的MTV场景中，导演阿德里亚·贝蒂说，孕肚不在MTV拍摄计划之内。“我们开始拍摄时，她没有声明。我想，她不会故意炫耀自己的孕相，她当初计划时应该没有料到会怀上宝宝。”在MTV的拍摄花絮里，碧昂斯说：“你好！

现在是9月23日……现在，我要拍摄《倒计时》的MTV。我已经怀孕6个月了，我穿女式紧身衣裤时，请大家假装我的肚子是平的。”

像对待其他的名人孕妇一样，“观看肚子的人”倾巢而动，他们分析着碧昂斯膨胀的腰围。不久之后，碧昂斯上了澳大利亚访谈节目《周日之夜》。录制节目期间，她对主持人说：“我很感激上天给了我人生中最重要的礼物。我感觉很自由，感觉自己充满力量。”在电视中，她坐下来与主持人交谈时，上腹部周围是扁平的，这让人很不解。节目播出后，网络上立即炸开了锅。一些人说她的肚子“缩回去了”，怀疑她是假怀孕。一些媒体也跟着捕风捉影，说她一直制造假怀孕的消息。越来越多的人猜测她根本没有怀孕，而是一直戴着假肚子。一些善良的人则说，碧昂斯坐下来的时候，塑身内衣松开了，因此出现了肚子扁平的效果。无论人们怎么说，碧昂斯都很受伤。这也引发了全球范围内的热议，相关视频像病毒一样在网上疯传。很多荒谬的观点也应运而生，其中包括：碧昂斯为了免受生育之苦，雇用了代孕妈妈。还有谣言说，这对夫妇打算领养孩子，碧昂斯只是假怀孕以掩盖事实。

碧昂斯在节目中看似平坦的腹部在报纸上、杂志上、电视上引发了无数议论。一个美国的脱口秀节目甚至开展了一项真人试验，让两名孕妇志愿者坐下来，以观察她们的肚子是否会像碧昂斯那样变小。试验没有得出结果，观众们还是像以前一样迷惑不解。

碧昂斯的公关伊薇特对事实的真相一清二楚，谣言产生时，她就发表了言辞激烈的声明，谴责“假孕肚”的言论愚蠢、荒谬且不真实。

一段时间之后，碧昂斯在《时尚》杂志的采访中说：“这些指控让我很震惊。我一直好奇，到底是谁编造了谣言？大家不能把谣言当事实。”过了很长时间，她仍对此事耿耿于怀："这是个愚蠢的谣言，是有关碧昂斯的最荒谬的谣言。不管他们怎么说我，谣言就是谣言……"

杰斯也承认，那段特殊时期让他也感到心烦意乱。他在《名利场》中说："那太蠢了，我对那些言论感到愤怒。将心比心，我们刚刚开始了美好的人生，为什么要来破坏它？我们也都是凡人，我们要过日子。你们为什么咬着这件事不放？为什么对荒谬的谣言添油加醋？"碧昂斯和杰斯对待媒体一直很谨慎，这次事件是对他们的一次考验。

关于这件事，碧昂斯想尽早释怀。从11月开始，她减慢了工作速度。但她拒绝隐居式的生活，并和杰斯一起露面，支持杰斯和坎耶的巡演。碧昂斯出现在每一场演出里，在劳德代尔堡演唱会上，她很不方便地上了几次厕所；在另一次演唱会上，她离开了贵宾区，被拍到在前排跳舞，并露出红裙子下的大肚子。

同一个月，杰斯被《绅士季刊》授予"年度之王"称号。他下定决心，做一名成功的父亲，要比自己的父亲做得好。他说："我是和父亲不一样的人，我有很强的原则性。"但是，《绅士季刊》问他是否会宠自己的孩子时，他坚持说这与金钱无关。"钱不等于爱，陪伴更重要。"他承诺，自己会100%投入地照顾宝宝，给宝宝换尿不湿。后来，又有人问他是否会用金子做尿不湿，他说不会，并开玩笑说会用皮革。

为了让读者相信他不会离开碧昂斯和孩子，杰斯也对《人物》杂志说："我觉得，任何一个人，任何一个男人，只要做了父亲，就不会再想着离开自己的妻儿。"

凯莉不小心透露，碧昂斯和杰斯的宝宝是个小女孩，这让全家都兴奋到了极点。那一年11月，凯莉在接受《时尚》杂志的奖项时对记者说："我真心替我的好姐妹和她的丈夫高兴。现在他们掉进了蜜罐里，他们应该高兴。他们有了爱的结晶。我真为他们感到兴奋。”说到给孩子礼物这个话题时，凯莉接着说：“我也不知道要在碧昂斯的宝宝派对上给宝宝什么礼物，因为杰斯肯定会给小公主买好一切。小公主不会被宠坏，但一定会被照顾得很好。”

那位记者正因为手里有了独家新闻而窃喜时，凯莉又对《美国周刊》说：“我想，小公主将来肯定会有非凡的表现。她的父母肯定会把她教育好。”当时有报道称，凯莉要为好姐妹的宝宝买一个专门设计的浴缸。来自加利福尼亚州的设计师洛里·加德纳为碧昂斯的小公主设计了一款婴儿形状的瓷浴缸。据说，浴缸外贴满了施华洛世奇水晶，设计、制作花费了两个月时间。美国广播公司的新闻称，凯莉选择了粉红款，价钱为5200美元。

孩子出生后，这样的奢侈礼物在她生命中随处可见。据报道，碧昂斯和杰斯找了专门的室内设计师，在不同的家里设计了3个婴儿房。曼哈顿家里的婴儿房最大，迈阿密家里和斯卡斯代尔家里的婴儿房面积稍小，但是是同款设计。格温妮丝·帕特洛说，不同的环境会让孩子感到困惑，所以碧昂斯把3个家里的婴儿房设计得一样。据估计，为每个婴儿房购买设备加装修就要花费25万美元。小公主还有价值2.1万美元的梦幻婴儿床，由雪松和桦木制成。知情人士在美国娱乐杂志《明星》（*Star*）中透露：“碧昂斯想用黄金装饰每件物品。婴儿床有4根帷柱，周围挂着绸帘。此外，他们家中还配备了顶级的音响系统，能随时播放哄孩子的歌曲。宽屏电视从地面一直延伸到天花板上，家里处处彰显着霸气。”

对于色系的选择，他们经过了深思熟虑。碧昂斯和蒂娜花了好几天时间筛选，翻阅了很多婴儿房装修的书籍。内部人士说：“他们挑选了平静的主题和颜色，同时还有一些梦幻效果。”除此之外，他们还购买了很多物件，比如：施华洛世奇价值1.6万美元的婴儿吃饭用高脚椅，日本银座价值600美元的纯手工摇摆木马，让·保罗·高提耶设计的价值290美元的丝质围兜。

12月底，他们准备好了迎接女儿的到来。碧昂斯卖掉了自己喜欢的车，换成了更实用的梅赛德斯房车。这并不是标准配置的普通车，而是碧昂斯花100万美元为宝宝专门定制的独款车。车里不仅有手工缝制的意大利皮座，还有设施齐全的卫生间，15万美元的音响系统和液晶电视。

跨年之际，有假报道称，碧昂斯生下了女儿，名叫狄安娜-梅。伴随着这条假新闻的传播，人们迎来了新的一年。这是一条精心设计的假新闻，但并不是毫无根据。仅仅8天后，碧昂斯和杰斯的第一个孩子出生了。

第17章

布鲁诞生

2012年1月7日，布鲁·艾薇·卡特来到这个世界。在万众期盼中，她终于在纽约勒诺克斯山医院出生了。随后碧昂斯夫妇发表声明："你好，你好，布鲁宝贝！我们很高兴地宣布，我们的漂亮女儿布鲁·艾薇·卡特出生了，出生日期为2012年1月7日，星期六。她的到来十分平静又令人感动，我们如置身天堂般高兴。她身体健康，体重7磅（约3千克），这是我们生命中最棒的经历。我们感激所有人的祈祷与祝福、厚爱与支持。"

剖宫产可以迅速恢复身材，是很多明星妈妈的选择，碧昂斯却选择了顺产。她的生产过程看上去很容易也很顺利。她对《时尚》杂志说："生产时，我能感觉到自己的肚子在收缩，我想象着我的孩子在推一扇沉重的门。我想象着这个小婴儿正在做的努力，所以我忘记了自己的疼痛。我和她在对话。或许这听起来很疯狂，但我们之间确实有交流。"

她解释说："让我害怕的东西都不存在了，我顺其自然，感受着每次收缩，那是我一生中最美好的一天。"

为人父母的喜悦使碧昂斯夫妇随时都准备大手笔投入。据说，杰斯付了130万美元包下了纽约这家医院的一整层，只为迎接女儿的到来。医院的一位女发言人对此言论予以反驳，她说碧昂斯只是包下了一个套房。蒂娜、马修、索朗等人也都来陪产，他们不时出现在产房外面，手里捧着花并扯着用银色和红色丝带绑着的气球。在等待孩子出生时，一家人叫了外卖食品和红酒。

医院里的安保措施非常到位，工作人员会定期清理闭路电视监控录像，以防信息泄露。进入医院时，碧昂斯用英格丽·杰克逊的假名登记。当晚，医院外面也有武装护卫。一些人称，碧昂斯在套房入口安装了防弹门。孩子出生的安保措施太过严密了，连家人都要隔离到医院其他的地方。这对夫妇做好了充分准备，以保护自己的隐私。

即使在产房里，碧昂斯也没有放松对自己的要求，仍然尽力呈现自己的最佳状态。她对《人物》杂志说："来到医院时，我盘起了头发，穿着低跟鞋，指挥自己作战。"但不久碧昂斯便放弃了维持形象的努力："生产了几个小时候后，我已经不在乎自己是什么样子了。"

刚出生的女儿放到她臂膀里的那一刻，她情不自禁地笑了起来。她后来对杂志《造型》（*Shape*）说："整个生产过程中，我都很害怕，是布鲁让我勇敢面对。"

在他们与人们分享了为人父母的喜悦后几小时，有关孩子名字的阴谋论又传得沸沸扬扬。其中一个说法是，布鲁·艾薇（Blue Ivy）是拉丁语中撒旦女儿伊尔布·伊维（Elub Yvi）的名字倒写。《圣经》里没有说撒旦有女儿，这种言论很可笑，但仍传得沸沸扬扬。还有人说，"Ivy"与罗马数字IV很像，这对夫妇喜欢数字4，所以取了这个名字。另一些人又说，蓝色（Blue）是碧昂斯最喜欢的颜色，杰斯在10年时间里发行了3张以蓝图（Blueprint）为标题的专辑。

最终，碧昂斯在博客里的一篇文章中强烈暗示，孩子的名字来自一部小说《迷路指南》（*A Field Guide to Getting Lost*），作者瑞贝卡·索尔尼特在书中说到蓝色的意义时，她写道："世界的最深远处都是蓝色的。"文章的最后一句是："消失的光线让我们看到世界的美丽，蓝色也是如此。"

蒂娜见到第一个外孙女时，笑得合不拢嘴。她称布鲁·艾薇是个"小美人"，并说碧昂斯做得很好。蒂娜也说，她的外祖母角色是她做过的第二个最好的职业。尽管很多报道说，碧昂斯刻意让孩子疏远马修，但马修在孩子出生几周后的访谈中反驳了这种说法。当时，马修正在伦敦宣传他公司旗下的乐队，他说："两天前，我和布鲁·艾薇在一起。我用手臂抱着她，我唱着小时候唱给碧昂斯的歌。听完后，布鲁发出'啊，啊'的回应。我只想爱她、亲她，那是外祖父和外孙女之间最美好的事情。"

索朗见到外甥女欣喜若狂，并在推特上说，布鲁·艾薇是世界上最漂亮的女孩。格温妮丝则说："布鲁，欢迎来到这个世界上！我们已经爱上了你。"蕾哈娜则在推特上说："欢迎来到世上，卡特公主！爱你的蕾阿姨。"

孩子出生后3天，碧昂斯和杰斯带着他们的宝贝于凌晨1时45分离开了医院。为了躲避狗仔队的追踪，安保车队为他们保驾护航，把碧昂斯母女送到了特里贝克地区的房子里。后来有人发现，布鲁最早收到的礼物中，有奥普拉送的大量儿童书。据说，格温妮丝送了婴儿车，凯莉送了被子和羊绒毯。

凯莉和米歇尔到碧昂斯家里拜访时，和碧昂斯唱了一些歌，回忆了以前的美好时光。米歇尔描述布鲁"可爱极了"，并在推特上要求粉丝们给卡特一家一些私人空间："这是两个人之间美妙、珍贵而又隐私的时间，请充分尊重他们，不要打扰。"

奥巴马总统很快发来贺电，他给了杰斯一些为人父的建议。"杰斯一直在帮助碧昂斯，我肯定他不会把所有事都扔给碧昂斯和岳母。"奥巴马在克利夫兰广播电台如是说。当然，碧昂斯肯定不会受委屈。据报道，碧昂斯送给杰斯一个价值50万美元的蓝宝石戒指，感谢他为自己带来了这个漂亮的孩子，同时感谢他在自己怀孕期间所给予的爱与支持。

这对注重隐私的夫妻以前不会向媒体透露半点消息，布鲁出生后，他们却破天荒地发布了一张照片。照片中，疲惫的妈妈轻轻将女儿抱在怀里，满满的全是爱。照片中的布鲁有着浓密的黑发和乌黑的大眼睛。布鲁·艾薇平静地看着镜头，样子与父母很像。照片下还附有简短声明："欢迎大家分享我们的喜悦。谢谢大家能在我们生命中如此美妙的时刻尊重我们的隐私。"声明中的落款是"卡特一家人"。

这对夫妇后来又有了非凡举措，他们想把布鲁·艾薇这个名字注册成商标。杰斯解释说："有人想用我们孩子的名字作为他们产品的商标，我们当然不希望任何人从自己孩子的名字中获利。"但是，由于一家公司已经注册了这个名字，商标注册一事未能通过。

自豪的爸爸用独特的方式记录了卡特家族又添新丁一事，他在博客中放了一首名为《光荣》（*Glory*）的深沉歌曲，这首歌是他专为女儿而作。歌曲登上排行榜时，布鲁才出生1个星期，这个孩子也成为出现在公告牌排行榜上榜歌曲中有史以来最年轻的人。布鲁出生后仅几个小时，杰斯就录完了这首歌。这首歌中收录了布鲁的第一次心跳，歌词为：

这是最神奇的感觉

言语不能表达我的感受，果真如此

宝贝我要把天涂成蓝色

我最伟大的创造就是你

尽管在妻子整个怀孕过程中杰斯一直保持高度紧张，但其中一段歌词描述了布鲁在碧昂斯肚子里跳舞的轻松情景。杰斯开玩笑地问："你在为妈妈挥动手臂吗？"歌曲的另一段写道：

你是命运的孩子

你是我命中注定的孩子

你是天命真女中一个孩子的孩子

杰斯愉快地承认这个新生儿"比我聪明"，并以说唱的方式说："我怎能不把你宠坏，你看起来有点像我。"

杰斯在《光荣》中表现出之前从未有过的坦诚：

爸爸的小女儿

你还不知道什么是街头说唱

但是你在巴黎生根

妈妈第二天醒来时

你随她拍摄专辑封面

碧昂斯在生布鲁之前流产过一次，这首歌也讲述了两人当时忐忑的心情。"上次，流产是个大悲剧。"这句歌词表达了他们的恐惧，他们怕碧昂斯第二次怀孕时还会流产。杰斯的歌词中继续写道："我们害怕你会消失，但是，亲爱的，你是个奇迹。我强烈祷告，上一次经历的所有痛苦是最后一次。你来了，坏事没有发生。"

《光荣》中感人的歌词让我们难得地看到了杰斯感性的一面，美国国家公共电台的评论员还在推特上问：“以前有哪位说唱歌手也唱过流产的事吗？”

歌曲发行时，有关这对明星夫妻之前流产的消息迅速成为世界各大媒体的头条新闻。悲剧发生时，他们没有详细说明，碧昂斯对丈夫的坦诚也只字未提。面对悲剧，我们可以理解他们的所作所为。一年以后，碧昂斯才在纪录片《人生如梦》里谈起了这段经历。这部纪录片于2013年2月公开。碧昂斯在片中说：“大约两年前，我第一次怀孕。我听到了婴儿的心跳，那是我今生听过的最美的音乐。和其他所有孕妇一样，我想象着孩子的样子，为孩子起好了名字，感受自己母爱泛滥。怀孕和恋爱不一样，怀孕后会变得开朗、兴奋。身体里有个宝宝在发育着，这种喜悦无法用语言形容。所以，准妈妈都想尖叫，都想告诉别人。”

天有不测风云，怀孕初期的并发症酿成了悲剧。“我飞回纽约孕检，孩子没有心跳了。而之前一周我去医院时，医生还说一切正常。”意识到自己的宝宝没了之后，碧昂斯把注意力转移到音乐上，这样才能减轻痛苦，“我去了录音棚，并写下了创作生涯中最悲伤的歌。”她在纪录片中说：“对我而言，这是最好的疗法，因为这是我所经历的最痛苦的事情。”这首歌名为《心跳》（*Heartbeat*），歌词非常哀伤：

我猜爱不足以让我们存活

我发誓，我发誓，我发誓，我已尽全力

你从我身体里带走了生命

我渴望你的心跳，心跳

除了这首歌，一首名为《天堂》（*Heaven*）的歌也暗指了流产一事：

天堂不能等你

我尽全力为你而战

这让我无所畏惧

所以告诉我你的秘密

我只是不能忍受看着你离开

在宣传《人生如梦》接受奥普拉采访时，碧昂斯被问到选择说出不幸流产这件事的原因，碧昂斯解释说："很多夫妇都经历过流产，这是我人生中的一个重大事件，也是我经历的最难的事情之一。因此，第二次怀孕时，我没有声张，我不知道会发生什么事情。所有的家人、朋友都知道我怀孕的消息，我们会在一起庆祝，但不对外声张。这很难。"

当然，之前的流产使碧昂斯害怕自己会重蹈覆辙。她对奥普拉说："我害怕极了。医生说我很健康，所以不用发狂也不要偏执，只要过自己的生活就好。我照做了。"

布鲁·艾薇出生一个月后，杰斯在纽约卡内基音乐厅一次现场演出中演唱了富有启示意义的《光荣》。他抬着一只手说："空中的这只手是为了伸向布鲁。"他喊着，观众也跟着喊。歌曲结束时，他哭了。他说："我不想再经历这样的事情了，那太难了。"碧昂斯也出现在演唱会上，这是她生完孩子后第一次在公众面前露面。网络和娱乐杂志上纷纷出现了碧昂斯的照片，人们对她产后的苗条身材感到不可思议。她穿着贴身的橘色爱丽丝·坦波丽裙子，脚蹬克里斯提·鲁布托高跟鞋。她已经完全甩掉了生孩子的赘肉。生孩子之前，她说自己重了大约60磅（约27千克）。

她是怎样做到的？她说：“这很简单。我疯狂运动，很快恢复了身材，同时恢复了精神。”尽管很多明星妈妈称产后体重会“自然下降”，但碧昂斯并不希望如此虚假地描述这件事。她说：“我想向人们展示的是，我能生孩子，我能努力工作，我能恢复身材。我们可以生孩子，可以享受乐趣，可以保持性感，可以拥有梦想，可以为自己而活。”

尽管她说哺乳有助于减肥，但她减肥成功的主要原因是教练马尔科·博格斯对她的严格训练。他要求碧昂斯每天坚持健身，并严格控制饮食。碧昂斯的早饭是蛋清饼，午饭是蛋白质奶昔或火腿薄片，晚上是生鲱鱼片，零食仅限于日本毛豆、浆果和青苹果。碧昂斯和马尔科每天早晨5点起床，健身两个小时，下午5点再重复一次。知情人士在《明星》杂志中说：“他们做有氧运动，练习普拉提，进行力量训练，还练习瑜伽和舞蹈。”

升级为妈妈后，碧昂斯一直很高兴。但是，迅速减肥成功再一次将她卷入“假怀孕”风波中。一些人断言她根本没有生布鲁·艾薇。他们说，当年3月，米歇尔·奥巴马和碧昂斯的母亲蒂娜及演员罗伯特·德尼罗为奥巴马再次竞选总统组织了一次资金筹备活动。碧昂斯出席活动时穿着一条裙子。贴身裙尽显她的身体曲线，她的肚子又一次变得平坦。照片开始在网上出现后，推特上对她的非难马上开始了。有人说：“她看上去比以前更瘦了。代孕者请站出来。”也有人说：“我仍然认为碧昂斯根本没有生孩子。”美国名人消息网对代孕的谣言似乎很感兴趣，网站上一段有关碧昂斯秀身材的视频引发了一系列的阴谋论：“谁杀死了肯尼迪？碧昂斯真的生了孩子吗？谜团永远不会解开！”“她的确有了一个孩子，可她也的确瘦得不像刚生了孩子的人。”

碧昂斯对这些评论视而不见，她后来说，她很后悔刚生完孩子就给自己如此巨大的压力。在《造型》杂志的一次采访中，碧昂斯说：“我没有太多时间减肥，因为我生完孩子之后的那个月就有演出安排。我再也不会那样做了！”她强调自己一直注意控制体重，并说：“我不是那种天生就很瘦的人。我是那种需要借助训练保持体型的人。”她不久对外公布了一系列泳装，她说自己最大的牺牲是远离了碳水化合物。“我吃的食物都是低热量的，我只吃鱼肉，我只吃意大利面和藜麦大米饭。”

正如她在《造型》杂志文章中说的那样，她减肥的动机是为了快速回归工作。2月份，她本应该开始电影《星海浮沉录》的拍摄工作，但电影公司为她推迟了拍摄时间，让她能根据身体状况充分调整自己。几周之后，她迎来了自己的盛大回归。她在新泽西州的大西洋城举办了4场演唱会。准备演出期间，她在网上发布了一段视频，她在视频中说：“我很享受当妈妈的感觉，现在我好像是重操旧业。虽然有点儿奇怪，但不迷失自我很重要。我回来了。”那段时间，有人看到她坐在地板上与舞伴们一起商量如何表演。“我想通过这次演出传达的是，我确实有了一个宝宝，但这让我更加务实。”

碧昂斯回来了。据传，电视大腕西蒙·考威尔给她提供了一个工作机会——与电视台签约5年，做《未知因素》的评委，薪酬是5亿美元。西蒙·考威尔刚刚辞退了小野猫组合中的歌手妮可·舒辛格和宝拉·阿巴杜，因此节目有了两个空缺。很多人说，碧昂斯是理想人选。后来，西蒙·考威尔反驳了这些小道消息，并在《未知因素》中说：“节目的制作预算只有1亿美元，我从没和碧昂斯谈过此事。”

碧昂斯曾是《未知因素》非常有名的表演嘉宾，西蒙对她大加赞赏。几个月前，西蒙就在节目中说：“她很有雄心壮志，才华横溢，有很强的竞争力。她定义了超级流行歌星。当她是小女孩时，我还批评过她的表演。后来我和她爸爸见过一次面。哦，那是一次困难的见面。一年以后，她再来参加我的节目，我当着她的面跟她道歉。我错了，她这次有了很大进步，她的歌声是我一生中听过的最好听的歌声。她抬头看我时，我看到了她的眼睛，我不想再次批评她。”

碧昂斯之前的队友凯莉是《英国偶像》的评委。当面临同样的选择时，碧昂斯想了想说：“这是一个很大的承诺。这不仅是在做一个节目，而且可能改变一个人的人生。我想我还不具备这样的资格。”

在新泽西的复出演出之前，碧昂斯和杰斯决定重申他们的结婚誓言。当年4月，他们庆祝结婚4周年，在结婚纪念日开了一个大型派对。他们买了配对的金戒指，并在奥普拉·温弗瑞和威尔·史密斯的见证下再一次说出“我愿意”。几天之后，他们带着女儿布鲁到圣巴特岛度假。在记者拍的照片中，碧昂斯怀抱着用毯子包裹的小婴儿，登上了豪华游艇。对于仅有3个月大的国际小名人而言，这是她人生第一次奢华旅行。

回到家后，碧昂斯重新开始练习生孩子之前学的舞蹈。现场演出开始时，杰斯表达了对碧昂斯回归舞台的支持，并在推特上说：“碧昂斯是世界上最好的艺人。”观众们都有同感，当碧昂斯随着音乐尽情摇摆时，现场观众发出一阵阵尖叫声。碧昂斯对兴奋的观众说：“你们不知道我工作有多辛苦。我得减掉60磅体重，他们让我在跑步机上跑步，他们只让我吃生菜。”她也对粉丝们说：“我想说，回到舞台这个家，感觉真好。”

每次演出中，碧昂斯都会为已故的惠特尼·休斯顿献唱。几周前，惠特尼·休斯顿突然死亡，整个世界一片震惊。碧昂斯将惠特尼版本的《我会一直爱你》（*I Will Always Love You*）与歌曲《光环》混编在一起演唱，可见偶像对她的影响之深远。惠特尼死前服用了大剂量药物，死时趴在装满水的浴缸里。得到惠特尼死亡的消息时，碧昂斯在网站上发表了悲痛的声明，她说惠特尼·休斯顿的死是“歌坛的损失”：

我记得第一次见惠特尼·休斯顿时，我才15岁。她是个传奇，也是女性的典范。她不仅自信、镇定、才华横溢，而且真诚善良。漫长的岁月里，她让每个人都感到自己存在的重要性。和其他歌手一样，我一直希望自己能像她那样。她的嗓音很完美，能给人以安慰。她高尚又古典……我生命中的很多回忆都与她的歌曲有关。她是我们的女王，她为我们打开了一扇门，为我们所有人描绘了一幅美好的蓝图。上帝保佑她！

第一夫人米歇尔·奥巴马及两个女儿萨莎和玛利亚也到现场看了碧昂斯的演出。众人皆知，米歇尔喜欢碧昂斯，她曾对《人物》杂志说：“如果我有那样的天赋，我也会变成碧昂斯。我也会成为伟大的歌手。”她也透露，自己曾练习过碧昂斯的歌曲。一个月后，碧昂斯手写了一封信给米歇尔·奥巴马，并把它发到了网上。她在信中赞扬第一夫人是非裔美国女性的楷模，其充满母性的关爱与真挚温暖着每一个人。碧昂斯通过这种方式表明，她们之间的欣赏是相互的。在总统竞选期间，碧昂斯还和米歇尔·奥巴马一同举办了预防儿童肥胖的公益活动。作为活动的一部分，她和几十名儿童一起拍摄了快闪形式的舞蹈视频。

第18章

假唱事件

5月，碧昂斯迎来了当妈妈后的第一个母亲节，她给母亲蒂娜写了一封公开信：

亲爱的妈妈：

我拥有的一切都是因为您！您的歌声是我印象最为深刻的歌声。在每一个转折点，您总帮我变得更好。您教会我对自己忠诚，对所爱之人忠诚。当我看着您的眼睛时，我非常非常自豪。现在，我也是位母亲了，我才真正感受到您为我们做出了多少牺牲。我的言语不能表达我对您的爱。母亲节快乐！

爱您的碧昂斯

不久，杰斯也开始庆祝他当父亲后的第一个父亲节。众多媒体报道，碧昂斯送给他一架价值4000万美元的私人飞机。挑战号850绝非一般的飞机，这架飞机内部配有客厅、厨房，还有两个卫生间。据说，飞机每飞一次的平均费用就高达2万美元以上。同时，也有传言说，这位宠爱女儿的父亲给女儿买了一对钻石耳环和一对铂金手镯。在奥普拉的节目《名人大讲堂·特别版》（*Master Class: Special Edition*）中，杰斯开玩笑说：“我本以为我已经从妈妈那里学到很多知识，也从抚养侄子的过程中学到很多，我能运用这些更好地照顾女儿。然而每天睡觉前，我都会意识到，这些都没有用。我也清楚，自己有一天会让女儿觉得父亲不再伟大。例如，进入青春期的孩子会对你说：‘离我远点，爸爸，你让我很难堪。’”

尽管很多故事都以一家人奢华的生活为主线，碧昂斯却一直强调，她作为母亲的最主要目标，是以正常的、普通的方式抚养布鲁。碧昂斯对《时尚》杂志说，她希望女儿的童年能和自己一样，能在洒水车旁边奔跑，能在朋友家里参加吵闹的聚会并在那里过夜，能制作大罐柠檬水。

由于工作关系，碧昂斯不能全身心抚养布鲁。据说，布鲁出生后，碧昂斯家里的两个保姆就一直陪伴着布鲁。孩子刚出生时，碧昂斯不可避免地要依赖蒂娜。后来，又有谣言说碧昂斯患上了中度抑郁症。在她之后创作的一首歌曲中，有“自从孩子出生后，我感觉自己不像自己”的歌词，这似乎验证了她曾患过抑郁症的说法。这首歌似乎也映射了她和杰斯之间的婚姻问题：

> 现在，我更加失落
>
> 我的，我的生活不是一帆风顺
>
> 我们已经说过分手和分离
>
> 我们还会和好如初吗

碧昂斯从来没有承认自己患过抑郁症或有过婚姻问题。很明显，成为母亲对她而言比以往的任何经历都珍贵。布鲁长大一点儿后，碧昂斯说：“成为妈妈，我很自豪。听她喊‘妈妈’，听她需要帮忙时叫我，我很开心。”

一直有人问她要不要给布鲁添小弟弟或小妹妹，碧昂斯对此问题没有丝毫犹豫。她对《时尚》杂志说：“我想要更多孩子。小时候，我说过‘我不想要孩子’。后来，有一段时间，我想要4个孩子。现在，我的确想再要一个孩子，但还不知道是什么时候。”

碧昂斯刚生完孩子不久，就在那年春天赢得了《人物》杂志“全球最美女性”的称号，这一荣耀让她信心大增。她说：“那种强烈的激动感觉很难形容……这有点儿尴尬，我觉得我不应该得到这个称号。我妈妈才是世界上最漂亮的女性，她是完美的典范。我觉得，女人就像葡萄酒，越久越醇。”

这位年轻的妈妈悉心照料着自己刚出生不久的孩子，丝毫没有因睡眠不足导致自己皮肤变差，也没有明显的黑眼圈和眼袋。但碧昂斯没有因此炫耀自己，而是简单地说：“生完孩子以后，我觉得自己比以前更漂亮了。我从来没像现在这样，觉得自己和女儿密不可分，也从来没有如此自豪。”她在向读者传授保持美丽的秘诀时说：“我用了4美元的药房保湿霜。我用它卸眼妆，也用它抹嘴唇和眼皮。”

有人问碧昂斯：“布鲁更像爸爸还是妈妈？”她只是说：“她长得像布鲁。她是她自己……她是世界上最可爱的小孩。”或许，《人物》杂志的奖项让她有点儿兴奋过度，她对美国有线电视新闻网的安德森·库伯说：“我喜欢换尿布。我认为给布鲁换尿布是件很幸福的事。我喜欢和布鲁在一起的每个时刻，这很美妙。杰斯也很擅长换尿布。”

布鲁出生后，碧昂斯一直忙于照顾孩子。7月初，她忙里偷闲来到洛杉矶参加黑人娱乐电视大奖颁奖礼。有报道称，她与坎耶·维斯特的新女友金·卡戴珊不和，这一报道吸引了不少目光。报道称，碧昂斯、杰斯、坎耶和金坐在观众席第一排，两位女性之间关系紧张，在长达4小时的颁奖礼中几乎没有交流。金·卡戴珊身材火辣，是电视真人秀节目出来的明星。坎耶和金·卡戴珊才开始交往不久，这也是他们第一次以情侣身份在公众面前露面。有消息称，碧昂斯刻意保持和卡戴珊之间的距离，碧昂斯的一些忠实粉丝也要求她们保持距离。在碧昂斯的粉丝眼中，金·卡戴珊因为性爱录影带走红，与碧昂斯辉煌的过去不能同日而语，因此很是看不起她。

不久之后，杰斯的老朋友泰然·史密斯要庆祝40岁生日。据报道，由于金会和坎耶一起参加，碧昂斯拒绝了邀请。生日聚会在伦敦举行，杰斯和坎耶正好也在那里巡演。格温妮丝和蕾哈娜两人都出席了聚会，碧昂斯却在纽约。然而几周之后，美国名人消息网又称两人之间没有不和，并称杰斯和坎耶在费城演出时，碧昂斯和金在演出现场亲密拥抱，谈笑风生。但是，网络上有关两人不和的传言还是很多，越来越多的人认为她们只是表面友好。

在全球音乐电视台直播中，主持人问她们之间是否有矛盾，金·卡戴珊说："我们之间没有矛盾，她很贴心。我不知道这些传言从何而来。八卦的人总喜欢编这样的故事，毕竟有冲突的故事才有趣。"无论真相如何，在其后几个月里，人们都密切关注着碧昂斯和这位《与卡戴珊姐妹同行》真人秀明星之间的关系。2014年春天，坎耶和卡戴珊举行了盛大的婚礼，这更引起了人们对两个女人之间关系的关注。

为了远离两人之间发生口角的传言，碧昂斯和杰斯带着6个月大的布鲁到长岛汉普顿斯度假。他们在那里租了房子，整个8月份一直待在那里。这座价值4350万美元的房子，每月租金高达40万美元。房子极其奢华，配有12个带卫生间的卧室，还有图书馆、保龄球馆、家庭影院、温泉浴场、网球场，房子里还有模拟高尔夫球场、攀岩墙和滑板坡道。格温妮丝和克里斯在汉普顿斯拥有海景房，与碧昂斯租的房子相隔不远。格温妮丝一直帮忙照料布鲁，也不断在好莱坞生活网站上更新碧昂斯一家的事情："碧昂斯很棒。她生来就是位好妈妈。布鲁美极了，她有最漂亮的眼睛……她身上环绕着和她妈妈一样的光环。”

格温妮丝也说，碧昂斯和杰斯已经为布鲁的未来铺好了路。她说：“当然，布鲁要走演艺之路。”几年前，碧昂斯被问到是否赞同自己的小孩走演艺之路时，她对哥伦比亚广播公司说：“如果女儿想成为艺人，我肯定会让她做，但是我得让她知道干这一行的辛苦。”

一家人待在汉普顿斯主要为了休闲，除此之外，碧昂斯也在紧锣密鼓地进行自己的大计划。在照顾布鲁的同时，碧昂斯也在策划自己的第五张个人专辑，她对粉丝们隐瞒了这个消息。这张专辑名为《碧昂斯》，是她最有雄心的作品。在制作这张专辑时，她有了很多之前完全不同的想法。历经18个月的制作与打磨，这张专辑又一次创造了历史。

在与专辑同时发行的短片里，她回忆起在汉普顿斯的快乐时光说：“我当时要哺乳，还梳着玉米垄型辫子。照顾孩子很耗时间，我每天录制专辑的时间都很少。在现实生活中，我是一个女人，也是一位妈妈，我努力找回自己的生活重心、追求的梦想和自我。安静的地方能让自己内心平静，适合做音乐。我们的休假就像露营，我们可以在水池里戏水，可以骑自行车……那里有海洋、草地和阳光……那真是一个舒适的地方。”

专辑《碧昂斯》刚刚开始制作时，她和杰斯再次参加了支持奥巴马的竞选游说活动。他们在纽约的40/40俱乐部开展了资金筹集活动，每张票售价4万美元。碧昂斯在现场热情地介绍总统，并说相信他的能力。奥巴马拿到话筒说：“感谢碧昂斯坚定不移的支持，碧昂斯是我那两个女儿心中的完美艺人。”他还开玩笑说：“我和杰斯之间有共同之处，我们都有女儿，我们的妻子都比我们出名。这样说有点儿牵强，但我相信大家都能接受。”

杰斯和碧昂斯也受到了奥巴马的大力赞扬。奥巴马在广播电台中说："他们都是好人。他们成就非凡又脚踏实地。碧昂斯对米歇尔和我的两个女儿都非常友好，也是她们的偶像。她们四个人是好朋友。我和所有朋友谈论的话题，也会和他们一起谈论。我喜欢杰斯的音乐，目前最爱的是《第一首歌》（*My First Song*）。这首歌让我一如既往，让我一直保持渴望成功的心态。"

他们的赞扬是相互的。杰斯在一个两分钟的广告里颂扬总统说："长久以来，我们的声音一直被压制。我们要反抗压制，我们要行使自己的投票权。我认为，人民失去了希望才会保持沉默。他们以为他们的声音无关紧要……现在，我们的人民在行使投票权，我们能看到投票的效力。对于很多人来说，投票权从此变得意义重大。奥巴马政府理解我们的心声，也会让我们看到心声产生的力量有多大。"

碧昂斯给奥巴马写过一封手写信：

每天，我们都能见证您的精神和品格。我们备受鼓舞，愿意付出更多。您带我们脱离现状，带我们到有意义存在的地方。您让我的女儿和外甥，以及所有美国人民，能成为任何他们想成为的人。

为了庆祝碧昂斯的31岁生日，这个经常旅行的家庭于9月份开始了低调的地中海之行。杰斯用气球和彩带装饰快艇，营造派对的气氛。碧昂斯看上去比以前更放松，素颜的她在船上享用白葡萄酒，这美丽的一幕也被相机记录了下来。碧昂斯在网站上公布了一些至亲们发给她的生日祝福。蒂娜说："1981年9月4日，我受上帝保佑得到了最珍贵的礼物。生日快乐。"索朗满怀爱意地说："在我的世界里，你是独一无二的。在你众多令人惊叹的成就中，我首先想到的是你的善良，你的无私，你细心地替别人考虑。你的美丽，你的大方，都让我因成为你的妹妹和朋友而自豪。”

其中最感人的信息来自婆婆格洛里亚。她写道：“碧，你是我生命里那个甜蜜的南方女孩……你是个令人赞叹的奇女子。我欣赏你的脚踏实地，我欣赏你的谦卑。成功并没有改变你的为人。卡特妈妈。”格温妮丝也送来一张手写卡片，内容是：“我最亲爱的碧碧，在你31岁生日时为你送上祝福……我们深深爱你。爱你的格温妮丝、克里斯、艾坡和莫斯。”

10月份，格温妮丝迎来了40岁生日。她在纽约的埃利奥酒店举办了一场众星云集的聚会。出席此次聚会的有模特克里斯蒂·特林顿、著名演员卡梅隆·迪亚兹和伊桑·霍克。碧昂斯没有和杰斯一起出席，她罕见地披散着头发，显得楚楚动人。第二天晚上，是杰斯巡演的最后一晚，碧昂斯在布鲁克林地区的客串演出给了格温妮丝一个惊喜。与丈夫合唱了3首歌后，碧昂斯对粉丝们说：“我想祝一位特殊的朋友生日快乐。格温，我爱你。”但她的即兴演唱并不是当晚唯一的谈资。碧昂斯穿着宽大的皮夹克和小短裤，并戴着帽子。唱歌时，碧昂斯捂住了自己的上腹，这个动作让细心的粉丝们浮想联翩。人们纷纷推测她再度怀孕。第二天，她又一次占据了所有八卦版面。好莱坞生活网站上有一篇热门文章，文章称碧昂斯想生二胎。该网站还说，碧昂斯在其他场合穿着紧身豹纹裙子时，肚子显得比以往要大。和以前的谣言一样，这个谣言也因没有回应而渐渐平息。

同一个月，碧昂斯被迫退出《星海浮沉录》的拍摄。这部电影曾因碧昂斯休产假而推迟拍摄，此时又因与碧昂斯计划安排的冲突而不得不调整。碧昂斯说:“我很期待这部电影，也期待和克林特·伊斯特伍德合作的机会。几个月以来，我们一直努力协调工作计划，我们都想完成这部电影的拍摄。但我们实在无能为力。我们希望将来有合作机会。”

12月，碧昂斯与百事签了一份价值5000万美元的协议，这为她带来了极多的正面新闻。自2002年以来，碧昂斯与百事公司一直保持合作，这次协议又把他们的合作推上新高度，她成为百事有史以来最贵的代言人。凭借这笔收入，碧昂斯有资本为杰斯的43岁生日一掷千金。据报道，碧昂斯给杰斯定制了一款昂贵的男性手表，这款手表名为大爆炸，表中共镶有1282颗钻石，价值500万美元。

与百事签约之后，碧昂斯的头像被印在百事可乐的易拉罐上，电视和平面广告中也出现了她的身影。百事还斥巨资拍摄了一部宣传片《镜子》（*Mirror*），《成熟女人》（*Grown Woman*）是宣传片的主打歌。在时长1分钟的广告片中，她穿着著名品牌的服装，展现了以前的几种经典造型，如《单身女郎》中的紧身连衣裤。广告结束时，镜子墙被击碎，她则重复广告词“拥抱过去，活在当下”。

碧昂斯曾和米歇尔·奥巴马举办过“让我们动起来”的公益活动，该活动旨在减少儿童肥胖现象。很多批评人士认为，碧昂斯为百事代言与这项活动相矛盾。一位《纽约时报》的评论员说：“她曾在‘让我们动起来’活动中说‘很高兴能参与减少公共健康危机活动并做些力所能及的贡献’，但是现在她却通过广告促进公共健康危机。”

碧昂斯依然保持平静，她对《标榜》杂志说：“从小到大，我看着百事可乐包装上的明星们长大。该公司尊重艺人，也尊重所有人。我不会鼓励任何人，尤其是孩子过不健康的生活。”她强调，适度饮用百事可乐对身体无害。

她又说："工作时，请善待你的身体。如果像我在广告中那样进行高强度训练，我觉得来一瓶无糖百事可乐很不错，这是一个不错的选择。"按照协议条款，百事公司要赞助碧昂斯第二年的世界巡演。同时，碧昂斯也将于2013年2月在由百事公司赞助的"超级碗"中场秀中表演。双方都为此默默准备着。

2013年1月底，碧昂斯要与"天命真女"的前任成员发行新的精选辑，这让一直支持碧昂斯的忠实粉丝大为振奋。碧昂斯在网上证实了这一消息，并说："我很自豪地宣布，8年后，我们再次以'天命真女'的名义发行专辑。这张专辑名为《情歌》（*Love Songs*），其中最大的亮点是新曲《核心》（*Nuclear*）。除此之外，专辑中还有我们三人精心挑选的一些老歌。"米歇尔说："这张专辑专为粉丝们而做。创作《核心》的过程很有趣。我们在分手的地方再度合体。这就像兴奋剂一样，我们兴奋得起了鸡皮疙瘩。"

令人失望的是，这张专辑销量平平，在公告牌200强中仅排名72，在英国专辑排行榜中仅排名44。这似乎表明，三个女孩不同的事业轨迹已难以重合。毫无疑问，碧昂斯是其中最优秀的歌手。"天命真女"解散后，米歇尔的生活并不称心，她透露了自己在"天命真女"的光环消退后一直饱受折磨的秘密。她对《赫芬顿邮报》（*The Huffington Post*）说："那时，我曾一度非常抑郁。为了抵抗抑郁，我减少了睡眠。我开始锻炼，开始治疗，开始积极抵抗疾病。那时，我学到了这样一句话——去教堂做祷告，上帝会治愈你。那时，我也相信医生能治愈我的疾病，去看专家才能解决问题。经历一些事情，无论是好是坏，都能获得宝贵的经验。患上抑郁症有些糟糕，但是我因此也得到了很多帮助。有时，我起床时心情就不好，某些场合也会让我情绪低落，我不得不学着调节心情。"

对于凯莉而言，那段时光也很艰难。她开诚布公地对《本质》杂志说：“长期以来，我都郁郁寡欢，但那和碧昂斯无关。我一直努力让自己的生活有规律，一直要求自己做更好的决定，但我高兴不起来。”有时，凯莉也会情不自禁地嫉妒碧昂斯的巨大成功，她说：“看到所有美好的事情发生在碧昂斯身上，我真心为她高兴。我想找到一种方法，希望这些事情也能发生在我身上。”

2013年，凯莉发行的个人单曲《脏衣服》（*Dirty Laundry*）反映了她当时内心的感受：

我的好姐妹在舞台上杀倒一片

我怒气冲冲，也想杀倒一片

我是一只笼中鸟，你从不知我的艰辛

我们各走各路，但我为她杀倒一片而高兴

甜苦参半，她是成者，我是败者

真诚地，为她高兴，我不知自己在干什么

“天命真女”末期，也有报道称凯莉在团队的关系中受到了伤害。乐队后期的歌曲《女孩》（*Girl*）暗示了她情感脆弱的一面，碧昂斯唱道：

休息一下，女孩，过来坐一下

告诉我们发生了什么事

在你脸上，我看到了痛苦

不要告诉我们你很高兴

2011年，凯莉替代丹尼·米洛成为《英国偶像》的评委。得到了梦寐以求的工作以后，凯莉发现这个工作并不简单。她觉得，这个节目就像演马戏。有传言说，当年10月，凯莉没能如约从美国赶来参加一个相关的现场直播演出，因此引起节目制作人的不满。她那时说："我病得很严重，不知道自己怎么了，但是嗓子疼得厉害。"媒体并没有弄清真相，只是说凯莉在装病。2012年，凯莉离开了这一节目。直至今日，人们也不知道她是辞职还是被解雇。后来，西蒙·考威尔聘请她担任《未知因素》节目的评委。2014年初，由于收视率的问题，节目被福克斯电视台撤销。

与凯莉不同，碧昂斯参与的每件事似乎都能成功。11月份，奥巴马再次竞选成功后，她受邀在2013年1月的总统就职典礼上表演。典礼在华盛顿地区的美国国会大厦举行，当天天气非常寒冷。按照惯例，典礼要全程直播，全球几十亿人都能收看到。碧昂斯受邀演唱美国国歌《星条旗永不落》，她十分期待这一盛大时刻。当天，她穿着端庄耀眼的黑裙，配以80克拉的绿宝石耳坠。这对耳坠由洛林·施华滋设计，价值180万美元，格外引人注目。

即使碧昂斯有些紧张，她也不会表现出来。她异常镇定地走到指挥台上，脸上丝毫没有一点儿慌乱的神色。音乐响起时，她把麦克风放在嘴边，开始歌唱："在晨曦初见时，你可看见……"她的声音完美地卡上了拍，奥巴马自豪地看着她。众人在后台挥动国旗时，奥巴马自豪地把右手放在左侧的胸口前。演唱到一半时，音响和话筒似乎出现了问题，碧昂斯的声音似乎返送不成功，因此她熟练地摘下了耳机，以确保她唱的歌没有跑调。事后，美国广播公司有新闻评论说："很显然，她遇到了音响问题。但是从她的表演中，你看不到丝毫破绽。"

典礼之后，对音响问题她只字未提，她说："这是一场电视直播节目。对我而言，这是非常重要的演出，也是我最为自豪的人生时刻。"然而这却引发了人们对她在典礼上的表演是假唱的猜测。每个人都开始议论"她是不是假唱"这个问题，在美国和英国甚至引起了全国性的讨论。记者吉姆·谢利在《卫报》中提出："如果碧昂斯都不能现场演唱《星条旗永不落》，我们还能对现场表演报什么希望？假唱是音乐的大忌。"《纽约客》（*The New Yorker*）中也有类似的严厉质问："就职典礼理应表现美国人民真实的价值观，表现真实的故事，她怎么能在如此让人激动的就职典礼上假唱？"

艾瑞沙·富兰克林曾和碧昂斯之间有过不愉快，现在她也掺和了进来。她对美国广播公司新闻栏目说："当晚，我听到她假唱的消息后，我笑了。当时大约零下8摄氏度，这个温度不适合歌手唱歌。我听说她假唱后大笑起来。我真心觉得这很有趣。不过，她放预录的工作做得很好……下一次，我也放预录。"

经过多方证实之后，真相终于水落石出：由于没有时间和管弦乐团排练，碧昂斯没有唱现场。当天伴奏的是美国海军陆战队军乐团，该乐团最终爆出了这个秘密。指挥官迈克尔·科尔伯恩对杂志《华盛顿人》（*Washingtonian*）说："没有彩排，她的表演会不自然，我也觉得不舒服。"

就职典礼结束后，碧昂斯接着准备13天后的"超级碗"表演。在新奥尔良举行的记者招待会上，她坦诚应对假唱丑闻。在开始解释之前，她要求几百名记者起立，然后清唱了《星条旗永不落》，此举赢得了全场的喝彩。

碧昂斯证明了自己具备现场演出的能力，然后详细解释了当天放预录的原因。她说："我是一个完美主义者，我每次都彩排到脚上流血。由于天气和音响问题，没经过彩排的冒险会让我觉得不舒服。这关乎我们总统的颜面和就职典礼，我想让我们的总统和国家感到自豪。所以，我决定放预录。预录在音乐界很常见，我也满意自己当时的表现。”

她的诚实得到了很多人的理解，也得到了著名女歌星詹妮佛·洛佩茨的支持：“有时，在特定的舞台、特定的会场或为了特殊的事情，我们都会提前录制。”

在记者会期间，碧昂斯一直坚持说她会在“超级碗”中唱现场。她对记者们说：“我已经彩排好了。我生来就是为了这一盛事。”假唱事件无意中让人们更加关注她在“超级碗”的表现。因此，她也面临着更大压力。

第19章

“卡特夫人”世界巡演

2月3日，碧昂斯在新奥尔良“超级碗”中场秀上表演了大约14分钟，这让她的演唱事业达到了新高峰。在不到14分钟的表演中，从狂甩的棕色头发到超高跟的普罗恩萨·施罗靴子，她用身体的每一部分向世界证明自己是真正的超级明星。这次史诗般的表演以炫目的灯光焰火表演开始。金色火焰之后，一个巨大的人物剪影投射在舞台上，红色和白色的信号弹随后纷纷点燃。在这之后，碧昂斯出现在舞台上。一开始，人们只能看见她黑色的轮廓。她像紧紧压缩的弹簧，随时准备爆发。

“宝贝，就是你！”碧昂斯开唱，她伸出戴着手套的手，向7万观众挥手示意，从《把爱放在第一位》唱到《意乱情迷》。巨大的扬声器里传出杰斯的说唱时，他正在看台上，全神贯注地随着节拍而动。此次的伴奏乐队是“老妈”乐队。显然，碧昂斯此次是现场演唱，这打消了所有人的疑问。当晚，美国有1亿观众观看了电视直播，全球则有数亿观众收看了直播。观众的过高期望有可能让歌手失误，但碧昂斯却不负众望，当晚的表演简直完美。她的嗓音充满激情，舞蹈动作也堪称完美，这足以彰显她和团队在一小时又一小时彩排后的成果。她换上黑色皮革紧身衣裤后，又演唱了《时间尽头》和《宝贝男孩》，随后，“天命真女”前乐队成员凯莉和米歇尔从隐藏的暗门中突降舞台。她们两人穿着与碧昂斯类似的皮衣。再次组合的三人共同演唱了简短版的《核心》，还有《秀色可餐》和《独立女人（第一部）》。在演唱这些歌曲时，三人一直被火焰包围。唱完《单身女郎》之后，凯莉和米歇尔离开了舞台，碧昂斯充满感情地继续演唱了《光环》，并以此结束表演。碧昂斯下台后，披着黑色长袍的她直奔杰斯的怀抱。镜头捕捉到了这个温馨时刻，照片直接被发到了图片分享网站上。自2006年以来，这是“天命真女”第一次在舞台上合体，碧昂斯兴奋地说：“对于我和那两个女孩而言，这是一个意义非凡的夜晚。”米歇尔在推特上说：“今晚，我和姐妹们很开心！我们努力地希望给你们一个惊喜。爱你们……上帝保佑！”

有评论者说，碧昂斯的话筒声音比凯莉和米歇尔的大。这让她们原本高兴的重逢蒙上了一丝阴影。哥伦比亚广播公司在报道中称：“她们合唱《独立女人》时，我们几乎没有听到凯莉和米歇尔的声音。”

但各大媒体对这次表演的评价几乎一样：这是“超级碗”有史以来最棒的中场秀表演之一。《华盛顿邮报》说，这是自2004年以来最为性感的“超级碗”。众所周知，那年的盛会中，珍妮·杰克逊臭名昭著的“露乳门”事件成为谈论焦点。《纽约时报》则认为碧昂斯成功让那些质疑她现场表演能力的人闭嘴。《每日电讯报》给出了热情洋溢的总结：“继碧昂斯在就职典礼上的端庄表演之后，这是一次极其成功和积极正面的表演。在感觉、音效、华丽场面和能量方面，这次演出完美到令人窒息。”

不仅媒体对此事大力报道，500多万推特用户也对此次表演给予赞美。金·卡戴珊说：“哦，我的天！碧昂斯杀倒一片！！‘天命真女’出现时……《秀色可餐》又一次点亮了我的生命！”米歇尔·奥巴马也评论此次表演为“非凡的演出”，她写道：“我为她自豪。”

杰斯在推特上说："断电了！有问题吗？"因为有人说，碧昂斯的表演用电功率过大，导致演出后不久全场停电。杰斯发的信息显然是在回应这种言论。的确，当时在没有任何征兆的情况下，体育馆突然陷入一片黑暗。34分钟之后，电路抢修完毕，比赛重新开始。官方解释称电路系统出现异常，很多人却认为碧昂斯中场表演奢华的灯光效果和视频效果导致了断电。据《今日美国》报道，碧昂斯刚走下舞台，体育馆高处的记者席里就发出火警警报。这表明，她在演出时点燃的烟火可能超出了体育馆的承受能力。据说，碧昂斯彩排期间也有两次断电。还有一些人则怀疑，卡特里娜飓风过后，新奥尔良的基础设施受到了影响。

碧昂斯精心编排了每个动作。她为此次"超级碗"表演彩排了好几个月。她说："我很自豪。这真的是很美好的一天。经历了数月准备，演出真的很棒。"为参加此次演出，约有800名舞蹈演员前来试镜。碧昂斯身穿的紧身皮衣裤由14名工人制作，经历了5次修改，花费了至少200个工时。这套服装由纽约的设计师鲁宾·辛格设计，其中点缀了蟒皮、蜥蜴皮、丝绸、塑料条，衣服里还有黑色蕾丝。演出刚开始时，碧昂斯脱掉了一件带着垫肩的骑士夹克和带有蕾丝边的荷叶边皮裙。鲁宾也为伴唱的歌手和伴舞等120人设计了夹克。

衣服设计过程中存在一个问题。由于高强度彩排，碧昂斯的腰围一直在减小，因此服装需要一直调整。鲁宾说："如此卖力工作，肯定会瘦，碧昂斯的体重每天都在减轻。我们一直要把服装改小，一直改，直到最后。"

碧昂斯曾因着装问题与动物权利保护人员有过冲突，她这次的服装注定不会受这些人欢迎。有善待动物组织的人员说："我们敢打赌，如果她看到我们的宣传视频，她就知道我们不希望看见她穿动物皮制品，不愿动物们痛苦地死去。如今的时尚倾向于保护动物、善待动物，碧昂斯的‘超级碗’表演在这方面并不尽如人意。”另外一些旁观者则在脸谱网（Facebook）或者其他社交网站发表看法说，碧昂斯的服装有伤大雅，她的舞蹈对于家庭中的未成年观众而言并不合适。

碧昂斯对娱乐圈了如指掌，她知道人们对她的表演一定会褒贬不一，她也并不期待“超级碗”表演之后人们对她能有一致好评。美国蜂鸣网站刊登了碧昂斯表演中的一些并不讨喜的照片，照片中的她一副莎夏·菲尔斯式的表情。碧昂斯的公关伊薇特看到照片后，向该网站发了一封邮件，要求删掉其中7张有损碧昂斯形象的照片。然而，事与愿违，这一请求却弄巧成拙。蜂鸣网站将伊薇特的电子邮件张贴出来，邮件内容如下：“经讨论，现在你们网站上有一些并不受欢迎的照片，我们希望你们能换掉这些照片。我相信你们可以找到一些更好的照片。编号为5、6、10、11、12、19、22的照片尤为不妥。感激不尽。”不幸的是，照片像病毒般疯狂扩散，其他博客和网站也纷纷张贴碧昂斯这些不完美的照片。之前对这些照片不感兴趣的报纸、杂志也开始争相刊登。在公关方面，这次事件是碧昂斯团队少有的失误之一。

除了这个小插曲，碧昂斯为这次演出的成功大大松了口气，她说：“这是一次直播，也是美国最盛大的节目之一。在这个场合，我的付出得到了回报，我很高兴。万事皆有可能，但上帝一直在我身旁。”演出之后，她穿着便装庆祝，她说：“妈妈从来不喝酒，这是她第一次和我喝酒。”

之后不久，她又宣布了新的世界巡演计划。4月中旬，新一轮巡演终于在塞尔维亚拉开帷幕。这次世界巡演以“卡特夫人秀”为名，这一名称暗指了她的婚姻状况。在此次巡演的官方海报中，她身穿珠光宝气的金色胸衣，头戴王冠，站在王座旁边。这一形象显然是在模仿女王伊丽莎白一世。另外，她以丈夫的姓氏命名此次巡演又使人们开始质疑她之前倡导的女权主义是否诚心。《每日邮报》（*The Daily Mail*）甚至为此展开了一次讨论，论题是“碧昂斯以‘卡特夫人秀’命名巡演是否背叛了自己倡导的女权主义”。碧昂斯为自己辩护说：“我并不是屈从男权主义，而是想表达对丈夫的爱。成为卡特夫人之后，我比以前更大胆、更无畏。”公平而言，碧昂斯并没有就此事蒙蔽别人。作为一名强大、独立且拥有成功事业的女性，她很自豪，婚姻、孩子和丈夫同样令她自豪。

无论旁人怎么说，碧昂斯并没有改变自己演唱会的名称。仅仅10分钟，她在英国11场演出的门票抢售一空。伊薇特宣布禁止媒体摄影师入内后，人们深感失望。碧昂斯的私人摄影师弗兰克·米切洛塔全程负责此次巡演的拍摄工作。此次演唱会的严格规定是对“超级碗”表演中照片事件的有力回应。

2013年初，碧昂斯十分忙碌，她要和杰斯一起庆祝布鲁的第一个生日。据《太阳报》报道，碧昂斯夫妇为女儿定制了一个价值8万美元的镶钻芭比娃娃，这个娃娃身上共镶有160颗宝石。此外，他们还在纽约为女儿举办了一个盛大的派对。据有关报纸报道，布鲁的小伙伴们每人得到了一个价值超过2.5万美元的大礼包，礼包里面有珠宝、公主装和玩具房屋等。

布鲁一点点长大后，个性也一点点显露出来。杰斯在《名利场》说，他发现布鲁很有音乐天赋。碧昂斯曾说布鲁更喜欢爸爸的音乐，但杰斯却不同意。他说：“事实不是这样的，她更喜欢妈妈的音乐，她每天晚上都在电脑上看妈妈演唱会的视频。”实际上，布鲁的确很喜欢杰斯的音乐。杰斯让女儿试听自己的新专辑，布鲁听完之后会说：“再来一首，爸爸，再来一首……我听爸爸的歌。”他自豪地说：“女儿是我的头号粉丝。”

布鲁的词汇量逐渐增加，对周围世界的好奇心也逐渐增强。蒂娜的弟弟拉里·碧盈斯对八卦网站说，布鲁正在变成小大人。他说：“我经常给她打电话。她很喜欢看动画片和《芝麻街》。她会跟我说‘嗨、喵、汪’，她会说‘拜拜’。”碧昂斯更加疼自己的女儿，她在后来的节目里对奥普拉说：“布鲁是我最好的朋友。她很有趣，脾气也很大。我不希望她发脾气。但是，天哪，我有时也会发脾气。虽然会发脾气，不过，她很漂亮。”

布鲁生日时，碧昂斯公布了一张和女儿在海边的照片。照片中，碧昂斯身穿比基尼在划桨，6块腹肌清晰可见。有人称，碧昂斯在最新一期《绅士季刊》封面中的照片经过了人为修饰。《绅士季刊》授予碧昂斯“最性感女星”称号，在《绅士季刊》封面上，碧昂斯穿着运动衫和小短裤，并展示着自己的腹肌。那些认为“她的照片经过了数码处理，因此身材十分完美”的说法遭到了反驳。她对自己的身材很自豪，并一直健身以保持体型，因此照片不必处理。同年，她参加泳衣展示活动时，又因身材问题引起了争论。有消息称，她不允许时装公司使用修过的图片，因为修过的照片里她的身材比真实的身材苗条。她要求广告中使用未加修饰的照片。女性有时因为世俗的审美而被要求改变自己的形体，这一不公平的待遇成为她音乐中的重要主题。在她秘密筹划的新专辑里，她将继续探讨这一主题。

在纪录片《人生如梦》中，我们随时可以见到这种女权主义的体现。经过数月的期盼，该纪录片于2月在美国电视频道播出。在90分钟的片子里，碧昂斯表达了一些私人想法。她情感强烈地谈及性别不平等问题：“女性的工作更加辛苦，然而女性却得不到与男性相同的机会。女性与男性不能同工同酬，所以我感觉很生气。报酬给了我演出的力量，却给了男性定义价值观、定义性感、定义女权主义的机会。他们所谓的定义都是一派胡言。其实，此事不关乎平等权利，而与我们如何思考有关。作为女性，我们要不断壮大并发挥带头作用。”

她在强调女性的重要性时说：“我爱我的丈夫，但我们之间的对话远不及我与女性之间的对话那样深入。从与女性的对话中，我成长了很多。我需要姐妹。”但是，女权主义也不能减少她对女儿的爱。她曾公开承认自己缺少母性本能，与生来就想当母亲的女性不一样。她又进一步说，怀孕时她自己十分害怕，但布鲁的到来鼓励她展现出全新、勇敢的一面。她也曾在《时尚》杂志中表达了自己的观点：“我觉得自己的身体和以前完全不同。我对自己更加自信，不管是变胖还是变瘦，我都感觉自己更像一个女人。我比以前更加有女人味，更加性感。我可以毫不羞愧地这么说。”

在《人生如梦》中，碧昂斯深刻反省了自己与父亲终止合作一事。对于碧昂斯而言，不再与父亲合作是正确的选择，但这仍然困扰着她。在挖掘父女之间的一些事情的真相时，导演组做了很大努力。碧昂斯说：“这部片子在很多方面能为我疗伤，我很想哭。”在面对“是否会和爸爸重新合作”这样的问题时，她回答：“不会！我得牺牲和爸爸的合作关系。我得放手。”显然，父女之间难以恢复如初。

在这部纪录片中，我们能看到碧昂斯罕见的家庭录像片段。其中一个场面是，他们夫妻二人在克罗地亚外出吃晚饭。碧昂斯搂着杰斯的脖子，二人充满爱意地为彼此唱酷玩乐队的歌曲《黄色》（*Yellow*）。碧昂斯唱道：“杰杰，我很爱你。”与他们之前的戒备态度不同，他们在这部纪录片中十分坦诚。其中还包括《公告牌》杂志对碧昂斯的评论：“经受无数磨难和荣耀的洗礼之后，她变成了创造奇迹的机器。她的确是一台大机器，但也有一颗柔软的心。”

“卡特夫人秀”世界巡演前两周，碧昂斯和杰斯庆祝结婚5周年，在古巴度假3天。这对恩爱的夫妻在哈瓦那古城领略美景，并在萨拉托加酒店的顶楼泳池放松。他们一起体验古巴的传统音乐，并与当地居民打得火热。他们尽情享受着轻松的假期，有人却说他们到古巴旅行是违反禁令。共和党人呼吁对他们的旅行进行调查，并坚信这对夫妻因与总统关系密切而享有特权。面对美国新闻节目《今天》（*Today*）的追问，奥巴马冷静地说：“我并不太清楚他们去古巴旅游了……这不是白宫应该参与的事情。我们有更重要的事情要做。”2014年8月，这次旅行又被宣称合法。财政部总监办公室发布了一份9页的文件。该文件声称，碧昂斯夫妇并没有违反美国法律。

碧昂斯对古巴旅行引发的负面新闻很失望，她说：“这次旅行原本很美好，我遇到了一些很棒的孩子。我拜访了一些非凡的企业家。这对我而言很有教育意义。从这个国家、从我遇到的人身上，我学到了很多。”

3天的小长假为碧昂斯积蓄了力量，共有132场演出的世界巡演于4月15日在贝尔格莱德开幕。和以前一样，此次演出准备充分。这次演出强调皇室主题，碧昂斯在着装方面非常注意与主题的契合。从造型视觉方面而言，这是她最有雄心的一次演出，几乎所有顶级服装设计师都为她设计了服装，其中包括罗伯特·卡沃利、璞琪、纪梵希、高田贤三、朱利安·麦克唐纳德和大卫·柯玛。同时，斯图尔特·韦茨曼为碧昂斯、“老妈”乐队及伴舞设计了鞋子。

她所有服装中，最亮眼的是一件金色紧身衣。这件衣服的胸部设计令人啧啧称奇。它镶有近3000颗施华洛世奇水晶，其手工刺绣耗时600工时。这款服装有长、短袖两种穿法。《格调》杂志称，这件衣服是碧昂斯迄今穿过的争议最大的服装。

在“卡特夫人秀”巡演中，舞蹈动作比以前巡演中的动作更加严谨。创意总监盖特森为此付出了大量努力。他对杂志《舞魂》（*Dance Spirit*）说：“今年的‘超级碗’表演前，我们进行了试镜。当时有800个女孩，我们削减到100人。我们密切关注那些跳舞专业而又能创造奇迹的人。碧昂斯很清楚要选择什么样的人参加世界巡演，她也掌控着大局。她不想要水货舞蹈演员……她愿意做任何事情。她也要参与一切事情，包括每个动作的设计。她知道一定的技巧会让表演更上档次。如果你能把芭蕾和街舞结合起来，那么你身上就有了碧昂斯的烙印。我们称之为乡村炸鸡配辣椒酱。”如此活力四射的舞蹈免不了损坏服装，几乎每场演出后，裁缝师都要修补钩坏和撕裂之处。

巡演中，大部分歌曲来自碧昂斯的前几张个人专辑，巡演过半时，她加入了第五张专辑里的一些歌曲。第五张专辑用《碧昂斯》命名，在巡演接近尾声时才得以发行。巡演中，碧昂斯演唱了10首新歌。碧昂斯一如既往地有所超越。在英国演出期间，她曾有一晚从格拉斯哥飞到伦敦参加全英音乐奖，并通宵工作。之后她立即飞回苏格兰，以完成那里首场演出的编舞工作。托德·图尔斯是碧昂斯团队的核心成员，他说：“在追求完美方面，她不知疲倦。说起来可能有些俗气，但这是我愿意卖力为她工作的原因。如果你有这种上司和导师，你肯定会前途无量。”

在这次演出中，她的完美主义表现得比在其他演出中都更加淋漓尽致。格温妮丝公开宣称：“在舞台上时，她比我见过的任何女性都有力量。她从未说过也不会说，但我却要说，她是世界上工作最努力的人。”碧昂斯非常敬业，所以每次演出之后，她都会回到宾馆房间观看自己表演的视频。看完视频，她会自我批评，同时批评舞蹈演员、乐队和摄影师。第二天，所有人都会在早餐期间拿到数页的笔记。

她对《绅士季刊》说，她对待演出的方式就像运动员对待体育运动一样，所以她要反复揣摩每个动作。“我经常观看自己的表演，我希望自己可以喜欢这些表演。我看到灯光滞后时，我会说‘天哪，那里不好’或者‘我不会这样做了’。我会尽力使自己完美。”这种军事化的高标准也催生了一些有趣时刻，碧昂斯的一个舞蹈演员说：“有一次我们在南美洲，当晚是露天演出，天在下雨，我们中有几个滑倒了。碧昂斯看视频时歇斯底里地在笑。整个舞台就是一个大泥潭。那一次，我们很狼狈，但她没有批评我们。”

在11个月时间里，巡演历经六大洲，赚了2.3亿美元，成为迄今为止碧昂斯最吸金的演唱会，也是10年以来最大规模、最为成功的现场演出。此次演出又一次让批评者哑口无言。一位记者在《独立报》中写道：“看了碧昂斯不知疲倦的演出，那些无精打采的人会精神振奋甚至难以呼吸。她的舞台表演堪称肢体艺术。”《观察者报》则称演出为“美到令人窒息的艺术”。《纽约时报》则说：“她放声高歌。她毫不费力地完成了目标。她是为所有女性歌唱的女强人。”

尽管杰斯没能一直陪她演出，碧昂斯却有女儿布鲁的陪伴。她对《时尚》杂志说：“她是我的跟屁虫，她是我的甜心，也是我最好的朋友。”有消息称，布鲁开始会模仿妈妈的一些舞步了，而且越来越像。布鲁喜欢撅起屁股，然后不停地扭。然而即使有女儿的支持，随着日程的增加，碧昂斯的健康也差不多到了极限。5月份，由于极度疲劳和脱水，碧昂斯不得不取消了在比利时的演出。医生要求她停工休息。演唱会的取消再一次引发怀孕传言。人们认为，卡特夫人不知疲倦，她取消演唱会唯一的理由就是怀孕。早前，碧昂斯参加了纽约大都市时装庆典。她穿着定制的纪梵希礼服，礼服遮住了肚子，紧身上衣紧裹胸部，好像故意彰显自己体形的变化。她曾对美国广播公司新闻节目说自己想再要一个孩子，想给布鲁一个伴。因此，媒体更加坚信碧昂斯再次怀孕。然而碧昂斯并没有怀孕，这又是一次假警报。

休息之后，碧昂斯满血复活。她将博爱、信仰和女权主义结合在一起，参加了“变革钟声”主题演唱会。这场演唱会在特威克纳姆体育馆举行。7月份的“变革钟声”演唱会由古驰品牌组织，旨在为女性争取权益，呼吁在世界范围内尤其在贫困地区改善女性的教育、健康状况并促进性别平等。此次盛会众星云集，詹妮佛·洛佩茨、艾丽·高登和杰西卡·科尼什等一一露面。这次演唱会向150多个国家放送，估计有10亿人收听。演出过程中，杰斯登上舞台和碧昂斯一起演唱了《意乱情迷》。表演完后，杰斯给了碧昂斯一个大大的吻，然后紧紧拥抱了她。

演唱会上，碧昂斯自豪地对观众说：“对于我们所有人而言，这都是一个神奇的夜晚。因为有你们，我们已经筹集了400多万美元。我一直密切关注女性权利。现在我是一位妈妈，对于一位母亲而言，做自己能做的事情很重要。在这世界上，很多女性不能表达自己的心声，所以我们要用自己的声音提高她们的意识，并尽我们所能改变这个世界。”

麦当娜也发表了10分钟的演讲，她说：“我一直告诉人们，我想要变革。但我的变革没有流血、没有暴力，我的变革始于教育。变革是为了帮助她们提高女性的自我意识。如果没有教育，就不可能达成目标。”

“变革钟声”演唱会还有一大亮点，那就是瑞塔·欧拉的出席。瑞塔·欧拉是杰斯新签下的艺人，是前途无量的流行女歌手。她深受碧昂斯和杰斯夫妇影响，并对杂志《红秀》（*Grazia*）说：“我的成就完全来自导师杰斯。杰斯让我感觉很放松，也让我意识到我还有很多东西要学习。他一直坚持努力工作多年，而我却刚刚起步。我希望自己的事业能像他那样成功。他是我的音乐偶像。碧昂斯告诉我：‘做好你自己，我们总在你身边。’我想，他们把我当成小妹妹吧。”与当年的蕾哈娜如出一辙，瑞塔与杰斯的关系也被传超出了一般的师徒关系。坊间有传闻说，瑞塔与杰斯发生了性关系，这让瑞塔极其懊恼。《乔弟海岸》（*Geordie Shore*）真人秀明星霍利·哈根直接在推特中说：“有人告诉我，瑞塔·欧拉和杰斯发生了性关系。重申一下，我只是听说。”这让瑞塔非常气愤。虽然霍利·哈根迅速删掉了这条推文，但愤怒的瑞塔却在推特中说：“以前我会对这种谣言保持沉默，但这一次我忍无可忍……”她的言辞十分激烈。

显然，碧昂斯觉得没有必要过度回应。8月份，“变革钟声”演唱会后，她又在英国的V音乐节中闪亮登场。她和杰斯待在一起，团队成员饥肠辘辘时，他们在切姆斯福德的南多烤鸡分店点了餐。他们要了48只整鸡、48份薯条和58个鸡翅盘，共花了大约1500英镑。买完这些食物，他们立即登上了新闻头条。然而这次演出远不如她两年前在格拉斯顿伯里的演出成功。顶着“最受欢迎明星”的称号，却在出场时晚点大约20分钟，这让她17首歌曲的演唱有些不顺畅。演出期间，大雨突然倾盆而下，人们变得焦躁不安甚至怒气冲天。现场观众大喊：“破昂斯。”尽管碧昂斯卖力表演，换了7套服装，并做了棕色爆炸头，但是技术故障却让浑身湿透的观众彻底失去了耐心，带着不满陆陆续续离场。演唱会临时取消转播的消息传出时，在家里准备观看的观众同样很失望。主持人伊迪斯·鲍曼和史蒂夫·琼斯称是碧昂斯自己做出的这一决定。电视台播放的取消在推特上引起了激烈争论，很多人都说自己“被骗了”。

那年夏天，马修和模特出身的吉娜·夏尔曼·艾弗里在休斯敦举行婚礼。碧昂斯以在外很忙为理由，没有参加父亲的婚礼。索朗也拒绝了父亲的邀请。马修在美国名人消息网中对两个女儿的缺席轻描淡写：“很遗憾，碧昂斯和索朗先前有约，因此不能参加我的婚礼。”

同时，碧昂斯的母亲蒂娜也在公众面前和新男友亮相。蒂娜和演员李察·劳森在纽约出席了一个正式舞会。蒂娜和马修之间的隔阂越来越大，但这不影响蒂娜和孩子们之间的母女感情。碧昂斯在得克萨斯州哈里斯县波因特村为母亲买了一座价值590万美元的宅邸。这座房子有6个卧室，装修豪华，室内铺着大理石地板。几个月以后，碧昂斯和索朗又花大手笔在新奥尔良为母亲举办了一场盛大的化装舞会，庆祝蒂娜60岁生日。这一盛大舞会在杰克逊广场举行，耗资超过10万美元。凯莉·罗兰、詹妮佛·哈德森及制作人造梦者全都戴着面具出场，蒂娜和李察则驾车而来。

当年9月，碧昂斯迎来了32岁生日，碧昂斯和杰斯在异国他乡庆生。他们在意大利斯特隆博利岛租了游艇，在那上面住了一个星期。在那期间，他们几乎每天都在游艇上喝香槟，在水中游泳。有人拍到他们在甲板上拥抱、牵手以及和布鲁玩耍的照片。照片中的布鲁穿着时髦的豹纹泳衣。

碧昂斯十分享受这次自我充电的机会。然而2013年年底时，她和杰斯接受了最严峻的挑战：他们参加了最为严格的素食排毒活动。杰斯在博客上宣布了这一决定：“12月3日，在我44岁生日前一天，我将接受一项为期22天的挑战。在这22天里，我要完全吃素，我称之为‘植物性饮食’。心理学家认为，养成或改掉一种习惯需要21天。在第22天，你就会养成一种习惯。”杰斯强调这次活动的目的是“净化精神和身体”，并在签名处写道：“附：碧和我在一起。”

碧昂斯迅速开始了饮食计划，并在网站上分享了自己吃波多贝罗蘑菇和奶酪等健康食品的照片。在实施计划过程中，她和杰斯的一顿午餐又一次引起了风波。事情发生在洛杉矶，她和杰斯点了咖喱扁豆和甘蓝沙拉，这是绝对的素食。但她穿着昂贵的克里斯托弗·凯恩夹克，夹克上有狐狸皮毛。照片迅速激怒了动物权益保护人士，她又一次因为自己的时尚选择而站到风口浪尖。

第 20 章

新专辑空前成功

在过去的18个月里，碧昂斯一直在努力创作新歌，但是她却一直守住了要出第五张专辑的秘密。2013年12月13日深夜，这张专辑突然在苹果音乐商店上发行，震惊全球。碧昂斯没有为专辑提前录制宣传片，也没有提前透露任何单曲，网络上也没有相关信息，这让很多人觉得不可思议。出人意料的是，这张名为《碧昂斯》的专辑共有14首歌，与专辑相配的17支MTV秘密拍摄于世界各地。网络独有的专辑发布形式表明，网友可以通过各大社交网站观看、分享视频。

碧昂斯一直坚守这个秘密，即使是团队中的工作人员都不知道专辑的准确发行时间。《滚石》杂志评论："过去15年里，碧昂斯一直站在音乐世界的巅峰。在那期间，她曾带来了无数惊喜。但这次的烟幕弹绝无仅有。午夜时分，碧女王毫无征兆地在网上为大家呈现了这张'视觉专辑'，并因此唤醒了所有人。这张专辑又一次印证了碧昂斯的哲学——只要想做，没有什么不可能。"

碧昂斯之所以费尽周折为这张专辑保密，是想控制人们感受自己音乐的方式。这样做可以保证粉丝们在看MTV时能用心聆听音乐，并充分感受她的音乐艺术。碧昂斯解释道："我怀念那种沉浸式的体验。现在，人们用音乐播放器听歌时只听几秒钟，根本没有用心体验。我不希望人们得到任何有关专辑发行的信息。我只想在恰当的时机把音乐呈献给我的粉丝们。"

碧昂斯总共录制了80首歌曲，最终入选专辑的是那些最自然的歌曲，即碧昂斯所谓的“不费力”的歌曲。这张专辑是她迄今为止最有个性的专辑。碧昂斯说：“性感在这张专辑中随处可见，这张专辑也让我审视了我的不安全感、疑虑感、恐惧感及我学到的一切。”这一次，她更加焦急地想知道大众的反响。她承认：“我很害怕，也很紧张，因为这确实是个巨大的挑战。我脑海中浮现过各种可怕的结果。”

据苹果公司报道，碧昂斯的专辑是苹果音乐商店上销售最快的电子专辑，仅仅5天就达到了100万份以上。这打破了吉尼斯世界纪录，超过了单向乐队专辑的天文销量。这也让她成为苹果音乐商店历史上销量登顶的第一位女性，足以消除碧昂斯的焦虑。从比利时到博茨瓦纳，从乌克兰到乌兹别克斯坦，这张专辑在世界上100个国家都位居销量之首。

随之而来的是如潮好评，许多乐评人士称这张专辑为2013年最佳专辑。《卫报》称这次始料未及的专辑发行方式为“碧昂斯魔法”，称之为不可复制的成功。没有人能与碧昂斯大胆取舍的勇气相比。《洛杉矶时报》说：“这张专辑让人兴奋的不是唱歌的方式，而是在音乐里融入的亲密与奢侈元素。”

随后，她在5集纪录片《自命名》（*Self-Titled*）中介绍了相关的专辑录制过程。她也解释了MTV内容对于她的意义：“音乐不仅仅是我听到的东西。当我想到某个音符时，马上就会有某种感情或情感。我的童年记忆、我对生活的思考、我的梦想、我的幻想联系在一起就构成了一幅画或一系列图像。它们都与我有关。”

她补充说：“这是我想做视觉专辑的原因之一。我想让人们听音乐时也能看到我的故事，正是这些故事使我成为我自己。我希望人们第一次听我的音乐时，可以感受我头脑中的场景。”

这些MTV大多在 “卡特夫人秀”世界巡演期间拍摄而成，分别拍摄于巴西海滩、纽约市街头、纽约科尼岛、巴黎城堡和南美教堂等公共场所，碧昂斯始终对内容保密。这些MTV冲击力十足，展现了她世俗、勇敢的一面，也刻画了她作为独立女性、爱人和母亲的角色特点。

鉴于制作专辑和MTV的超大人员阵容，很多人纳闷碧昂斯及其团队是如何做到完全保密的。原来所有视频拍摄的参与人员都要签订保密协议，其他见证者则对碧昂斯十分忠诚。造型师泰负责监管视频，他说：“我们都是保守秘密的亲密家人。看到最后的成品时，我简直不相信我们做到了。我们完成了别人没有听说过的工程。整个团队都为此欢欣鼓舞。”泰还负责为碧昂斯设计视频拍摄中的造型，并确保他挑选、设计的服装能随用随到。他说：“我把衣服寄出去，并确保世界各国的酒店能完好无损地收到包裹。”

对于碧昂斯团队的所有人而言，在紧张的工作时间里策划专辑的MTV是一项巨大挑战。乐队经理梅丽莎·瓦格斯回忆：“老实说，我经常问她：‘你真的要这么干吗？’”回忆起在汉普顿斯的拍摄经历时，她补充说：“这有点儿像拍摄《荒岛求生》。我们在那里过夜。每个人都有一个房间。能来探班的只有一部分人，这些人都和她意气相投。一切进展都很顺利，我们和她长时间地待在一起。我们有厨房，还有一个大厨。在厨房里，每个人都可以和碧昂斯坐在一起吃晚饭。无论你是助理还是词作者，这都无关紧要。”

碧昂斯后来承认，在录制后期，她也担心自己会失控。她说：“我要录唱片，还要拍MTV，每晚还要表演，每天的安排都满满当当。有时我会问自己在干什么？这样会不会雄心太大了？”

与之前的专辑相比，这张专辑反映了更多尖锐问题，其中的主题包括理想、女权主义、恐惧、失落、贪食症、抑郁、婚姻与母爱。对于碧昂斯这类热门歌曲创作人而言，新专辑在极大程度上打破了惯例。这张专辑贴近生活，歌词也变得柔和，不再像以往那么犀利。她说："专辑背后的信息是发现不完美的美。我找到所有自己想改变的情况，然后将之放进我的音乐里。除了音乐，我也因自己是一名女性而自豪……我不允许任何人禁锢我，所以我在音乐中表达了爱自己不完美之处的思想，同时表达了要让自己变得更有趣的想法。"

专辑中有一首歌名为《亲吻》（*XO*），这首歌便是上述言论的恰当例证。碧昂斯在录制这首歌时正好鼻窦感染，康复之后，她没有重新录制这首歌曲。她对《外出》杂志说："我录制时只用了几分钟，我本想把它当成小样，但后来我决定把它保留到正式专辑中。我真的喜欢自己的不完美之处。"

这张专辑里也加入了一位新成员——昂斯。造梦者是碧昂斯长期合作的制作人，一天他们在录音棚里交流观点时提出了这个名字。他把昂斯写进了一首歌里，贾斯汀·汀布莱克则在倒扣的水桶上随意敲打出了节奏。碧昂斯问："那是什么？我喜欢这个创意。"

碧昂斯说："我已经与昂斯合二为一了。我想，碧昂斯是碧昂斯，卡特夫人是碧昂斯，莎夏·菲尔斯是碧昂斯，昂斯也是碧昂斯。我终于不用把她们分开，终于能把她们合并了。这些都是我，只是一名女性的不同方面。女性的确很复杂。"

布茨是还未出名的制作人，在为碧昂斯确定专辑方向和形式方面发挥了重要作用。布茨是一位在公众面前比较内向的歌手，本名为乔迪·亚瑟。布茨为碧昂斯创作了歌曲《迷惑》（*Haunted*）、《天堂》（*Heaven*）、《蓝色》（*Blue*），其中《蓝色》是一首关于布鲁的民谣，提及了碧昂斯为人母后的变化。碧昂斯在视频中说："我感到了解放，我觉得可以把自己的整颗心献给人们。"

在碧昂斯的专辑中，布茨唱和声，并演奏了很多乐器。他们的合作愉快且默契，布茨为专辑制作了80%的歌曲。尽管碧昂斯一直是总司令，但布茨是不可或缺的发动机。他使碧昂斯增强了自信心，帮助碧昂斯在音乐中舒坦地吐露真情，这是以前的合作伙伴未能做到的。

嘻哈歌曲《分割》（*Partition*）则透露着与性有关的信息。碧昂斯谈到《分割》时说："这让我想起了自己和丈夫的初次相遇。他抱住了我，认为我是世界上最性感的女人。录完这首歌后，我很尴尬。我觉得自己不能把这首歌唱给丈夫听。我也没唱给妈妈听，妈妈一定会生气。"

《分割》的MTV拍摄于巴黎的疯马俱乐部，这里也是碧昂斯和杰斯订婚时到过的地方。拍摄期间，碧昂斯说："我曾希望自己能在这里为自己的男人表演。以前，我没有机会做，现在，我在MTV里这样做了。"MTV里，还有一位脱衣舞女穿着性感的内衣，在镜头前近乎赤裸地表演钢管舞。

专辑中的单曲《美丽的痛苦》（*Pretty Hurts*）大胆批评了当今人们迷恋完美外表的现象。7分钟的MTV讽刺了一些女性为了获得理想的相貌和身材而不惜采取极端行为的社会现象。在选美比赛中，这些骨瘦如柴的女性将自己塞进一件件的紧身衣里。MTV里的碧昂斯是其中的一员，她用凡士林涂抹自己的牙齿，这也是很多女孩子惯用的伎俩，这能帮助她们在舞台上保持微笑。还有一个镜头是碧昂斯从厕所里出来，略显疲惫地用纸擦嘴，表明她正在用呕吐的方法保持体重。唱到"灵魂需要外科手术"时，碧昂斯踩到秤上并显得心烦意乱。随后她便实施了一系列美妆措施，比如上蜡脱毛、使用肉毒素。镜头切换到她想象的卧室中，卧室里摆满了各种奖杯，镜头反复切换的场景是她回想起自己自孩童时代一路走来的心酸。她说："我憧憬过这些奖杯，并想象着把自己训练成冠军然后接受奖杯。晚上躺在床上，我们需要用心想一想，这究竟值不值得。为了这些耀眼的奖杯，我忽略了所有我爱的人。我做着别人想让我做的事情，我得到了奖杯。那又有什么意义？"

大受欢迎的MTV导演梅丽娜·马特索卡斯负责拍摄《美丽的痛苦》，她透露，碧昂斯一开始并不知道自己在MTV中饰演什么样的角色。她对杂志《纽约》（*New York*）说："我设计的场景是她在房间里，并有些饮食失调。一开始，我们没想这样拍。但到了第三天，碧昂斯说：'我真的想更加深入……'所以我们把减肥药加了进去。"

梅丽娜说，碧昂斯一开始担心人们看到MTV后会有不好的反响。报纸的头条可能会是"碧昂斯饮食紊乱，同时还整容"。后来碧昂斯释怀了："那只是一个人物角色，仅仅是一个MTV，又不是真正的我。"碧昂斯凭借大度、开朗，完美地处理了这件事。

说到奖杯代表的意思，梅丽娜解释说："对碧昂斯而言，打碎那些奖杯意义重大。拍摄时，碎片四溅，碧昂斯觉得那很有趣。其实那很危险，但是好在没有人受伤。碧昂斯很直爽、很真诚，这是我喜欢和她一起工作的原因。"

专辑中的热门单曲是《酣醉之爱》（*Drunk In Love*），碧昂斯与杰斯一起演绎了这首歌曲，这是她在英国单曲排行榜中排名前10的第17首单曲。对于这对之前一直很注意保护隐私的夫妇而言，他们在这首歌中的表现令人吃惊。歌词中描述了他们充满激情的性爱，其中还包括在厨房中做爱的场景。碧昂斯说："我们就像在开派对。这与我们自身无关，我们没有想到它会成为热门单曲。我们只是在享受音乐。我想你们能从歌中听出来。”

在MTV中，我们可以看到波涛冲击着夜晚的沙滩，碧昂斯穿着黑色透明外套在放松的氛围中跳舞。在宣传片里，碧昂斯拿着另一个奖杯。她曾在纪录片里说：“这个奖杯代表着我在童年时期的所有牺牲，代表着我丢失的所有时光，代表着孩提时代的我走向录音棚的路。我只想丢掉它。我竭尽全力，经历了很多别人不敢想的事情，最终得到了很多奖杯。我曾经的付出比所有想得到这些奖杯的人都更加艰辛，但是这一切都比不上女儿喊我一声‘妈妈’，比不上我与丈夫的对望，比不上我在舞台上得到的尊重，比不上我改变了人们生活时得到的尊重。这些才是重要的事情，才是我的毕生追求。在今后的人生路中，我要追求成长与爱、幸福与乐趣。生命很短，尽情享受吧。这就是我要说的。”

《酣醉之爱》中有这样的歌词：“我是艾克·特纳，宝贝我不能玩，吃蛋糕，安娜·梅。”乍一看，我们觉得歌词没什么，然而，这些词语却出自电影《爱何为》（*What's Love Got to Do With It*）。《爱何为》是一部有关蒂娜·特纳的传记电影，讲述了令人心痛的家庭暴力事件，电影获得1993年奥斯卡提名。在电影里，艾克把蛋糕抹到蒂娜（本名为安娜·梅）脸上强迫她吃，然后攻击了一位想要介入此事的朋友。尽管批评人士称这张专辑是碧昂斯最为强调女权主义的作品，但是很多人不喜欢歌词中家暴的元素，也不喜欢歌曲中对爱和性的推崇。《赫芬顿邮报》的评论家艾莉·斯莉对此严厉抨击：“碧昂斯，你亲切地微笑并唱着歌曲时，是在宣传羞辱、强奸和家暴。对于全球女性而言，这三者都是令人恐怖的真实存在。你在身材方面的自信及你的权势令人羡慕，我们也的确认同通过女权主义斗争能够找到自己并发现美。然而，我们的问题不在那个层面。你的表现弱化了家暴问题的严重性，你好像很想像安娜·梅那样吃蛋糕，但是这样不合适。”

伦敦一家电台也对此做出了回应，该电台决定删掉其中令人不愉快的部分而播放改良版本。专辑中的另一首歌曲《完美》（*Flawless*）也引起了人们的类似关注，这首歌在2013年年初就发行了，那时的歌名是《跪下/我在上》（*Bow Down / I Been On*），歌曲中一直重复的歌词是：跪下，婊子。人们迷惑不解，这首歌是在告诉女性屈从于男性，还是仅仅在讽刺。歌词“不要认为我只是他的娇妻”观点鲜明，但对于一些人而言，“跪下”的内涵让人有点吃不消。《每日电讯报》中一位作家写道：“一夜之间，我们好像由碧昂斯深爱的单身女郎、独立女人变为她口中的婊子。在碧昂斯的歌中，从‘所有独立的女性，把你们的手伸给我’到‘跪下，婊子’，改变正在悄然发生，留给我们的只是苦涩的味道。”

碧昂斯似乎对这样的反响错愕万分，她阐明自己歌曲的深层含义时说：“这首歌是对权利的陈述。之所以把‘跪下’放进歌词里，是因为那天我醒来之后去录音棚时，脑海里有一段旋律不断回响。它很激烈，让我很亢奋，让我变得不像平常的我。如果不创作这首歌曲……好吧，就是这样。”她又接着说：“完成歌曲之后，我觉得它很特别，因此想发布。我只是发布，我不想卖。如果人们喜欢，那就太棒了；如果人们不喜欢，那就不喜欢吧。我不会常有这样的作品，我不是那种人。如果有人说歌词太无礼了，那就想象一个恨你的人吧，或者想象一个你不信任的人，然后你看着镜子说‘跪下，婊子’。我保证你会有黑帮老大的感觉！所以，如果你之前不喜欢这首歌曲，就换种思路想象一下吧。”

碧昂斯和杰斯首次现场演唱《酣醉之爱》是在1月份洛杉矶的格莱美奖颁奖典礼上。对于这对夫妇而言，这是一个美妙的夜晚。杰斯与贾斯汀·汀布莱克合唱的《圣杯》（Holy Grail）获得了格莱美奖，杰斯把奖杯献给了身着白色蕾丝长裙的碧昂斯。杰斯说："我想要感谢上帝，因为上帝给了我这个奖杯，更因为上帝赐予我这个年轻貌美的女子。我想告诉布鲁：'看，爸爸为你拿了一个鸭嘴杯。'"夫妻二人登台演唱时，碧昂斯穿着皮质的紧身衣，短发闪闪发亮。歌曲开始时，碧昂斯跨坐在椅子上，然后开始杂技般的舞蹈。白色的烟雾从四周升起，碧昂斯在舞台上旋转着唱歌。杰斯则穿着西装，打着领结，完成歌曲中的说唱部分。性感的歌曲结束时，这对夫妻相互亲吻，然后相拥着走下了舞台。人们认为他们的表演"激情四射"，同时"充满诱惑力"。《纽约邮报》则评论其为"挑逗诱人"。

那段时间，碧昂斯减慢了工作节奏。同一个月，碧昂斯参加了米歇尔·奥巴马的50岁生日宴会，并在宴会上表演。碧昂斯穿着缀满小金属片的金色中等长度的裙子表演了30分钟，布鲁则穿着最爱的褶边连衣裙。其他应邀出席的客人有：史提夫·汪达、塞缪尔·杰克逊、詹妮佛·哈德森、保罗·麦卡特尼爵士及克林顿一家人。客人们入场时要经过严格的手机检查，他们也要遵守严格的规定，不能就此次活动在网上发消息或照片。不过碧昂斯后来发了一些自己和布鲁与奥巴马家小狗合照的照片。

1月，布鲁迎来了两岁生日，同时也得到了两场令人眼界大开的生日派对。其中一场派对中，一家人包下了佛罗里达州的迈阿密动物园，布鲁与企鹅、袋鼠、狐猴等度过了特殊的一天。随后一家人去了当地的乔伊家餐馆，享受比萨盛宴。第二场派对在纽约举行，两位特殊嘉宾——凯莉和米歇尔高兴地把脸涂上色彩，然后和碧昂斯母女合影。粉丝们希望，凯莉和米歇尔的出席意味着她们的重组。随后，有官方消息称，2014年春天，碧昂斯和凯莉会在米歇尔的最新福音歌曲《肯定回答》（*Say Yes*）中献声，这让粉丝们异常兴奋。三个人还一起拍摄了MTV，但拍摄一事却走漏了风声。米歇尔说："我们在某个人家里拍摄，这家人或许太兴奋了，所以把自己的表姐妹兄弟和朋友们都叫了过来，然后消息就传开了。我第二天醒来时得知，我们的歌曲已经泄露了。我心里觉得不爽，因为这个版本并不完美。同时，我也得到了大量支持。我知道，凡事必有原因。"

米歇尔强调，再次和碧昂斯、凯莉合作很令人兴奋，她对《人物》杂志说："我不在意别人说什么，我们很思念彼此。我们之间有精神上的联系。当你累极了，你只需要你的姐妹陪在你身边，或者打一个电话，让她们知道你很在乎她们。她们俩是我的灵魂伴侣。"

碧昂斯的生活重回正轨之后，杰斯也结束了自己为期4个月的巡演。杰斯因此有机会加入碧昂斯的"卡特夫人秀"世界巡演。在伦敦的6场演出及里斯本的最后一场演出中，杰斯都与碧昂斯一起登台演唱《酣醉之爱》。3月27日晚上的表演充满能量，高潮不断。碧昂斯在舞台上对着观众说："你们或许不知道，今晚是巡演的第132场演出，也是本次巡演的最后一场。一年前，我们开始了巡演，这次巡演真的是意义非凡。过去的一年里，我们一起经历了许多。我们经历了'超级碗'表演，我们拍摄了MTV，我们准备了所有的演出。巡演开始时，我的女儿还不会走路。因为有你们，我觉得很幸运。"情感更加充沛时，她开始哽咽。她说："我想要大哭一场。再次感谢你们，谢谢你们让我收获了自己的事业。我跌倒时，你们鼓励我。我饥饿时，你们哺育我。我只想为你们发光。我把这首歌献给你们。"

演出结束后，碧昂斯泪流满面，她和杰斯一起打开了一瓶他们最爱的黄金香槟，然后在后台和伴舞、乐队及全体工作人员合影。

演出结束之后，碧昂斯和杰斯乘喷气式飞机到多米尼加共和国庆祝6周年结婚纪念日。在安逸的加勒比海岛，碧昂斯在网上发了自己与布鲁玩迷你高尔夫球的照片。她还发了自己穿着比基尼倒立的照片，以及与杰斯在海边饮酒的照片。

几天的休息之后，他们又要继续工作。4月份，他们宣布将举办名为“在逃”的联合巡演。这与杰斯的最新单曲《在逃（第二部）》（*Part Ⅱ: On The Run*）相呼应。2014年6月，巡演拉开帷幕。此次巡演途经美国和加拿大各地，9月份在巴黎还有两场收官演唱会。家庭影院电视台还将这拍成了电视特别节目。碧昂斯和杰斯都有着极高的表演天赋，在逃联合巡演比以前的巡演都有所进步。杰斯曾在一年前宣称，将会有一系列联合演唱会“慢慢推进，每天都会更有意义”，此次巡演似乎是在证明这种说法。

他们很早前合作的第一首单曲是犯罪主题的《邦妮和克莱德》。在这次巡演的宣传海报中，碧昂斯和杰斯戴着黑色套头露脸帽，以罪犯的形象出现。他们甚至还在视频网站上发布了类似电影预告片的视频，视频名为《逃跑》（*Run*），西恩·潘、杰克·吉伦哈尔和布莱克·莱弗利都在宣传片里担当配角。这个视频还是由梅丽娜拍摄完成，戏剧片段里有枪战、爆炸及大量舞女。梅丽娜说：“杰斯开始对此不感兴趣。碧昂斯却很兴奋。杰斯有些怀疑，但是碧昂斯却要求他做下去。”她对《世界时装之苑》说：“杰斯有些犹豫，但是碧昂斯却很喜欢自己的角色。她的动作很到位，她认为自己不能成为现实生活中的坏蛋，为什么不在视频中扮演这个角色呢？碧昂斯认为，演这个角色很好玩，还能创造很酷的形象。我觉得，对于碧昂斯而言，这是一种自由。或许，几年以前，她不觉得自己能扮演这个角色，现在她做到了，并说‘我只是扮演自己想扮演的角色，不会顾及其他人说什么’。”

多场演出的门票都在几分钟内售罄，这完全在预料之中。每场演出预计盈利45万美元，整个巡演则能赚1亿美元。尽管他们在几周前都举行了个人演唱会，人们也都一饱眼福，但是两个人共同演出显然更有吸引力。

第21章

“电梯门”事件

如果有些人仍然质疑碧昂斯的文化影响力，那么以下这一事实完全可以打消那些人的怀疑：2014年年初，美国新泽西州的罗格斯大学开设了一门课程，专门研究碧昂斯的文化影响力。该大学开设了一门叫作《政治化的碧昂斯》的实验课，该课程旨在通过碧昂斯在公众视野中的起伏探究美国的种族和性别政策。讲师凯文·奥尔雷德负责这门课程，课程内容包括分析碧昂斯的视频与歌曲，以及阅读与黑人女性主义有关的读物。碧昂斯的性感形象到底是女权的胜利还是刻板模仿？面对这样的提问，凯文确立了自己的教学目标：帮助学生批判性地分析大众媒体如何接受碧昂斯。他说："这门课程不是讲碧昂斯的政治参与，也不讲她在美国总统就职演讲中的表演。比起一般的娱乐明星，碧昂斯身上有更多值得讨论的特点。其他歌手只是发行音乐，她却创造了关于自己的生活、事业和个人特点的话语情境。"

记者开玩笑地问凯文："如果学生们完美地模仿碧昂斯表演《单身女郎》，会不会得高分？"凯文说："我有一个学生，她说她能记住其中的每一个舞蹈动作，但是我却不会给她额外加分。这个学生问：'我能在最后一次课堂报告时跳这个舞吗？'我说：'我们可以一起学习这个舞蹈，但是你没有必要展示。'"

这个故事反映了碧昂斯在当代社会中的广泛影响。5月，碧昂斯在儿童动画电影《森林战士》（*Epic*）中为泰拉女王配音，她又一次拓展了自己的影响范围。然而2014年春天，一向一丝不苟、公关完美的诺里斯–卡特一家却出现了戏剧性事件。5月5日，来自世界各地的大腕纷纷来到纽约参加本年度的“时尚奥斯卡”庆典——纽约大都市时装庆典慈善舞会。这一舞会旨在为大都市艺术博物馆筹集资金，吸引了好莱坞众多超人气明星。这些明星们无一例外地穿着精心设计的各式长裙。与往年一样，维多利亚·贝克汉姆、金·卡戴珊、蕾哈娜、瑞茜·威瑟斯彭、莎拉·杰西卡·帕克、凯特·波茨沃斯等明星悉数到场。当然，碧昂斯、杰斯和索朗也在众明星之列。碧昂斯穿着纪梵希设计的黑色连袖礼服，黑色蕾丝的华丽性感配上亮片的奢华，让她抢眼至极。她画着色彩斑斓的眼影，戴着吊灯耳环和配套的戒指。当晚，她不小心把戒指掉在了红毯上。杰斯穿着白色无尾礼服，他拾起戒指，然后在碧昂斯面前弯腰，并为她戴上戒指。摄影师们疯狂抓拍时，碧昂斯面对丈夫的“求婚”幸福地微笑。

那个夜晚一开始进展得还算顺利，摄影师马里奥·特斯蒂诺在图片分享网站上登出两个人共进晚餐的甜蜜照片。照片中，杰斯温柔地把胳膊绕在碧昂斯肩膀上。但舞会之后，他们去了斯坦得尔德酒店，并在那里发生了不愉快的事情。在酒店的俱乐部里，碧昂斯和杰斯分别坐在不同的桌子旁与人交谈。碧昂斯和女演员露皮塔·尼永奥等在一起。据《美国周刊》报道，杰斯后来坐在舞池旁边，碧昂斯和索朗则与模特娜奥米·坎贝尔一起跳舞。

凌晨两点半，碧昂斯、索朗和杰斯离开现场，搭乘升降梯去酒店大堂。在电梯里，他们发生了激烈争吵。虽然大家没有目睹这一场景，但是几天后，美国名人消息网公开了监控视频资料。视频一经公开，便在几分钟内疯狂传播。视频中显示，碧昂斯先进了电梯，随后是索朗，杰斯和保镖最后进入电梯。电梯门刚一关上，索朗就开始与杰斯吵架。随后，索朗开始推杰斯，并试图攻击他，杰斯则努力与索朗保持距离。保镖想要控制住索朗，但索朗一直对杰斯拳打脚踢，甚至用手提包砸杰斯，包里的东西撒落一地。索朗踢杰斯时，杰斯想握住她的脚，但他并没打算回击。这段视频没有声音，所以我们不知道他们争吵的内容，但是可以看到打斗持续了3分半钟。保镖按了紧急制动键，电梯停在了12楼。保镖希望他们能冷静一下。

在整个吵架过程中，碧昂斯一直站在旁边，无动于衷。有一秒钟，她提了提自己的长裙，以免被扭打的人踩到。在打斗的间隙，保镖从背后拉住了索朗，碧昂斯则严厉地与杰斯交谈。整个事件中，最令人疑惑的就是，碧昂斯并没有制止自己的妹妹。

气氛缓和之后，电梯到了酒店大堂，碧昂斯和保镖先走出电梯，索朗又一次用手提包击打杰斯。保镖再次制止住了索朗，之后四个人都走出了酒店。大厅里监控拍摄的画面显示，三个人从电梯里出来时，索朗满脸不高兴。即便如此，碧昂斯却一直出奇的平静，脸上的表情似笑非笑。杰斯有些惊愕，并护住自己的脸。离开酒店之后，碧昂斯和索朗坐上专车，杰斯则进了另一辆车。消息灵通人士对《人物》杂志说："索朗看上去怒不可遏，杰斯顺着街道走过一个街区，然后上了另外一辆车。"

各界媒体对这段视频大肆报道，这次事件也因此在推特上连续几天成为头条。这段视频的标题是"杰斯对索朗说了什么"，这让推特用户们纷纷猜测可能的事情经过。这一视频成为人们热议的话题，更多的分析人士开始分析事情的原委。正当人们对此高度关注时，《华盛顿邮报》抛出一个问题："我们之前曾猜测，诺里斯-卡特夫妇的婚姻出现了问题。我们的猜测真的变成了令人不愉快的事实吗？”

随后的几天，有关这次争吵的各种猜测充斥着网络。其中一位报道人士称，在舞会上时，杰斯和设计师瑞秋·罗伊调情，索朗很看不惯。瑞秋曾嫁给杰斯之前的生意伙伴兼朋友达蒙·戴西，对卡特一家了如指掌。还有人说，当晚与杰斯争吵之前，索朗已经和瑞秋吵了一架。据说，碧昂斯曾介入索朗和瑞秋的争吵，她要求瑞秋别再招惹自己的妹妹。内部人士称，与瑞秋的争吵让索朗很生气，并迁怒到杰斯身上。他们走进电梯时，气氛迅速变得紧张起来，随后便出现了那一幕。

一些新闻机构说，索朗去年离开了杰斯的公司并创建了自己的公司，那时两人之间的关系就开始不那么融洽了。《纽约邮报》的一位消息人士称：“索朗曾在杰斯的唱片公司工作，但是现在她离开了。这可能引起了家庭关系失和。索朗带着儿子从布鲁克林搬到了新奥尔良，但索朗大部分时间仍在纽约工作，只是和家人疏远了，这也引起了一些问题。”

在雷达在线网站上，有言论表明索朗因为杰斯不让她参加“在逃”巡演而生气。据网站报道，索朗期待着为碧昂斯和杰斯的巡演进行开场表演，却被泼了冷水。另外一个消息人士则称，索朗在舞会当晚烂醉如泥，如同高压锅一般，一有机会就会爆炸。

《纽约日报》则对此事件有另一番解释。该报纸声称，索朗的两个朋友想加入斯坦得尔德酒店的聚会，索朗将她们领了进来，杰斯知道后厉声训斥索朗。索朗的这两个朋友并没有离开，而是假装杰斯的朋友。杰斯知道此事后，告诉索朗：“别以我的名义。”后来，杰斯决定参加蕾哈娜的舞会后续派对，索朗则逼问他：“你为什么不回家？” 随后索朗对碧昂斯说：“你的丈夫为什么非要现在去参加别人的派对？”杰斯插嘴说：“一直是你在说，你可以闭嘴了。”就如我们看到的一样，索朗当即暴怒。

各种未经证实的言论甚嚣尘上，各个网站也开始寻找蛛丝马迹以解开谜团。蜂鸣网站找到了一系列索朗在其他场合吐露心声的视频，其中包括她抨击一位电视采访人员的情景。这位采访人员大胆地询问她有关杰斯40/40俱乐部的事情，而她的反应十分强烈。她说：“请不要把我和家庭捆绑在一起，也不要把我和我姐夫的公司联系起来。”布鲁出生以后，她曾有一次极力反对媒体采访，并说：“事情已经失控了。我一直尽最大努力保守秘密……但是事情的进展让人悲伤又令人苦恼……眼睁睁地看着我们爱的人被诽谤、被欺骗甚至被嘲笑，这是最难令人接受的事实。”在一次采访中，她也说起了自己对姐姐的忠诚：“我需要自我防卫，也要保护好姐姐。对我而言，那是敏感的话题。人们都知道，我一直跟在姐姐身后。”

其他网站则开始回头挖掘索朗在一年前突然取消欧洲巡演的原因。2013年7月，索朗在自己的网站上说：“我绝望极了……是时候做出决定把心理和身体调节到最佳状态，并为稳固家庭而奋斗了。”她也承认自己吸过大麻。同一个月，在美国的音叉音乐节上，她对观众说：“我闻到了一点儿大麻味，如果你们有，现在就点着吧。”早在2009年，索朗就在网上说：“我没有经常吸大麻，但是记忆力却下降了很多。”2011年，她曾问随从人员：“纽约有大麻禁令吗？为什么我找不到大麻？”

大众心中有太多问号，人们关心监控视频是如何在第一时间被泄露的，调查也随之展开。有谣言称，斯坦得尔德酒店以25万美元的价格把视频卖给了美国名人消息网，这也是该酒店迄今为止最大的安全漏洞丑闻。该酒店聘用马蒂·辛格担任律师，力求查明此次事件的信息泄露人。斯坦得尔德酒店把安保漏洞归咎于个人，美国名人消息网发布监控视频的责任也由个人承担。酒店发言人布莱恩·菲利普斯说：“斯坦得尔德酒店已经解雇了相关员工，并保留一切刑事民事追究权利。”

这次争吵很快被称为“电梯门”事件。这一事件本来就令人困惑，碧昂斯姐妹的后续行动更是让人不得其解。美国名人消息网发布视频以后，索朗删掉了图片分享网站其个人账号中关于碧昂斯的所有照片，只保留了2013年拍摄的一张。与之相反，碧昂斯则发布了4张她与索朗的合照，其中包括姐妹俩在颁奖典礼的照片，还有两人一起度假的照片。之前一个月，在加利福尼亚州柯契拉音乐节上，碧昂斯作为嘉宾在索朗表演时出现，给了妹妹一个大大的惊喜，姐妹两人抛弃一切烦恼尽情舞蹈。碧昂斯也发布了音乐节上的一张照片。

碧昂斯在图片分享的网页上祷告：“帮助我英明地抉择朋友吧，这样我就不会迷路。赐予我洞察力和勇气吧，让我能远离那些消极的人。希望有人能帮助我。”索朗也在推特上发文说：“这或许是生命中最特殊的10天。”人们认为，这是索朗对碧昂斯的回应。她们的话让原本扑朔迷离的事件更加复杂。

“电梯门”事件之后两天，碧昂斯和杰斯被拍到在纽约巴克莱中心球场观看布鲁克林篮网队和迈阿密热队的比赛，两人十分高兴而且非常放松。照片中，他们都面带笑容，杰斯还抱着朱莱兹。眼尖的观察者却发现，碧昂斯的婚戒刺青比以往要浅，就像是刚刚做过一次激光去除。几周前，她曾发布了一张照片，照片里，她刺青的手指上缠着石膏。据媒体报道，杰斯已经告诉自己的朋友，碧昂斯洗掉了婚戒刺青。杰斯不在乎地表示，世上没有永恒之物。

“电梯门”事件后4天，碧昂斯和索朗一起出席了凯莉与经纪人蒂姆·威瑟斯彭在哥斯达黎加的低调婚礼。据内部人士称，她们一起乘私人飞机前往。杰斯却没有和她们一起。

“电梯门”事件后相当长一段时间，都没有有关此事的合理解释，当事人最终打破沉默并发表声明，使整个事情出现了转机。声明说：“5月5日，星期一，有关‘电梯门’事件的视频被公开。自那以后，各种猜测纷至沓来。但现在，我们一家人已经解决了这一问题。杰斯和索朗都认识到了自己的错误。他们也意识到，自己在公众场合的行为欠妥，而且已经相互道歉。我们还是一个和谐的大家庭，而且感情更融洽了。”

声明否认索朗喝醉了酒所以行为失态：“每个家庭都有自己的问题，我们也不例外。但我们深爱着彼此，我们是一家人。我们已经放下这段向前走了，我们希望你们也是如此。”

他们渴望展现团结的一面，因此一家人到新奥尔良的小艾米丽餐厅吃午餐，并发布了亲密照片。碧昂斯在网上发布了一系列照片，照片中有她、杰斯、布鲁、蒂娜、索朗及其男友艾伦·弗格森，还有朱莱兹。之后有报道称，索朗和杰斯一起到纽约的某商店挑选珠宝，期间两人十分友好。

尽管精心营造了团结的局面，但整个事件毫无疑问对诺里斯–卡特家族的公众形象造成了负面影响。危机应对专家霍华德·布莱格曼在美国有线电视新闻网中说：“杰斯和碧昂斯是世界上最富有的人，也是最有影响力的人。虽然如此，他们却不是最会处理危机的人。要想避免类似事件，必须脱离公众视线。乘坐私人豪车时，要和司机签订保密协议；回到自己私密住处之后把门关上，这样才不会暴露于公众面前。一旦走出自己的城堡，就会成为猎物。狗仔队和媒体就会像对待猎物一样对待你。”

“电梯门”事件之后，一家人努力收拾残局。不久，《周末之夜》节目把这一事件搬上了荧幕。女演员玛雅·鲁道夫扮演碧昂斯，节目常驻主持人杰伊·法老则扮演杰斯。杰伊开玩笑说：“我的妻子不在这里，她正在拍摄MTV。”他们重演了监控拍摄的那段视频并配上了声音。他们演绎的内容是，索朗所做的一切其实都是为了拍掉杰斯身上的一只蜘蛛。

两个月以后，索朗才单独回应了自己和姐夫之间的“恩怨”。2014年7月，在杂志《幸运》（*Lucky*）的采访中，索朗将他们之间的打斗事件称为“那件事”，并坚决表明两人之间已经和好如初。她说：“我和家人们都很好，这就够了。就像之前的声明所说的那样，现在我们能和睦相处。”

无论事情解决与否，人们都不再关注“电梯门”事件引发的家庭纠纷，而是更加关注碧昂斯和杰斯的婚姻状况。最新报道称，索朗在电梯里是为姐姐抱不平，她对杰斯对待姐姐的方式很不满。突然之间，人们想起了杰斯2010年的一次采访。他对杂志《大号》（*Kingsize*）说：“我觉得世上不存在完美的关系。”那时，被问到他和碧昂斯之间的秘密时，他说：“奢望太多并不现实。我觉得不要给自己太多压力。我们之间也有挣扎和问题。”似乎在那时，他们的婚姻问题便隐隐浮现。

5月末，坎耶·维斯特和金·卡戴珊在意大利举行了超级奢华的大型婚礼。碧昂斯和杰斯都没有出席，这让人们更加怀疑他们之间的关系。人们在网络上纷纷猜测他们没能参加婚礼的种种理由。好莱坞生活网站上有文章称，金·卡戴珊也邀请了好朋友瑞秋·罗伊，瑞秋是“电梯门”事件的导火索，所以碧昂斯拒绝参加。婚礼现场，有消息人士对网站说：“他们不愿意卷入卡戴珊的生活中，因此不想去。他们宁愿待在家里陪伴布鲁，或者准备巡演，也不愿意出席婚礼……碧昂斯不想与金·卡戴珊的名人朋友们为伍。”《纽约邮报》则声称，对于杰斯和碧昂斯而言，这场婚礼档次太低，因此他们有意回避。消息灵通人士还说：“碧昂斯不想让金·卡戴珊和自己攀上关系。”

还有人说，金·卡戴珊曾邀请碧昂斯当伴娘，但碧昂斯拒绝了。为了避免尴尬，碧昂斯选择待在家里。碧昂斯也拒绝参加金·卡戴珊的宝宝派对，但是她送了一个价值1.5万美元的高脚椅。这把椅子由卡拉·蒙辰设计，镶有施华洛世奇珠宝。

这对夫妇没有去佛罗伦萨参加豪华婚礼，而是在汉普顿斯低调地生活。碧昂斯通过图片分享网站向金·卡戴珊公开表示祝贺。在网站上贴出的《时尚》杂志的一张照片中，金·卡戴珊夫妇和女儿诺斯·维斯特站在一起。碧昂斯在这张照片下评论：“愿你一生都能得到无条件的爱。上帝保佑你美好的家庭。”落款是一只小蜜蜂的表情符。

碧昂斯最终没有参加这场耗资1200万美元的豪华婚礼，粉丝们很满意，并希望碧昂斯能终止和金·卡戴珊的关系。2013年，粉丝们写了“碧昂斯不能参加金·卡戴珊婚礼”的请愿书。请愿书中写道：“众所周知，金·卡戴珊和坎耶·维斯特现在因为订婚成为新闻焦点……现在，我们必须竭尽全力阻止碧昂斯参加他们的婚礼。”一位在请愿书上签字的粉丝不愿碧昂斯被卷入《与卡戴珊姐妹同行》的媒体圈子，她担心地说：“碧昂斯需要远离她。”

同时，碧昂斯还要陪伴朋友格温妮丝。碧昂斯在《人生如梦》中称她是“令人难以置信”“各方面都很棒”的朋友。2014年春天，格温妮丝宣布与丈夫克里斯·马丁离婚。在那之后，她度过了一段艰难时光，并努力适应单亲妈妈的角色。格温妮丝对外声称，她和克里斯是“理智地分开”，她说：“我们无比伤心，最终决定分开。”据《太阳报》报道，格温妮丝和碧昂斯都觉得有必要进行真正的休息和放松，因此计划去加利福尼亚州，并参加瑜伽课，一起沉思、一起远足。

尽管她们看上去亲密无间，但仍有人说她们之间有矛盾：她们已经有一段时间不在公众面前同时露面了。据杂志《热门》（*Heat*）报道，碧昂斯参加了格温妮丝发起的名人义卖活动。据说，碧昂斯捐了一双斯图尔特·韦茨曼高跟靴，但是不希望公开。她希望能够匿名，她觉得没有必要炫耀自己在慈善方面的举动。所以，格温妮丝曝光她的邮件以后，她很生气。

尽管人们还不明了两人之间的友谊是否稳定，但美国的八卦杂志《明星》坚持声称，格温妮丝给予了碧昂斯婚姻上的建议，甚至建议碧昂斯和杰斯去咨询她的私人顾问。

第22章

传奇仍在继续

6月末，碧昂斯和杰斯开始了联合巡演。他们在网上发布了一起彩排的视频。在视频里，他们在后台手牵着手，时而相互拥抱，时而深情对望。在3分钟的视频片段里，我们还能看到两岁的布鲁在后台等待爸爸妈妈。在迈阿密的首场演出之后，布鲁对父母说："做得好！"

然而，首演却因为他们婚姻危机的传言而备受影响，一些报道甚至称他们已经分居。谣言传播时，他们还像以前那样保持沉默，但是娱乐媒体却对他们展开了全面攻击。在猛烈攻势下，他们的个人生活和职业生活都未能幸免于难。很多网站称这次巡演是感情破裂且痛苦的巡演，然而相关统计数字表明，这可能是有史以来第二卖座的世界巡演。排名第一的是U2乐队的巡演，但他们的巡演历时两年，举办了大约110场演出，演出场数几乎是碧昂斯和杰斯此次计划的6倍。

随后又有谣言称，近期的"电梯门"事件是精心设计的圈套，目的是促进巡演门票的销售。一直以来，碧昂斯都是最有发言权的人，但是她一直保持沉默。6月25日，巡演在迈阿密的太阳生活体育场拉开帷幕，7万多名观众聚集于此。新婚宴尔的凯莉也是观众之一，怀孕的她大肚子已清晰可见。凯莉在网上发了一张照片，照片里是一双婴儿运动鞋，并表示她与蒂姆的孩子即将来到这个世界。

巡演过程中，在每一场两个半小时的演出中，这对夫妇都会演唱40多首歌曲。两人先是轮流主唱，然后合唱。在表演中，他们是持枪的逃犯邦尼和克莱德。据《迈阿密新时报》（*The Miami New Times*）报道，表演反映出他们想要躲避媒体，远离那些他们不喜欢的人，远离一切胡言乱语，有时甚至想躲避彼此的心情。

这次巡演以黑色套头露脸帽为标志，这一打扮与他们在海报和宣传视频中的形象十分一致。但是，金·卡戴珊却声称这对夫妻的造型抄袭了自己的丈夫，这让人们再一次质疑碧昂斯与金·卡戴珊之间的关系。金·卡戴珊在网上发布了一张一年前丈夫所拍摄的照片，照片里坎耶戴着与杰斯类似的帽子。金在照片中配上文字说明，表明自己的丈夫远比杰斯时尚得多。几周以后，金又在网上发布了一张自己和坎耶在电梯里接吻的图片，似乎在暗指碧昂斯和杰斯的“电梯门”事件。

此次巡演引发了媒体的巨大反响。嘻哈音乐网评论迈阿密第一夜的演出说：“我们能清楚地看到，这是非常完整流畅的表演。碧昂斯需要时间换装，但他们之间配合默契。对于世界上最棒的两个艺人而言，演出足以证明他们位于世界流行音乐之巅，他们是有影响力的夫妻。人们很迷恋他们。很多人像看待王室家庭一样看待他们，认为他们代表真爱，也在他们身上看到了童话故事成为现实。”

据《卫报》报道，这次巡演发挥了双方的优势。杰斯展现了布鲁克林的冒险精神，碧昂斯则表现出南方人的高调。《波士顿环球报》说：“很少有艺人能完成如此大规模的表演。这次大规模巡演非常辛苦，而且内容编排上也精益求精：他们没有猫步，没有喧宾夺主的场景设计，甚至没有安排一定规模的乐队。但只要有碧昂斯和杰斯在，我们就很满足。”

大屏幕上播放了他们结婚的视频，这是首次公开播放，粉丝们欣喜若狂。视频中碧昂斯穿着妈妈亲手设计的白色婚纱，看上去容光焕发。杰斯则穿着无尾礼服。夫妇二人在舞台上唱着《永远年轻》和《光环》时，视频放到杰斯把闪闪发亮的婚戒戴在碧昂斯手上，然后两人交换誓言。在视频中，我们也能看到碧昂斯手上的婚戒刺青——罗马数字4。大屏幕上还出现了布鲁的视频，还有一张写着“卡特一家人”的沙滩照片。另一个镜头则是怀孕的碧昂斯挺着自己赤裸而又圆滚滚的肚子，这让那些代孕和假怀孕的谣言不攻自破。

在这次演出中，碧昂斯演唱了歌曲《分割》。演唱期间，她改编了原MTV中的诱人舞蹈。在俄亥俄州辛辛那提演唱会上演唱这首歌的视频后来在2014年黑人娱乐电视大奖颁奖礼上得以播放。视频中杰斯大汗淋漓地演唱，随后，碧昂斯性感地走上舞台。碧昂斯的一头金发随风飘舞，她攀着钢管挑逗性地上下移动，然后在椅子上向后弯腰以显示自己身体的柔韧性。在这届黑人娱乐电视大奖中，她赢得了最佳流行音乐女歌手奖，并凭借和杰斯合唱的《酣醉之爱》赢得最佳合作奖。

从技术角度而言，这不是碧昂斯最有创造力的一次演唱会，但她在舞台上的服装依然亮眼。在第一次演出《邦尼和克莱德》时，碧昂斯穿着范思哲的黑色低领皮革紧身衣，同时配以渔网面具和高跟靴子。设计师说这一造型受到“逃犯”和“嘻哈感觉”的启发，代表着“在逃的性感匪徒”。碧昂斯的其他服装还有迪赛设计的警察造型的牛仔连身衣，细节处饰以施华洛世奇水晶。迈克尔·科斯特洛则为她设计了黑色维多利亚风格花边紧身衣。迈克尔说：“我的创作灵感来自碧昂斯，因为我是她忠实的粉丝。她的头发和她律动的方式给了我灵感。我尽力在服装设计中融入这些感觉，无论是小金属片、纽扣还是复古袖子。为了搭配衣服的花边，我设计了黑色袖子，我期待着看到她穿着这身衣服在舞台上闪闪发光的样子。”

虽然很多重量级设计师都为碧昂斯设计了服装，但最让人津津乐道的是王大仁设计的黑色束缚式紧身衣。这件衣服在臀部剪掉了大部分面料，使其看上去就像是贴在臀部的丁字裤。碧昂斯勇气十足地穿上了这件衣服，外界将之滑稽地描述为“露屁股紧身衣”。

比之稍微端庄的是纪梵希的紧身衣，上面装饰有闪闪发光的小宝石和水晶。创意总监里卡多·提西对《人物》杂志说：“这件刺绣紧身衣大约花费1000个工时，在纽约的高级时装屋完成。他们亲手将立体的小宝石、水晶、星星和亮片一个个缝上。”纪梵希也为碧昂斯设计了一件黑白的美国国旗裙子，并花费了500个工时缝制这件裙子。里卡多透露：“杰斯很在意妻子的舞台形象，每次量尺寸时，杰斯都要来。他的眼光很敏锐，他喜欢一切东西。”杰斯一直保持简单的打扮，穿着西服戴着兜帽，还有黑色眼镜和他最爱的金链子。这条链子价值25万美元。

巡演进行过程中，碧昂斯的化妆师约翰先生透露了一个大秘密：碧昂斯能在舞台上光彩夺目、完美无瑕，是因为用了高强度去角质美容方法。他对《造型》杂志说，他把含有大量酵素的乙醇酸用在碧昂斯身上，每周要做两次。这样能促进细胞更新，减少粉底的使用。因此，碧昂斯几乎不用粉底。他认为，每个女孩都应该试试这种方法。

碧昂斯和杰斯的表演及舞蹈动作都如人们期望的那样熟练，他们在舞台上互动默契，却依然有谣言称他们婚姻有问题。在巡演的首场演出之前，又有报道称碧昂斯怀孕，但随之而来的并不是祝福与期盼。《生活时尚》杂志在封面上写着“怀孕和背叛”，并用“拈花惹草”的标题毫无根据地指责杰斯对感情不忠。

碧昂斯在巡演中的舞台形象很苗条，因此最新的怀孕传言似乎站不住脚，但是其他谣言一直没有停止。7月，网上发布了一份指控，指出杰斯与一位节奏蓝调女歌手有不正当关系。人们纷纷猜测这份指控中涉及的人物是杰斯和演唱《果酱女郎》（*Lady Marmalade*）的歌手米娅，米娅断然否认。一位网友问她这个问题时，她回答说：“以前没有，现在没有，将来更不会有。如饥似渴的狗仔们捕风捉影，所谓的‘媒体’也以这样的方式获得信息，这都是非法的。当今时代，这种现象很疯狂。”然后，她又把自己比作耶稣，称自己是替罪羊：“谣言愈演愈烈。这个世界需要公道，需要有人主持正义，需要有人制止谣言。如果造谣的人对耶稣这么做，那么他们就能对所有人这么做。上帝保佑。”对于网络上的各种言论，碧昂斯和杰斯都保持沉默。6月28日，碧昂斯在辛辛那提演出时改变了她在2006年发行的一首歌《愤恨》（*Resentment*）的歌词，这再次引起各种猜疑。原来的歌词是“我已经跟随你6年”，碧昂斯改成“我已经跟随你12年，你为什么如此对我”，“我不能像你的甜心那样对你”也被改成“我不能像那个婊子那样对你”。细心的人发现，碧昂斯和杰斯已经在一起正好12年了，因此对改歌词一事提出了种种猜测。

7月初，他们在费城演出。碧昂斯因为同一首歌在公众面前哭泣。讽刺的是，她当时穿着长款白色花边婚纱。人们把她的眼泪解读为夫妻二人感情破裂的标志。这首歌曲之后，现场播放了一段视频。她为视频配的画外音是“爱情是永无止境的原谅”。

对于观众而言，这个夜晚的信息量巨大。碧昂斯在唱《愤恨》时没有改歌词，在后来的演出中，杰斯充满爱意地把碧昂斯拉到身边并在舞台上投入地亲吻她。有关这对夫妻的报道占据了各大报纸头条。碧昂斯的眼泪究竟是因唱歌而动情还是暗示自己的婚姻危机，这让人们一头雾水。当然，没有任何证据证明杰斯背叛了碧昂斯。人们似乎永无止歇地在讨论她的婚姻，这让她心烦意乱。一位内部人士对《红秀》杂志说："她的焦虑表现得很明显，她还自动疏远周围的人。她忍受不了持续不断的猜疑。她深陷负面新闻的烦恼中。"还有人说杰斯与瑞塔·欧拉关系过于亲密，这深深伤害了碧昂斯。初春时，瑞塔曾在电台节目中说："谁敢不尊重碧昂斯？那种行为，就是一种不尊敬。"7月，瑞塔为阿迪达斯设计了新款服装，碧昂斯在网上发布了自己为这款衣服当模特的照片，以此证明她和瑞塔之间没有矛盾。瑞塔回复："大姐姐，你应该获得女王称号……你让我有了第一款阿迪达斯收藏品——瑞塔·欧拉款！谢谢，亲爱的家人，我爱你。"

8月，说唱歌手丽芙发行了歌曲《对不起，卡特夫人》，这无疑又一次引起了人们的议论。很多人认为，这首歌是在勾引杰斯，尽管歌词中说他们从未发生什么。这首歌中有这样的歌词："我敢确定，他想留我过夜并抚弄我的身体，请想想会发生什么事情。"丽芙在歌曲中也提及了碧昂斯的一些歌曲："女孩们不能击败男人而主宰世界，所有的单身女郎最好保持清醒。"几天之后，碧昂斯在网上发布了照片，似乎是想通过这种方式力挺自己的丈夫。她只穿了一件大号运动上衣，衣服上写着"卡特"和数字4。

如此多负面消息出现的情况下，坚强如碧昂斯似乎也只能选择回避镜头。消息人士对《热门》杂志说："对于碧昂斯而言，这几周着实难熬。她不知道该相信谁的话，她只是尽力不让别人看到她的痛苦。"

或许有人觉得这些负面报道还不足以击垮碧昂斯，于是有更过分的谣言称碧昂斯将与杰斯在这次巡演结束后宣布离婚。知情人士对《纽约邮报》透露："你注意到没有，碧昂斯没戴戒指。事实上，是杰斯一直在尽力维持两人的关系。"几天之后，该报纸又声称，碧昂斯一个人在纽约偷偷看房子，她已经看上了切尔西地区一套2150万美元的顶层公寓。这家报纸几乎每天都会更新相关信息，不久又发出"碧昂斯和杰斯在巡演期间住不同宾馆，分别到达演出现场"的新闻。八卦新闻还说，这对夫妇的婚姻关系可能撑不到巡演结束。据说，碧昂斯、杰斯、承办演唱会的莱恩公司、家庭影院电视台相关人员及律师团队曾在一起讨论不断升级的局面。据报道，经纪人想就此事发表公开声明，但是碧昂斯和杰斯却不同意。除此之外，杰斯固执地认为，碧昂斯也不应该参加奥普拉的电视访谈节目，因为这会让碧昂斯看起来像是受害者。

在谣言四起的情况下，碧昂斯改编了2013年的歌曲《完美》，并与妮琪·米娜一起演唱。这首歌直接针对索朗与杰斯的"电梯门"事件。在这个版本中，碧昂斯以说唱的形式唱道："当然，电梯里有10亿美元，有时会让人胡作非为。""电梯门"事件是否与她的婚姻情况有关，我们不得而知，但是这样的公然指责却让人印象深刻。碧昂斯夫妻二人感情不和一事不仅在美国闹得沸沸扬扬，英国的《每日镜报》也报道，他们在巡演过程中咨询过婚姻顾问，以便能"公开交流，避免误会"。而格温妮丝在这件事上也以最友好的方式提供建议。据说，格温妮丝劝他们不要冲动离婚，但是可以分居一段时间并保持好朋友关系。也有人说，在洛杉矶举行巡演期间，碧昂斯一个人入住了朋友在布伦特伍德地区价值1000万美元的房子。

作为一向严谨低调的明星，碧昂斯最为开诚布公地谈论感情问题是在

2011年《时尚芭莎》的采访中。她承认自己和杰斯的结合并不完美，她说：“就像你生命中任何成功而伟大的事情一样，婚姻需要辛苦维护并做出牺牲。你和丈夫都要努力。在婚姻里，最好的事情就是你的成长，因为你不能一直躲避恐惧和不安全感。”

碧昂斯也曾说过没有杰斯的生活无法想象。在2013年的一次电视特别节目中，奥普拉·温弗瑞评价碧昂斯说：“你是一个女强人，但在仰慕、深爱的丈夫面前变成了一个小女人。”碧昂斯肯定地回答：“我完全是这样的。”她说：“没有他就没有现在的我。他给了我很多勇气和底气。”

他们的婚姻现状激发了人们的好奇心，人们纷纷把联合巡演中的每场演唱会视为寻找诺里斯-卡特家族真实情况蛛丝马迹的机会。7月底，他们在芝加哥有一场演唱会。有专家分析了他们的肢体语言说：“两个半小时的演唱会进行到一半时，他们开始唱《酣醉之爱》，到这时候他们才有身体接触。杰斯在碧昂斯身后尴尬地抱住了她。”这种情况通常会让当事人有所反应，但是碧昂斯和杰斯在这条消息没有登上头条之前一直无动于衷。尽管这对夫妻的私生活一直被人关注，但这种程度的外界关注对他们而言是第一次。他们还是用沉默应对这一事件。

米歇尔·奥巴马和女儿萨莎也观看了这场演出。碧昂斯又一次更改了《愤恨》的歌词。《芝加哥论坛报》（*The Chicago Tribune*）评论道：“这次演出不仅仅是一场演唱会，也是一场肥皂剧和一场道德剧。这段戏恰如人生，面临问题的夫妻通过歌曲互诉心声。”

谣言一直围绕着他们，而碧昂斯和杰斯用尽全身力气告诉人们，他们之间的感情没有问题。在芝加哥，他们带着布鲁一起到牛排餐厅吃晚饭。他们没有预订包间，而是和其他用餐的人一起吃。据报道，这对夫妻吃饭时很放松，他们点了塔塔吞拿鱼、牛排、鲑鱼，还有两杯红酒。在逛芝加哥的服装专卖店时，碧昂斯微笑着和粉丝合影。巡演期间，碧昂斯在网上公布了大量照片，照片中的两人亲密有加。芝加哥演出之后，碧昂斯还发了一张她和杰斯在夕阳下饮酒的照片。在另一张照片中，碧昂斯四肢伸展、全身放松地躺在海水中，并用手指摆出心形。还有一张他们两人的照片，他们在水里牵着手，照片只能显现他们的大体轮廓。碧昂斯的个人网站上还有很多一家三口参加纽约艺术展的照片，碧昂斯和布鲁穿着复古风格的印花连衣裙亲子装。后来，碧昂斯满脸笑容躺在冲浪板上的照片也在网上公开，这张照片似乎是对歌曲《酣醉之爱》的说明。在那首歌里，碧昂斯唱到在冲浪板上“战斗”。碧昂斯还为杰斯在热带沙滩牵着布鲁的照片配上文字说明：“我最喜欢的颜色就是杰斯蓝。”这些照片里丝毫看不出婚姻危机的迹象。相反，碧昂斯继续用心经营着自己和杰斯的理想生活。如果像人们的传言那样，他们的婚姻正遭遇灭顶之灾，碧昂斯肯定不会费心做这些事情。

在休斯敦，碧昂斯和杰斯感情充沛地完成了“回家”演唱会。在那之后，碧昂斯似乎迷上了怀旧照片，并在网上分享了自己小时候在休斯敦滑冰场的照片。休息一天之后，巡演转战新奥尔良，他们在一家饭店共用午餐。当晚，他们和索朗一起悠闲用餐。目击者对《人物》杂志说：“他们很放松，很低调，看似过得很愉快。”在圣弗朗西斯科的演出结束之后，他们完成了在美国的演出，碧昂斯又在网上发了一张杰斯和布鲁登上私人飞机的照片，并配上文字：“谢谢，圣弗朗西斯科。你很美丽。这里是完成巡演的最佳地点！”逗留期间，他们入住了圣瑞吉斯酒店3万美元一晚的总统套房。在托斯卡咖啡馆，他们和说唱歌手威廉愉快地共进晚餐。

离开圣弗朗西斯科后，他们在马里布暂时落脚，并避开了媒体的视线。9月中旬，他们还要在法国继续巡演，因此现在迫切需要休息。碧昂斯分享了她在阳光下品红酒的照片，杰斯出现在照片里的窗户旁。这张照片经过数字处理，碧昂斯显得更加苗条。所谓的“摄影技术专家”指出，照片里，桌子、沙发、手机都轻度扭曲并有些失真，这张照片的处理技术很差。鉴于她强烈的女权主义立场及对身材的自豪，很多粉丝对她修照片一事感到不解，同时感到气愤。

在巡演休息期间，他们发布了巴黎演唱会的宣传视频。在黑白宣传片里，碧昂斯为杰斯唱了小夜曲——《邦邦（亲爱的冲我开枪）》［*Bang Bang*（*My Baby Shot Me Down*）］。1966年，桑尼·波诺创作了这首歌，由雪儿演唱。后来，歌曲由南茜·新纳特拉翻唱。人们一直将这首歌的内容视为与感情虐待有关，但碧昂斯却把它用在宣传片中，很多人对此不解。

即使他们苦恼于一举一动都会引发广泛的争议，进而让人们热衷于过度解读他们的歌词，他们也不会在舞台表演中分心。《波士顿环球报》评论道：“如果有瑕疵，那肯定不是这次巡演。所谓的女王和逃犯组合，一定会让他们的表演天衣无缝。”

几个月来，诺里斯-卡特的联合巡演伴随着许多疑问，或许最适合发表评论的人就是碧昂斯的妈妈。8月，蒂娜与凯莉·罗兰在比弗利山庄吃午饭，面对美国名人消息网记者的提问，她在视频中说：“喜欢他们的人就是喜欢，不喜欢他们的人就是不喜欢，我们无能为力。”记者问碧昂斯与杰斯之间是否有矛盾时，蒂娜说：“一切都很完美……他们很好。”记者问蒂娜对近期谣言的感受时，蒂娜爽快地回答："我从不听那些胡言乱语。"但令人吃惊的是，碧昂斯的爸爸马修说，离婚谣言仅仅是个噱头，目的是卖出更多巡演的门票。马修在休斯敦广播电台中说："此举有利于演唱会，这叫控心术。一直以来，你们都被控心术戏弄了。'电梯门'事件纯属炒作，我只知道控心术。每个人都在讨论这件事，门票销量增加了，索朗的专辑销量也增加了200%。"

2014年夏天，碧昂斯发现自己又多了一个同父异母的手足，这让她的世界再次动荡。休斯敦的前内衣模特塔科亚·布兰斯克起诉马修·诺里斯，向他索要抚养费。据蜂鸣网站报道，塔科亚称，2010年她与马修的女儿在得克萨斯州哈里斯县出生，并要求马修进行DNA亲子鉴定。

巧合的是，几天后网上突然爆出一张塔科亚与索朗的合照。美国名人消息网声称，2008年索朗和塔科亚通过一位设计师朋友认识，其后两人一起参加过几次社交活动。塔科亚起诉马修之后，索朗否认自己认识她。索朗的发言人表示，这张照片只是索朗和粉丝随机拍的照片。

最新的亲子诉讼案件让人们想起马修2010年的丑闻。马修与阿历山德拉·莱特有一个私生子，几年后竟然旧事重演。阿历山德拉在电视采访中激烈抨击马修，并声称马修从来没有看过自己的儿子尼克松。她同时表示，马修欠自己32135.9美元子女抚养费，她不得不靠食物券维持生计。

暂且不提家庭丑闻和婚姻危机，围绕着碧昂斯的仍有正面新闻。在7月揭晓的MTV音乐录影带大奖中，碧昂斯再次获奖。在8月末的颁奖典礼上，她拿到了3个奖项：最佳组合奖（《酣醉之爱》）、最佳社会资讯录影带及最佳摄影奖（《美丽的痛苦》）。

颁奖礼上，她满怀热情、尽心尽力地演唱专辑《碧昂斯》中的歌曲，表演一直持续了15分钟。她穿着饰有珠宝的紧身连衣裙，在台上尽情跳舞，最后全场观众起立为她鼓掌。盛典期间，金·卡戴珊一直坐在台下，似乎故意与碧昂斯保持距离。她们之间不和的传言再次涌来。

在那个神奇的夜晚，碧昂斯获得了久负盛名的迈克尔·杰克逊录影带先锋大奖，在此之前，只有贾斯汀·汀布莱克、布兰妮·斯皮尔斯、珍妮·杰克逊、麦当娜以及流行天王迈克尔·杰克逊自己曾获此殊荣。杰斯作为颁奖嘉宾走上舞台，把奖杯递给她并自豪地说："迈克尔·杰克逊录影带先锋大奖获得者，最伟大的女艺人——碧昂斯。"碧昂斯拥抱并亲吻丈夫，她喜极而泣："我很满足。谢谢。除了感激，我无话可说。感谢上帝，我爱你。小布鲁，我爱你。我的最亲爱的，我爱你。粉丝们，我爱你们。MTV，我爱你。晚安。"

布鲁穿着闪闪发光的金色裙装和与之相配的轻便舞鞋，她坐在杰斯膝盖上，兴奋地看着妈妈表演，并向全世界展示了她的独特认可方式——她说："耶，妈妈。"尽管一直有谣言称这对夫妇即将分道扬镳，但在这个夜晚，他们是幸福的一家人。

2014年夏天，碧昂斯又获得了一些成就。她在俄亥俄州克利夫兰的摇滚名人堂举办了自己的展览。展览品包括：2012年纽约大都市时装庆典中所穿的纪梵希长裙、拍摄《意乱情迷》MTV时穿的高跟鞋和短裤、《单身女郎》中穿的紧身衣、"超级碗"表演中穿的外套等。她的这些物品与其他很多知名的纪念品都放在摇滚传奇区域，其中有约翰·列侬的夹克和科特·柯本的电吉他。博物馆馆长梅雷迪斯·拉特利奇·博格对美联社说："看到她愿意展览的物品后，我们觉得唯一适合放置的地方就是摇滚传奇区。碧昂斯就是摇滚中的传奇。我们觉得，应该把她和艾瑞莎·富兰克林、至上合唱团和詹尼斯·乔普林相提并论。”碧昂斯团队中的李安妮·卡拉汉-隆戈说：“对于碧昂斯而言，能和自己的偶像、导师在一起被提到，这很值得。”

事实上，对于碧昂斯而言，能与自己的偶像、导师相提并论，其意义远非李安妮几句话就能描述。当她还是一个牙齿不全的小女孩时，她在妈妈的厨房里羞怯地唱歌，那时的她就热切期望能在音乐方面取得他人不能及的成就。2007年，她对美国有线电视新闻网主持人斯坦·琼斯说：“在达到自己的理想之前，我不会停歇。”我一直在尝试不同的事情，并选择与其他艺术家不同的道路。我一直致力于自己的音乐，并变得越来越强大。我希望自己能成为真正的偶像。”

很久之前，碧昂斯就开始在偶像的道路上前进，她从来都不会满足于自己的成就。每得到一个奖杯，每取得一次成就，她都会设定一个更有雄心的目标。她对斯坦·琼斯说：“我一直设定新目标，因为我从来不满足，我希望自己一直成长。我不必为卖出上百万张甚至数十亿张唱片担心，因为，受上帝眷顾，我做到了。现在，我正努力成为传奇，并希望自己能在未来20年里一直受欢迎。”

凭借这样的决心，碧昂斯在2014年女性领导力名人竞赛中再次夺冠。在美国女童子军组织的这次活动中，她与维多利亚·贝克汉姆、米歇尔·奥巴马一起合作。她在宣传片中面对镜头说：“与男孩相比，女孩对领导没有太大兴趣，因为她们不愿意得到‘爱管事者’的称号。”碧昂斯又开玩笑地说：“我不是爱管事的人，我就是管事人。”

这个说法很符合当下语境，因此，2014年《时代周刊》（*Time*）用“管事人”一词称呼世界最有影响力的人。碧昂斯荣幸地为《时代周刊》拍摄封面，她说："登上《时代周刊》的封面是我的人生目标之一。这对于身为艺人的我而言极其重要，因为这不关乎时尚、美丽或音乐，而是关乎我的文化影响力。"脸谱网首席运营官谢丽尔·桑德伯格为杂志写了如下文字："碧昂斯并不是荣誉的守护者，她一步步创造了更高的荣誉。在台上台下，她发出更有力的号召，引导女性独立、前进。过去几年里，碧昂斯的世界巡演一票难求，同时她也成为一个妈妈。她成功的秘密就是：勤奋、忠诚、真实。她对'你不怕做什么'这一问题的回答是：'看着我，我马上就要做了。'"

几周之后，2014年福布斯全球100名人榜将碧昂斯评为世界上最有影响力的名人。该评选以收入和媒体曝光度为评判标准。该杂志估计，在过去一年中，碧昂斯仅凭专辑《碧昂斯》和"卡特夫人秀"世界巡演就赚了1.15亿美元。杰斯也进入排行榜前10名。

碧昂斯意识到自己的影响力不断扩大，她对《绅士季刊》说："现在我知道，我很有影响力。我的影响力超出了我的思维消化能力和理解力。"获得"碧女王"称号之后，她说："我曾做出了很多牺牲。我的努力超出所有人的想象，至少在音乐界是这样。所以我一直提醒自己，我值得拥有。"

同样引人注意的是，别人的拙劣模仿间接证明了她的影响力。2014年5月，《周末之夜》节目称崇拜碧昂斯已经成为美国人的义务。演员安德鲁·加菲尔德参加了这次节目，他说如果谁不履行这项义务，名为"碧神局"的政府机构会追捕并驱赶这些人。尽管这只是一个笑话，却从侧面反映了碧昂斯的影响力。她不仅仅是明星，也是全国的信念支撑。碧昂斯在图片分享网站上通过文字"哈哈哈哈哈"做出回应，同时还贴出一幅大的黑色图像，图像名为"碧神局"。

尽管公众一直关注她的私生活，但没有什么能让碧昂斯脱离正轨。到2014年为止，年仅33岁的碧昂斯已经赢得了473个奖项，并获得了521次提名，但这只是她成就的一部分。在《走进好莱坞》节目中，主持人问碧昂斯40岁想实现什么目标时，她回答："我会继续学习导演。或许那时候，我会拍出自己的小电影……我也想成为更成功的企业家。"主持人又问她60岁想取得什么成就，她开玩笑地说："那时候，我就跳不了《单身女郎》了。那时候，我就不跳让人尖叫的舞蹈了，那样的舞蹈不可爱。我觉得自己会优先考虑陪伴自己的孩子或者外孙，或者是继续经营自己的唱片公司、服装公司等。"

毫无疑问，家庭和事业对碧昂斯而言同等重要，她以自己的方式在两方面都取得了巨大成功。"以自己的方式行事"让碧昂斯从众多竞争对手中脱颖而出，拒绝"被包装、被符号化"也让她在市场化的娱乐圈中顽强生存。是的，她是主流艺术家，但是她经常避开主流行为而勇敢表达自己。她选择时机、选择自己的方式发行唱片；她录制的MTV总是让其他歌手望尘莫及；每次登上舞台，她必定能主宰一切而让其他明星难以逾越。

碧昂斯从来没有站在功利的角度渴望自己成名，艰辛的努力一直是碧昂斯前进的动力。碧昂斯有资本在余生休息、退隐，靠版税支票生活，但她不会这样做。她还有未完成的事业：她知道自己可以做得更好，可以更努力地工作、取得更多成就。在这方面，碧昂斯一直是我们这个时代的终极模范。

当然，就像公众视野中的许多名人一样，她的行为有时也会受到非议，但是她强大的粉丝基础无人能否认。各个年龄段的男人、女人、孩子都崇拜她，她的同性恋粉丝、各种族粉丝也不计其数。"碧昂斯为什么受到如此广泛的追捧"一直引发人们的热议，但是她的确给我们每个人带来了不一样的东西。她是流行界的传奇，是性感炸弹，是造型偶像，是妈妈，也是女权主义者和慈善家，她平凡又充满迷人魅力，传统又创新，纯洁又大胆。人们也时常把她的故事与古老的美国梦相比较，但是她如此具有感染力的秘密仍未被破解。如果人们能轻易发现这个秘密，肯定会有人复制她的成功。但至少目前，碧女王的地位不会受到威胁。

尽管我们不能保证杰斯会一直陪在她身边，但我们可以肯定，她所代表的强大、独立的女性形象不会改变。无论人生的下一个篇章面临的是什么，碧昂斯都会主宰自己的命运，她也不必向我们任何人解释。正如她在纪录片《4》中平静地浮在水面上时所说的："我不必向任何人证明任何事情。我只需跟着自己的心走，我只需关注自己要对世界说什么。我主宰我的世界。"